W0292526

Eckart Lottmann

Berliner Feuerwehr

Eckart Lottmann

Berliner Feuerwehr

Auf der Drehleiter der Geschichte

be.bra verlag

Impressum

Die Deutsche Bibliothek -
CIP-Einheitsaufnahme

Lottmann, Eckart:
Berliner Feuerwehr : auf der Drehleiter
der Geschichte / Eckart Lottmann. -
Berlin-Brandenburg : be.bra-Verl., 1996
ISBN 3-930863-20-0

© be.bra verlag GmbH
Berlin-Brandenburg, 1996,
Zehdenicker Straße 1, 10119 Berlin
Lektorat: Gabriele Dietz, Berlin
Einband, Gestaltung: design network,
atelier stephan, Berlin
Abbildungen auf dem Titel: Detlef Machmüller
und der Landesbildstelle Berlin
Gesetzt in der Optima 10 auf 11,5 pt.
Druck und Bindung: Stürtz, Würzburg
ISBN 3-930863-20-0

Inhalt

Zu diesem Buch

»Die Berliner Feuerwehr ist das Schoß- und Lieblingskind der Bewohnerschaft, und jedes echten Berliners Herz pocht höher in freudigem Stolz, wenn die weithin dringenden hellen Glockentöne und das dumpfe Brausen der im Galopp durch die Straßen jagenden Löschzüge das Herannahen der Wackeren verkünden... Es gibt kaum einen stolzeren Anblick, als am Abend die Feuerwehr mit ihren blutrotes Licht verbreitenden qualmenden Fackeln in rasender Eile durch die volksbelebten Straßen dahinstürmen zu sehen. Die blitzenden Geräte, die kraftstrotzenden, schnaubenden Rosse, die zweckbewußten Mienen der ernsten und entschlossenen Männer, die mit raschem Blick und vertrauenerweckender Sicherheit allen Schwierigkeiten unterwegs zu begegnen wissen, die wechselnden Formen der Druckspritzen, Schlauchwagen, Wassertonnen und der wie kleine Lokomotiven aussehenden, Rauch und Funken ausspeienden Dampfspritzen – die staunende Verblüffung der wie gebannt stehenden Menge, an der dieses wilde Heer gleichsam wie eine traumhafte Erscheinung mit Windeseile vorüberzieht – es ist ein Schauspiel voller Majestät und unheimlicher, schauriger Schönheit, an dem ebenso sehr die phantastische Erscheinung wie der Ausdruck der Kraft, Kühnheit und rücksichtslosen Energie zur Bewunderung zwingt.«[1]

Diese Schilderung einer Berliner Zeitschrift aus dem Jahre 1887, im pathetischen Ton ihrer Epoche, zeichnet ein treffendes Bild von der Haltung der Berliner zu »ihrer« Feuerwehr. Mitte des 19. Jahrhunderts als Berufsfeuerwehr gegründet, nutzt sie die rasante Entwicklung auf vielen technischen Gebieten; die sorgfältige Ausbildung der Mannschaften und das in allen Schritten durchdachte System der Brandbekämpfung machen die Feuerwehr zu einer Institution, die sich in kurzer Zeit das Vertrauen und auch die Bewunderung der Bevölkerung erwirbt – eine Faszination, die bis heute anhält.

Die Berliner Feuerwehr war die erste Berufsfeuerwehr Deutschlands. Sie leistete Schrittmacherdienste für viele nachfolgende Feuerwehren in anderen Städten, war ein Vorbild, dem man nachstrebte und das man zuweilen auch überholte. Vieles wurde hier, in Berlin, erfunden und erprobt; die in atemberaubendem Tempo wachsende Großstadt schuf ein System der Brandbekämpfung, das einen Vergleich mit den internationalen Metropolen nicht zu scheuen brauchte. Das vorliegende Buch zeichnet die Geschichte der Berliner Feuerwehr von ihrer Gründung bis zur Gegenwart nach.

Die Feuerwehr verstand sich immer als eine überparteiliche Institution zum Wohle der Bevölkerung und war doch stets eingebunden in die politischen Verhältnisse ihrer Zeit. Eine Schilderung ihrer Geschichte kann daher die politische Entwicklung nicht ausparen. Die Gesellschaftssysteme der Kaiserzeit, der Weimarer Republik, des Nationalsozialismus, schließlich der miteinander konkurrierenden beiden deutschen Staaten setzten der Feuerwehr unterschiedliche Rahmenbedingungen, unter denen sie zu funktionieren hatte. Wie stark sie sich auf die an sie gestellten Ansprüche einließ bzw. wo sie ihnen Widerstand entgegensetzte, auch das soll in diesem Buch geschildert werden.

Im Vordergrund steht jedoch die Entwicklung einer Institution, die es immer wieder vermochte, Männer mit Visionen für sich zu gewinnen, um den Schutz der Bevölkerung vor Feuer und Gefahr beständig zu verbessern. Männer mit Funktionen auf unterschiedlichen Ebenen – angefangen vom Feuerwehrmann an der Spritze und den Ingenieuren bis hin zu den Feuerwehrchefs. Die Erfolge der Berliner Feuerwehr sind nicht nur durch den kompetenten Einsatz von technischen Hilfsmitteln und durch Organisationsgeschick zu erklären – wesentlich war die innere Einstellung, alles zu versuchen, um den bedrohten Nächsten vor Gefahr zu schützen. Ein Idealismus, der in der heutigen Feuerwehr nicht immer deutlich zu erkennen sein mag, der aber nach wie vor die Grundlage ihrer Arbeit ist.

Die Anfänge des Feuerlöschwesens

Feuerlöschwesen im Mittelalter

Ein Brand in einer Ortschaft – das ist noch bis ins 19. Jahrhundert oft gleichbedeutend mit einer Katastrophe. Wenn es nicht gelingt, das Feuer kurz nach seinem Entstehen zu unterdrücken, breitet es sich rasend schnell aus und erfaßt die nebenstehenden Gebäude. In Häusern, Scheunen und Ställen, großenteils aus Holz gebaut und mit Holzschindeln gedeckt, finden die Flammen reichliche Nahrung. Die Glocken der Kirchtürme läuten Sturm, die gesamte Einwohnerschaft des Ortes versucht in panischer Aufregung zu retten, was zu retten ist: Man treibt das Vieh aus den Ställen, zerrt die wichtigste Habe aus den gefährdeten Häusern, während die Besonneneren versuchen, Wasser zum Löschen herbeizuschaffen. Große Wasserbottiche, die auf Kufen befestigt sind – sogenannte Schleiftienen – werden an Brunnen, Teichen, Wasserläufen per Hand gefüllt, dann mit Pferdegespannen zum Brandort geschleift. Dort füllt man Eimer aus den Tienen und reicht sie von Hand zu Hand weiter.

Vereinzelt gibt es bereits Handspritzen, die von einem Mann bedient werden und keine große Wirkung entfalten. Mit Feuerpatschen kann man allenfalls kleinere Flammen am Rand ausschlagen. Ansonsten versuchen die Angehörigen der Bauberufe mit ihrem Arbeitswerkzeug – Äxte, Hammer, Haken und Stangen – gerade vom Feuer erfaßte oder bedrohte Gebäudeteile wegzureißen, um den Flammen die Nahrung zu nehmen.

Berlin und Cölln, einander am Ufer der Spree gegenüber gelegen, werden im 14. Jahrhundert von Brandkatastrophen heimgesucht. Cölln ist im Jahre 1376 von einem Großbrand betroffen, 1380 wird Berlin fast vollständig von einer

Brand auf dem Mühlendamm in der Nacht zum 3. April 1838

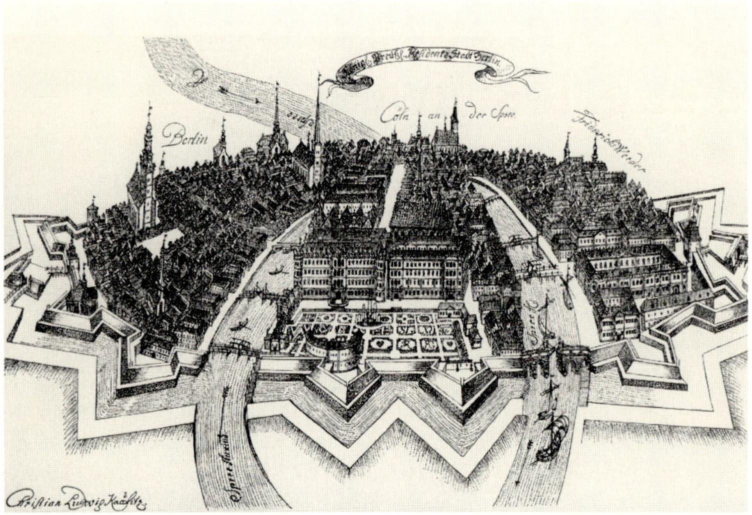

Die Königlich-Preußische Residenzstadt Berlin im 17. Jahrhundert, bestehend aus den selbständigen Städten Berlin, Cölln und Friedrichswerder

Feuersbrunst vernichtet. 1618 erläßt Kurfürst Johann Sigismund die erste Feuerordnung für Berlin, mittels derer schon beim Bau der Häuser Feuergefahren berücksichtigt und im Fall eines Brandes die Alarmierung und die Löscharbeiten sinnvoller organisiert werden sollen. Immerhin gibt es nun schon seit einigen Jahren die sogenannten »Handdruckspritzen«, große Wasserbehälter, die wie Schleiftienen zum Brandort gebracht werden. Auf ihnen befestigt ist eine große Wasserpumpe, die mit einem großen, zweiarmigen Hebel (dem »Druckbaum«) bedient wird. An beiden Enden des Hebels sind Querstangen zum Anfassen angebracht; wie bei einer Wippe drücken mehrere Männer auf jeder Seite abwechselnd den Druckbaum nieder. Dadurch wird Wasser aus dem Trog angesaugt und durch ein aufgeschraubtes, zum Teil

Kufentiene, um 1800

drehbares Rohr herausgepreßt. Die Reichweite dieser Spritze ist begrenzt, das Pumpen anstrengend und das Wechseln des Standorts nicht eben einfach.

Friedrich Wilhelm, der große Kurfürst, erläßt 1672 neue Regelungen zur Feuerbekämpfung, die weiterhin von einem Einwohnerlöschaufgebot ausgehen. Die den verschiedenen Zünften angehörenden Handwerksmeister und ihre Gehilfen stellen die Spritzen- und Reservemannschaften. Maurer und Zimmerleute sind dafür zuständig, Mauern oder gar ganze Häuser einzureißen. Die Gespannbesitzer und Fuhrleute müssen mit ihren Pferdefuhrwerken die Spritzen und Wassertröge zum Brandort schaffen. 1674 wird in Berlin die erste fahrbare Spritze angeschafft.

Bislang wurden die Feuerlöschgeräte in Schuppen gelagert, 1706 wird in Berlin das erste Spritzenhaus gebaut. Drei Jahre später schafft man die erste Schlauchspritze an: Das drehbare Rohr wird durch einen Schlauch aus Hanf oder Leder ersetzt. Um den Opfern von Bränden zu helfen, gründet König Friedrich Wilhelm I. 1718 die »Feuersozietät« – Deutschlands erste Feuerversicherung. Sie beruht auf einem heute noch gültigen Prinzip: Alle Hausbesitzer zahlen Beiträge entsprechend ihrem Besitz, damit diejenigen eine Entschädigung erhalten können, deren Haus in Flammen aufgeht. 1727 schließlich wird durch Friedrich Wilhelm I., den »Soldatenkönig«, die »Königlich Preußische Feuerordnung« erlassen, die bis zur Gründung der Berliner Berufsfeuerwehr im wesentlichen gültig bleibt.[2]

Die Feuerordnung legt Regeln zur Brandverhütung fest. Es ist beispielsweise verboten, mit offenem Licht durchs Haus zu gehen oder im Stall oder im Bett zu rauchen. Schornsteine müssen nun viermal im Jahr gefegt werden. Verdächtige Personen – die möglicherweise sogenannte »Mordbrenner« sein könnten – dürfen von Privatpersonen nicht beherbergt werden. Als Strafe bei Zuwiderhandlungen ist Gefängnis bei Wasser und Brot vorgesehen, bei groben Verstößen gegen die Feuerordnung können auch öffentliches Auspeitschen und »andere Leibes-

Handdruck-Spritze, um 1720 (Historischer Festumzug zur 75-Jahr-Feier der Berliner Feuerwehr)

strafen« verhängt werden. Außer den Regeln zur Brandverhütung legt die Feuerordnung fest, wie das Feuer bekanntzumachen ist und wer zum Löschen zu erscheinen hat.

1742 wird in Berlin ein Polizei-Direktorium eingerichtet, das nicht der Stadt, sondern dem preußischen Staat unterstellt ist. Die Stadt hat zwar die für das Feuerlöschwesen nötigen Gelder zur Verfügung zu stellen, die Leitung von Löschmaßnahmen aber unterliegt der Polizei. Nach dem Allgemeinen Preußischen Landrecht aus dem Jahre 1794 hat sie alle Maßnahmen »zur Erhaltung der öffentlichen Ruhe, Sicherheit und Ordnung und zur Abwendung der dem Publico oder einzelnen Mitgliedern derselben bevorstehenden Gefahren zu treffen.«

1805 hat Berlin, die Hauptstadt des preußischen Königreichs, bereits 155.706 Einwohner, dazu kommen noch 13.659 Angehörige des Militärs. »Berlin ist eine wirkliche Manufakturstadt geworden... Die größten Betriebe, die im Lagerhause in der Klosterstraße befindliche Tuchweberei, die Porzellanfabrik in der Leipziger Straße, die Pulverfabrik in der Gegend des heutigen Packhofs an der Unterspree, die Gießerei hinter dem Zeughause waren Staatsanstalten, die Gold- und Silberwaren-Manufaktur am Wilhelmplatz, deren Haupterzeugnise in Tressen und Borten bestanden, verdankte ihr Dasein und ihre Blüte überhaupt nur dem ihr verliehenen Monopol und den Aufträgen der Militärverwaltung... Die Stadt machte in ihrer Bauweise anderen deutschen Städten gegenüber einen modernen Eindruck... Mit dem Lobe über die schönen Straßen verbindet sich die Klage über den Sandstaub, das schlechte Pflaster aus spitzen Feldsteinen, wenn es nicht überhaupt fehlte, wie es der Opernplatz und der Wilhelmplatz z.B. noch entbehrten, über die offenen übelriechenden Rinnsteine, die mangelhafte Reinigung der Straßen, die Ungangbarkeit der Bürgersteige... Die Stadt war zum Teil eine Landstadt mit ausgedehnter Feldwirtschaft innerhalb und außerhalb der Mauer und mit dem Betriebe ländlicher Gewerbe, so daß man in zahlreichen Häusern und Höfen und in den Straßen das Landleben vor Augen hatte. Andererseits bot sie das Bild der würdig und schön ausgestatteten Residenz eines ansehnlichen Staates mit einer Einwohnerschaft, wie sie der Sitz des Hofes und der Staatsregierung voraussetzen lassen.«[3]

Erste Reformversuche

Am 29.7.1817 brennt das Berliner Schauspielhaus am Gendarmenmarkt. Das Feuer bricht während der Proben zu Schillers »Räuber« aus. Der Schauspieler Ferdinand Rüthling in seinem Tagebuch: »In der zweiten Szene des fünften Acts... habe ich die Worte zu sagen: 'Eilt, helft, rettet, gnädiger Herr, das ganze Schloß steht in Brand!' Als diese Wort gesagt waren, fehlte Herr Bessel, und es war daher nöthig, sie zu wiederholen. Es geschah; doch hatte ich kaum die Worte gesagt, so fiel durch die Öffnung, wo die Krone hing, ganz langsam ein Funken Feuer ins Parterre gerade vor Herrn Maurers Vater nieder, der zufällig die Probe mit ansehen wollte. Es sehend, so wie wir alle, rief er: 'Hier aber muß es brennen! Feuer!' Ich warf meinen Blick auf das Amphitheater, und gewahrte, daß beide Luftöffnungen desselben glühroth waren, von da gleitete mein Blick in die Höhe, und ich sah, daß der große Vorhang im Proscenio in vollen Flammen stand und herabzufallen drohte. Maurer Sohn rief: 'Fort zur Maschinerie!' und einige Statisten folgten ihm den Weg. Ich hörte nur noch Herrn Unzelmann rufen: 'Ruhig, Kinder, den Kopf nicht verloren! Nicht zu laut, vielleicht können wir es so dämpfen.'«[4] Doch das Feuer hat schon eine so große Ausdehnung angenommen, daß alle Löschversuche der Schauspieler und des Theaterpersonals fehlschlagen. Bis die Polizei alarmiert ist, vergeht geraume Zeit. Weitere kostbare Zeit ist verstrichen, bis die Handdruckspritzen aus den Spritzenhäusern an den Brandort geschafft sind. So brennt das erst 1802 mit einer Kapazität von 2.000 Zuschauern eingeweihte Schauspielhaus bis auf die Grundmauern nieder. »Durch thätige Hilfe unserer braven Feuer-Anstalten wurden beide Kirchen mit ihren Thürmen, die Seehandlung, das Waisenhaus und die übrigen umstehenden Privathäuser durch beständiges Sprützen vor dem nahen Anbrennen bewahrt. Die fliegenden Kohlen trieb der Wind nach allen Richtungen, und bis an den Nicolai Kirchhof. Glücklicherweise stürzte das Dach in sich zusammen; jetzt konnte, da die Mauern des Gebäudes noch standen, die Hülfe nahen und wirken. Um 4 Uhr wurde man des Brandes Meister.«[5] Noch 12 Tage später schwelen Schutt und Kohlen in den Ruinen. Die Brandursache, so vermutet man, war eine Unachtsamkeit von im Hause beschäftigten Handwerkern. «Nach meiner Muthmaßung und Kentniß des Hauses entstand das Feuer in der Gegend oder vielleicht in der Kronenkammer selbst, denn von dort aus wüthete das Feuer nach allen Seiten... so viel ist gewiß, daß ein Theil unserer Maschinisten vormittags bei einem unverdeckten Lichte gearbeitet und dieses vielleicht brennen gelassen, als sie die Maschinerie verließen.«[6]

Der Brand des Schauspielhauses macht deutlich, daß die wachsende Stadt ein effektiveres Feuerlöschsystem benötigt. 1828 erläßt der Magistrat eine neue Wachtordnung, die nächtliche Feuerwachen vorsieht. In der Zeit von 9 Uhr abends bis 7 Uhr morgens (im Sommer bis 5 Uhr morgens) werden die acht Spritzenhäuser mit je einem Rohrmeister und drei Druckmeistern besetzt. Der Rohrmeister richtet im Brandfall den Schlauch bzw. das Rohr auf das Feuer, die Druckmeister pumpen an den Handdruckspritzen und leiten Hilfskräfte dazu an.

Die Festanstellung dieser Feuerwächter ist ein erster Schritt zur Professionalisierung der Brandbekämpfung, wenn auch ein unzureichender: Die Ausbildung der Feuerwächter ist mangelhaft, die Feuerbekämpfung bleibt unsystematisch. Der größte Teil der Löschmannschaften, die im Brandfall alarmiert werden, ist in anderen Berufen tätig und bekommt für die Bereitschaft zu löschen nur eine geringe Geldsumme. Um die alarmierten Kräfte zur Schnelligkeit anzuspornen, sind zwar Prämien für die ausgesetzt, die als erste mit ihren Spritzen und Wasserwagen am Brandort erscheinen. Wenn die Mannschaften aber auf ein größeres Feuer treffen, ist der Arbeitseifer aufgrund der kärglichen Bezahlung oft sehr gering.

1832 veröffentlicht Dr. Moritz Meyer eine »kleine Schrift« mit dem Titel »Die Feuerlösch-Anstalten in Paris und Mailand verglichen mit den unsern«[7], in der er das Berliner Feuerlöschwesen scharf kritisiert.

Brand des Schauspielhauses am Gendarmenmarkt am 29. Juli 1817

Meyer würdigt zwar die Feuervorsorge in Berlin, kommt aber zu dem Schluß, »daß man... die eigentlichen Löschanstalten wohl mangelhaft nennen darf... Wer würde es in dem engen düstern, vollgedrängten Paris, mit seiner sorglosen und gefährlichen Bauart, wo man es dennoch kaum erfährt, wenn eine Feuersbrunst vom nächsten Nachbarhause droht, wer würde es dort glauben wollen, daß in unserm wohlorganisierten Berlin, wo alle Maßregeln sonst den Stempel der Besonnenheit, der Ruhe und der begründetsten Ordnung tragen, jeder Funken, der einem Vorübergehenden verdächtig erscheint, ja oft vielleicht nur der übermüthige Ruf eines Betrunkenen, 230.000 müde Menschen aus dem Schlafe rüttelt, unzählige Kranke bis in die entlegensten Stadttheile mit schauerlichem Tone aus dem kaum errungenen Schlummer schreckt – und dies alles nur, um die etwa 200 Arbeiter, deren man bedarf, zusammen zu bringen. Für jede dieser zum Löschen nöthigen Personen kommen dadurch noch 100 unnöthige mit zur Stelle, und man hat dann fast ebenso viel Mühe, Herr des freigewordenen Elementes, als des aufgestörten Haufens von Neugierigen zu werden. Die Behörden bemühen sich zwar jedesmal redlich, Ordnung in das Löschen zu bringen, allein wir fragen jeden unbefangenen Beobachter, ob er schon jemals gesehen, 'daß dies gelungen sei'; ja, wir gestehen, daß wir es nicht einsehen können, wie es überhaupt gelingen könne, da wo Tausende von Menschen versammelt sind, die allerlei Interesse dahin führt, wo 'wenigstens Hunderte einen guten Rath zu ertheilen haben,' und jeder den seinigen mit lauterer Stimme zu verkündigen sucht als der Nebenmann, wo der dreieckige Hut wohl die eigentlich Befehlenden sichtbar aber nicht hörbar macht, und wo, gestehen wir es nur auch', der eine Befehlende die kurz vorher getroffene Anordnung des Andern wieder aufhebt.'«[8]

Tatsächlich arbeiten die Löschmannschaften oft nur widerwillig, aus Furcht vor einer Polizeistrafe. Der Geheime Regierungs- und Baurat Scabell, der später der erste Branddirektor der Berliner Berufsfeuerwehr werden sollte, nennt die Löschmannschaften zu dieser Zeit »eine wilde, zuchtlose Masse, die auf der Brandstelle nur that, was ihr gut dünkte.«[9]

Meyer kritisiert auch die verschiedenen Handdruckspritzen und Leitern, die in Gebrauch sind. »Unsere Rettungsmaschinen, die sich in Künstlichkeit überbieten, fordern eine geschickte Behandlung, mit welcher der sie Gebrauchende nur wenig vertraut zu sein scheint, und verlangen von den zu Rettenden eine Besonnenheit und Gewandtheit, welche die meisten Menschen in den ruhigsten Augenblicken ihres Lebens nicht besitzen dürften, die aber in diesem Momente der Gefahr und Betäubung gewiß bei nur höchst Wenigen zu finden sind.« Offenbar werde, so beklagt Meyer, in Berlin das »Verhüten und Löschen der Feuersbrünste« als ein »Nebengeschäft« betrachtet. Er vergleicht die Brandbekämpfung mit dem militärischen Kampf und konstatiert: »Welcher Feldherr würde wohl erst dem Feinde gegenüber seine Truppen die Handgriffe mit der Waffe lehren wollen, wer seine Häufchen dem Feinde einzeln entgegenrücken lassen, jeden auf seine Weise und nach seinem besten Wissen und Meinen?«[10]

Meyer fordert eine spezielle Institution, deren einzige Aufgabe sein sollte, die Feuerbekämpfung nach einem einheitlichen Plan zu organisieren. »Man muß ein gegliedertes Ganzes haben, das mit aller Muße und Sorgfalt zu dieser einen Verrichtung ausgebildet ist, das seine Maschinen auf das Genaueste kennt und zu behandeln versteht... Die Einrichtung eines solchen Instituts für Berlin wird gewiß nicht schwer sein.« Doch dauert es noch fast 20 Jahre, bis die Berliner Berufsfeuerwehr gegründet wird.

Die aufstrebende Industriemetropole

Dabei ist eine grundlegende Reform längst überfällig. Die Einwohnerschaft Berlins wächst rasant und bewegt sich in den dreißiger Jahren auf die 400.000 zu. Es ist die Zeit der epochemachenden technischen Erfindungen. 1825 schließen das preußische Innenministerium und der Berliner Polizeipräsident einen Vertrag mit der englischen Gesellschaft »Imperial Continental Gas Association« (ICGA) und beauftragen sie darin, alle innerhalb der Ringmauern befindlichen Straßen und Plätze mit Gaslampen zu beleuchten. Die ICGA hatte entsprechende Einrichtungen bereits in England erprobt. Ab 1826 liefert die vor dem Halleschen Tore errichtete »englische Gasanstalt« das Gas für die Berliner Straßenbeleuchtung.

Auch die metallverarbeitende Industrie macht große Fortschritte. 1836 errichtet beispielsweise Alfred Borsig vor dem Oranienburger Tor eine erste mechanische Werkstatt, die er im Jahr darauf zur »A. Borsigschen Eisengießerei- und Maschinenbau-Anstalt« ausbaut. 1838 wird die erste Eisenbahnverbindung von Potsdam über Zehlendorf nach Berlin in Betrieb genommen, und 1841 baut Borsig die erste serienreife Lokomotive. In der Folgezeit fertigt die ständig wachsende Fabrik Eisenkonstruktionen für Kuppeln, Bahnhofshallen, Eisenbahnbrücken, Pumpanlagen, stationäre Dampfmaschinen, Mahlwerke, hydraulische Pressen, Hebekräne und vieles mehr. 1846 produziert Borsigs Firma bereits die 100. Lokomotive.

Verarmte Tagelöhner und Landarbeiter aus der Provinz strömen in großer Zahl nach Berlin. Aber auch in der Stadt ist der Existenzkampf schwer. Durch neue, industriell gefertigte Webmaschinen erwächst den vielen Webern, die zu Hause am eigenen Webstuhl arbeiten, harte

Konkurrenz. Der Schweizer Lehrer Heinrich Grunholzer besucht 1843 Berlin und beschäftigt sich intensiv mit der Situation der Arbeiter, vor allem derjenigen, die in den frühen Mietskasernen in einem »Voigtland« genannten Viertel leben – die Gegend um die Brunnen-, Invaliden- und Gartenstraße. »Überall, wenn man durch die Straßen und Höfe geht, hört man den Webstuhl rasseln. Gerade diese Gewerke haben aber sehr verloren. Die, welche anfangs für ihre eigene Rechnung arbeiten, sind allmählich durch die Anlage der Fabrik in den Sold der Fabrikherren geraten, da sie den Preis nicht mehr so wohlfeil stellen konnten als jene. Die Rivalisation der Fabriken untereinander und nach Abschluß des Zollverbandes die Concurrenz des Auslandes, besonders Sachsens, drückte den Arbeitslohn immer tiefer herab... Dies alles... hat dazu beigetragen, daß in einem Zeitraume von zwanzig Jahren der Lohn der Stuhlarbeiter wohl um zwei Dritteile gesunken ist.«[11]

Tausende von verarmten Webern verstärken das Heer der vom Land kommenden Arbeitssuchenden. Die Fabriken fordern unbedingte Disziplin. Beispielsweise dauert der Arbeitstag in der Maschinenbau-Anstalt und Eisengießerei der Seehandlung in Moabit 1844 von 6 Uhr morgens bis 7 Uhr abends, nur unterbrochen von drei Pausen von zusammen zwei Stunden. Die Tür wird auf die Minute pünktlich nach Arbeitsbeginn und nach den Pausen verschlossen und erst wieder zur nächsten Pause bzw. zum Arbeitsende geöffnet. Die Arbeiter müssen sich schon fünf Minuten vor dem Beginn der Arbeitszeit zu ihrem Arbeitsplatz begeben. »Wer 2 Minuten zu spät kommt, verliert den Lohn einer halben Stunde; wer über 2 Minuten zu spät kommt, darf nicht eher als bei dem Beginne der nächsten Arbeitszeit zu arbeiten anfangen, wenigstens wird ihm für diese ganze Zeit der Lohn abgezogen.«[12]

Die Arbeiter siedeln sich möglichst nah an der Fabrik an, in der sie beschäftigt sind. Der Bedarf an Wohnungen im Umkreis der großen Betriebe am Rand des alten Stadtkerns ist groß. Mietskasernen entstehen – meist vierstöckige

Im Lokomotivsaal der Borsigschen Maschinenbauanstalt (Holzstich nach einem Gemälde von Paul Meyerheim, 1879)

Häuser mit mehreren Seitenflügeln und Quergebäuden, die eine große Zahl von kleinen Wohnungen aufweisen. Typisch ist die Wohnung, die aus Küche und Stube besteht, manche haben dazu noch eine kleine Kammer. Die Toilette im Treppenhaus teilen sich mehrere Mietparteien. Jede Wohnung ist mit einer mehrköpfigen Familie belegt, die oft noch ein Bett an Schlafburschen vermieten muß – alleinstehende Arbeiter, die sich keine eigene Wohnung leisten können. So entstehen ganze Stadtviertel rund um die Industriebetriebe.

Das Feuerlöschwesen hält mit dieser städtebaulichen Entwicklung nicht Schritt. Zwar wird 1832 in England eine Dampfspritze der Firma Braithwaite und Ericson gekauft – die erste überhaupt auf dem Kontinent –, aber sie dient hauptsächlich dem Schutz der königlichen Gebäude. Zwischen dem Berliner Schloß und dem Opernhaus sowie dem Festungsgraben legt man extra eine Wasserleitung an. Die Organisation des Feuerlöschwesens insgesamt stagniert. Nach wie vor trägt das Polizeipräsidium, das nicht der Stadt, sondern dem preußischen Innenminsterium untersteht, die Verantwortung für alle Löschmaßnahmen.

Im Jahre 1843 verfügt Berlin über folgende Löschgeräte:

- 32 städtische Handdruckspritzen, davon acht fahrbare Wachtspritzen
- 7 Prahmspritzen auf der Spree (auf Booten installierte Handdruckspritzen)
- 5 »königliche Handdruckspritzen« (reserviert für das Schloß und Residenzgebäude)
- 1 Dampfspritze (ebenfalls für das Schloß reserviert)
- 3 Utensilienwagen mit Äxten, Schippen, Hacken, Ketten, Sägen usw.
- 7 Maschinenleitern (über ein Gewinde ausfahrbare Leitern)
- 47 Anstellleitern
- 10 Rädertienen (Wasserkarren)
- 545 Schleiftienen

Das Wasser zum Löschen wird der Spree und ihren Seitenarmen sowie 674 öffentlichen Brunnen entnommen. Die Leitung des Einsatzes auf den Brandstellen hat der Polizeipräsident oder sein Stellvertreter inne, in dessen Vertretung der Oberspritzenkommissarius oder die beiden Spritzenkommissare, die sonst die Aufsicht über die Bereithaltung und Pflege der Spritzen ausüben. Neben ihnen geben an den Brandorten aber auch noch zahlreiche andere Autoritäten Anordnungen – Polizeibeamte, Ratsmaurer- und Ratszimmermeister, Ratsbrunnenmacher, Revierschornsteinfeger und gelegentlich auch Mitglieder des Magistrats und der Stadtverordnetenversammlung.

Um 1843 herum hat man den alten »Feuerlärm« (das Sturmläuten der Glocken) abgeschafft, die Alarmierung erfolgt durch Miltär, Polizei und Nachtwächter. Das Militär unterhält im Stadtgebiet eine Anzahl von Wachen. Wird einer von ihnen ein Feuer gemeldet, schickt man einen Unteroffizier oder Gefreiten, »um zu ermessen, ob auch Gefahr vorhanden sei. Fanden diese Sachverständigen eine wirkliche Gefahr, oder sah die Wache selbst das Feuer, mußte sie sogleich Feuerlärm schlagen und an die Hauptwache, den Gouverneur, Kommandanten, kommandirenden Offizier und Major du jour Meldung erstatten. Alle übrigen Wachen, wie auch die Tambours in den Regimentsrevieren schlugen den Lärm nach, sobald sie ihn hörten. Die in der Nähe des Feuers befindlichen Wachen traten während der Dauer desselben ins Gewehr.«[13]

Aufgabe der Nachtwächter ist es, ganz besonders auf entstehendes Feuer zu achten. 160 Nachtwächter und ihnen übergeordnet 10 Nachtwachtmeister gibt es in Berlin, und jeder Nachtwächter hat sein fest umrissenes Revier. Er ist mit einem Spieß, einer Stundenpfeife, zwei Signalhörnern und einer »Feuermarke«, einer Metallplakette, ausgerüstet. Sieht ein Nachtwächter verdächtigen Rauch an einem Gebäude, ist es seine Aufgabe, die Bewohner des Hauses zu wecken und mit ihnen ein noch im Entstehen begriffenes Feuer zu löschen. Hat der Brand schon ein bedenkliches Ausmaß angenommen, gibt der Nachtwächter sofort Feueralarm über eins seiner Signalhörner. Diese sind unterschiedlich gestimmt: Das höhere signalisiert Feuer auf dem rechten, das tiefere Feuer auf dem linken Spreeufer. Der Nachtwächter beauftragt den erstbesten Menschen, der dazu in der Lage ist, dem Kastellan in der Ordonnanzstube des Polizeidienstgebäudes die Feuerstelle zu melden. Als Belohnung erhalten dieser Bote sowie zwei weitere Personen, die ebenfalls beim Alarmieren der Löschkräfte helfen, eine Prämie von einem bis anderthalb Taler. Der Nachtwächter gibt dem Boten, der zur Polizei eilt, seine »Feuermarke« zur Beglaubigung der Feuermeldung mit. Die Feuermarke trägt auf der einen Seite die Nummer des Nachtwacht-Reviers, auf der anderen die Aufschrift »Königliches Polizeipräsidium«. Am nächsten Tag holt sich der Nachtwächter seine Marke wieder beim Polizeipräsidium ab. Sollte seine Feuermeldung als erste das Präsidium erreicht haben, so erhält auch er eine Prämie von einem Taler.

Alle Nachtwächter, die das Feuersignal hören, nehmen den Alarm auf, das heißt, auch sie

Nachtwächter im 19. Jahrhundert

stoßen ins Horn, benachrichtigen den Revier-Polizei-Kommissarius, die Fuhrleute und Mannschaften der Feuerlösch-Handwerkskolonne. Nach dem Löschen der Brandstelle sind die Nachtwächter dafür verantwortlich, daß die in ihrem Bezirk stationierten Spritzen und Geräte von Gespannen der Straßenreinigung wieder zu ihren Standorten geschafft werden.

Die Nachtwächter sind auch für die Wartung der Handdruckspritzen und der gesamten Feuerlöschgeräte zuständig. Die Feuertienen müssen sie stets gefüllt halten, alle Monate wenigstens einmal entleeren und wieder füllen. Im Winter, wenn das Wasser in den Tienen einzufrieren droht, müssen sie leer auf den Kopf gestellt, und, sobald es die Witterung erlaubt, wieder gefüllt werden. Eishügel vor den Brunnen beseitigen die Nachtwächter regelmäßig, außerdem betätigen sie ab und zu die Wasserpumpen der Brunnen, um sie vor dem Einfrieren zu bewahren. Die Prahmspritzen haben die Nachtwächter »so oft als nötig« zu reinigen und ihr Anfrieren zu verhindern. Aufgabe der Nachtwachtmeister ist es, die Achsen der in ihrem Bezirk stationierten fahrbaren Handdruckspritzen regelmäßig zu schmieren. Sie veranlassen die Reinigung der Spritzenhäuser und melden jede ihnen bekannt gewordene Beschädigung an Gebäuden, Brunnen oder Geräten. Ihr unmittelbarer Vorgesetzter ist der Polizeiinspektor.

Ein zeitgenössischer Bericht schildert drastisch einen nächtlichen Einsatz der Löschmannschaften:

»Alle Nachtwächter tuteten, auf den Militärwachen schmetterten die Hörner, wirbelten die Trommeln... Allgemeine Unruhe und Angst. Niemand wußte, ob es im eigenen Hause oder im entgegengesetzen Stadtviertel brenne. Auch die Spritzenleute nicht, die sich aus ehrsamen Bürgern und Handwerkern rekrutierten und die Lärmrufe im warmen Bette, oft später als jeder andere vernahmen. Nachdem sie ihre Kleider und Löschgeräte zusammengesucht, sich durch einen Morgenkaffee gestärkt, und ein paar Käsestullen eingesteckt, machten sie sich endlich auf den Weg nach dem Spritzenhause. Die Spritzen waren schon da, aber die Pferde wollten noch immer nicht kommen. Inzwischen wird der nächste Türmer requiriert, um nach dem Feuer auszuschauen. Der alte Mann klettert die hundert und einige Stufen hinauf und kommt nach einer halben Stunde mit der Nachricht zurück, daß ihm das Feuer in der Gegend des Oranienburger Tores zu sein scheine. Weil die Pferde noch immer nicht eingetroffen sind, fassen die Bürger einen heroischen Entschluß und spannen sich selber vor die Spritze. So geht es rüstig durch die Straßen, bis die Spritze von den Pferden endlich eingeholt wird. Man legt sie vor und setzt das Gespann in einen kurzen Trab; worauf man in nicht zu langer Zeit in der 'Gegend' des Oranienburger Tores anlangt. Aber Feuer ist nirgends zu entdecken, außer in einer Schmiede, wo die Gesellen bereits an die Arbeit gegangen sind. Und so irrt die Spritze ratlos durch die Gassen, bis sich ihrer ein intelligenter Nachtwächter erbarmt, der es genau weiß, wie das Feuer am Alexanderplatz sei. Allerdings eine halbe Meile Entfernung, indes auch diese wird mutig überwunden, und die Spritzenmannschaft sieht ihre Ausdauer herrlich belohnt, denn das Feuer ist zwar nicht am Alexanderplatz selber, aber doch in der Nähe – nämlich in der Großen Frankfurter Straße. – Immer vorwärts, schon erblickt man die Feuersäule und jetzt hält die Spritze vor dem in voller Glut stehenden Hause. Aber o weh! Vier andere Spritzen sind ihr zuvorgekommen, und auf keine Prämie ist mehr zu rechnen.

Alle Mühe, alle Aufopferung umsonst. Langsam und widerwillig geht die Mannschaft an die Arbeit. Zehn Kommandos schallen durcheinander, und die des Stadtbaurats widersprechen schnurstracks denen des Oberspritzenkommissarius, und außerdem kommandieren noch gleichzeitig der Ratsmaurer- und der Ratszimmermeister, sowie drei oder vier Polizeibeamte. Die Spritzenleute wissen nicht, wem sie gehorchen sollen; sie tun entweder, was sie wollen, oder gar nichts. Eine Spritze ist plötzlich ohne Bedienung, die Mannschaft hat sie verlassen und ist nach Hause gegangen. Andere Spritzenleute haben sich betrunken und beschädigen die Löschgeräte, teils zufällig, teils mutwillig, um nicht länger arbeiten zu dürfen.«[14]

Gründung der Berliner Feuerwehr

Am Himmelfahrtstag 1842 bricht in Hamburg ein Feuer aus, das schließlich den größten Teil der Stadt vernichtet. Nur dadurch, daß die Löschmannschaften mit Hilfe der Bevölkerung die Häuser niederreißen, die an den Flächenbrand grenzen, kann die weitere Ausdehnung des Feuers verhindert werden. Dieser Brand bewegt die Öffentlichkeit in allen deutschen Ländern. Aber als 1843 in Berlin das Opernhaus brennt, steht man dem Feuer hilflos gegenüber. Nur mit Mühe kann das Übergreifen der Flammen auf die königliche Bibliothek und andere Gebäude in der Nähe verhindert werden. Wenige Wochen nach diesem Brand beginnen die Verhandlungen, die – fast acht Jahre später – zur Gründung der Berliner Berufsfeuerwehr führen.

Das Polizeiprädisium unterbreitet dem Berliner Magistrat eine Reihe von Verbesserungsvorschlägen, die aber über einzelne Maßnahmen nicht hinausgehen: So sollen auf einigen öffentlichen Plätzen und bei hohen öffentlichen Gebäuden Pumpwerke und Wasserleitungen installiert werden. 1844 berät die Stadt-

Die Hamburger Brandkatastrophe im Mai 1842 (links die Petrikirche)

verordnetenversammlung auf Bitte des Magistrats diese Vorschläge. Die Anstellung eines Branddirektors und eines Brandmeisters mit umfangreichen Befugnissen wird für nötig gehalten, um das Feuerlöschwesen wirksam zu verbessern. Der Magistrat ist zu diesen Maßnahmen bereit, aber nur unter der Bedingung, daß »das königliche Polizei-Präsidium sich dazu versteht, die Administration des Feuerlöschwesens uns ausschließlich zu überlassen.«[15] Auf diese Forderung wollen das Polizeipräsidium und der preußische Innenminister nicht eingehen. Man besteht darauf, daß dem Polizeipräsidenten bzw. seinem Stellvertreter die persönliche Leitung der Löschmaßnahmen für alle Fälle nach seinem Ermessen vorbehalten bleiben müsse.

Die Vertreter der Stadtverordnetenversammlung bleiben bei ihrer Auffassung, daß die Leitung der Löschmaßnahmen »in allen Fällen durch den von der Kommune anzustellenden Branddirector ausgeübt werde.« Man streitet über eine Kompromißformulierung, die vorsieht, daß der Polizeipräsident nur ausnahmsweise, in besonderen Fällen, die Leitung der Löschmaßnahmen übernehme könne. Letztendlich setzt sich jedoch der Innenminister durch und bestimmt am 16.1.1851, daß »die Administration des neuen Instituts... nicht an die Kommune übergehen, sondern definitiv dem königl. Polizeipräsidium verbleiben solle.«[16] Auf derselben Sitzung werden der Plan für die Reorganisation des Feuerlöschwesens sowie der jährliche Etat der Feuerwehr festgesetzt. Der schriftliche Beschluß, datiert vom 27.1.1851, verfügt die Bildung der neuen Einrichtung – der Berliner Feuerwehr.

Daß es höchste Zeit ist, das Feuerlöschsystem auf eine neue Basis zu stellen, verdeutlicht die Entwicklung der Einwohnerzahl: 1840 hatte Berlin 328.700, 1851 bereits etwa 420.000 Einwohner.

Aufbau der Berliner Feuerwehr

Ludwig Carl Scabell, ein gebürtiger Berliner, wird am 1.2.1851 zum ersten Königlichen Branddirektor ernannt. Scabell, Jahrgang 1811, hatte Bauwesen studiert, war Baudirektor in Liegnitz, später Betriebsdirektor der Berlin-Stettiner Eisenbahn und anschließend technischer Mitarbeiter im preußischen Innenministerium. 1845 wurde er Oberspritzenkommissar beim Berliner Polizeipräsidium, kurz darauf auch Bauinspektor und damit schon dem Polizeipräsidenten verantwortlich für das Feuerlöschwesen. Scabell unternimmt Studienreisen zu den Feuerwehren von Paris, London, Petersburg, Mailand, Karlsruhe, Magdeburg und Hamburg, um Anregungen für eine Neuorganisation des Berliner Feuerlöschwesens zu bekommen.

1848 ist Carl Ludwig Friedrich von Hinckeldey Polizeipräsident von Berlin geworden. Von Hinckeldey hat großes Interesse an der neuen Einrichtung und arbeitet kollegial mit Scabell zusammen. Polizeipräsident und Branddirektor sind sich einig darin, daß für eine effektiv arbeitende Feuerwehr folgende Voraussetzungen zu schaffen sind:

- Einrichtung von Feuerwachen mit Ställen und Gerätehallen, die so über das Stadtgebiet verteilt sind, daß Brandstellen schnell zu erreichen sind.
- Festanstellung von Feuerwehrmännern, mit denen die Feuerwachen Tag und Nacht besetzt werden.
- Bau eines das ganze Stadtgebiet versorgenden Wasserleitungssystems und der dafür nötigen Wasserwerke. Zahlreiche Anschlußstellen in regelmäßigen Abständen sollen der Feuerwehr für die Brandbekämpfung ausreichend Wasser zur Verfügung stellen.
- Einrichtung eines telegraphischen Systems, mit dem die Alarmierung und die Nachrichtenübermittlung schneller und zuverlässiger erfolgen kann.

Die Berliner Feuerwehr (Stich von Knut Ekwall)

Scabell unterteilt das Stadtgebiet in fünf Inspektionen. Für jede Inspektion wird eine Depotwache eingerichtet mit allen Geräten, die zu einer umfassenden Feuerbekämpfung notwendig sind:

I. Inspektion	Breitestraße Nr. 15 (gleichzeitig Hauptwache)
II. Inspektion	Alte Jakobstraße Nr. 13
III. Inspektion	Mauerstraße Nr. 53
IV. Inspektion	Oranienburger Straße Nr. 75
V. Inspektion	Kaiserstraße Nr. 40

Fahrzeuge der Feuerwehr um 1851

Handdruckspritze
Vierrädrige Wachtspritze mit eisernen Achsen und Druckfedern, eiserner Wasserkasten von 12-14 Kubikfuß Inhalt oberhalb des Fahrgestells, Obergestell mit Schlauchwinde zur Aufnahme von Hakenleitern (16 Fuß lang mit 2 Fuß langem Haken vor der zweitobersten Sprosse zum Einhängen in Fenster) und Rettungssack, Leistung: 13 Kubikfuß Wasserförderung pro Minute, Wasserförderung bei einer Wasserkastenfüllung 6 Minuten.

Feuerwehrtechnische Beladung: 2 Hakenleitern, 1 Rettungssack mit Rolle und Leinen, 150 Fuß genieteter Lederschlauch (etwa 50 Meter), 3 Feuereimer, Axt, Schraubenschlüssel, Schlauchschere, Schlauchhalter, Fangleine und Fackeln.

Wasserwagen
Auf einem Fahrgestell befestigtes liegendes Faß mit einem Fassungsvermögen von etwa 1.900 Liter Wasser, zu füllen von 5 Mann, Dauer des Füllens 20 Minuten, Wasserabgabe an die Spritze durch fest angebrachten Schlauch.

Maschinenleiter
Hergestellt mit Vorderwagen, Auszug 60 Fuß (etwa 20 Meter), außer dem Untergestell 5 Auszüge zur Herstellung einer Dreieckverbindung mittels Kurbel und Seilwelle, fest verbundener Schlauch bis zur Spritze, Bedienung durch 10 Mann.

Jede Depotwache verfügt über einen Wasserwagen, einen Utensilienwagen, einen Personentransportwagen, eine Maschinenleiter und fünf Rädertienen (fahrbare Wasserbehälter). Den Inspektionen und Depots werden die Feuerwachen zugeordnet. Die Feuerwehr richtet neun neue Feuerwachen ein, zum größten Teil werden Räume in Gebäuden von Polizeiwachen bezogen. Damit gibt es nun im Stadtgebiet insgesamt achtzehn Feuerwachen:

1. Feuerwache Amt Mühlenhoff
2. Feuerwache Neue Friedrichstraße Nr. 38
3. Feuerwache Georgenstraße Nr. 10
4. Feuerwache Spittelmarkt
5. Feuerwache Neue Jakobstraße Nr. 25
6. Feuerwache Alte Jakobstraße Nr. 123
7. Feuerwache Friedrichstraße Nr. 18
8. Feuerwache Köthener Straße Nr. 14
9. Feuerwache Kronenstraße Nr. 1
10. Feuerwache Marienstraße Nr. 17
11. Feuerwache Philippstraße Nr. 14
12. Feuerwache Invalidenstraße Nr. 61
13. Feuerwache Oranienburger Straße Nr. 77
14. Feuerwache Rosenthalerstraße Nr. 13
15. Feuerwache Neue Königstraße Nr. 62
16. Feuerwache Kaiserstraße Nr. 40
17. Feuerwache Große Frankfurter Str. Nr. 136
18. Feuerwache Stralauer Platz

Auf jeder Feuerwache werden eine große fahrbare Spritze mit Schläuchen sowie eine Rädertiene als Anhänger stationiert. Die in der Stadtmitte eingerichtete Hauptfeuerwache verfügt zusätzlich zur Ausstattung der Depotwachen über drei Personentransportwagen. Das Offizierskorps der Feuerwehr besteht aus dem Branddirektor, einem Brandinspektor als dessen Stellvertreter und vier Brandmeistern. Dem Offizierskorps unterstellt sind 40 Oberfeuermänner und 180 Feuermänner, die fest eingestellt werden. Sie erhalten (neben der freien Uniform) 216 bzw. 144 Taler Gehalt jährlich. 48 Stunden hintereinander sind sie im Dienst, darauf folgen 24 Stunden Freizeit. Aufgabe der Feuermänner ist die direkte Brandbekämpfung. Ihre unmittelbaren Vorgesetzten sind die Oberfeuermänner, die meist auch die Verantwortung für den Betrieb der einzelnen Feuerwachen tragen.

Einsatz der Berliner Feuerwehr mit Branddirektor Scabell (vorne links), um 1900

Was die Verpflichtung von Spritzenmännern anbelangt, muß sich Scabell allerdings auf einen Kompromiß einlassen. Vorerst können des begrenzten Etats wegen nur 360 Spritzenmänner fest angestellt werden, die eigentlich Arbeiter der polizeilichen Straßenreinigung sind.

In Berlin gibt es zu dieser Zeit eine polizeiliche und eine städtische Straßenreinigung.[17] Die Arbeitszeit der polizeilichen Straßenreinigung wird auf die Zeit von 4 Uhr morgens bis 14 Uhr festgesetzt, danach finden sich die Straßenreiniger als Spritzenmänner auf den Depotwachen ein. Nur ein kleiner Teil der Spritzenmänner versieht schichtweise schon tagsüber Dienst auf einer Depotwache. Ab 1.6.1851 wird Scabell auch die städtische Straßenreinigung unterstellt. Deren Arbeiter kann er bei Bedarf – also nicht aufgrund eines täglichen Dienstplans – zusätzlich als Spritzenmänner anfordern.

Der Branddirektor trägt die Verantwortung für die Feuerwehr gegenüber dem Polizeipräsidium. Er leitet die Löschmaßnahmen, es sei denn, der Polizeipräsident hält es für erforderlich, selbst das Kommando zu übernehmen. Hat der Branddirektor die Leitung, müssen auch die anwesenden Polizeibeamten seinen Weisungen Folge leisten. »Er hat das Recht, die der Feuerwehr angehörigen Personen vom Dienste zu supendieren, unter gleichem Verhältnis auch executive Polizei-Beamte für den gerade vorliegenden Fall außer Wirksamkeit zu setzen.«[18] Wegen »Vergehen im Dienste« (z.B. Befehlsverweigerung, Verlassen des Arbeitsplatzes, fahrlässige oder mutwillige Beschädi-

Die einzelnen Dienstgrade lassen sich anhand verschiedener Uniformen unterscheiden:

Branddirektor
Dunkelblauer Waffenrock mit karmesinroter Paspelierung, blauem Samtkragen und -aufschlägen, Silberstickerei als Rat IV. Klasse, silberne Epauletten mit Kandillen (Kordelfransen), graue Hosen, Helm, blaue Mütze mit silbernem Bund, Säbel mit goldenem Portepee.

Brandinspektor und Brandmeister
Wie der Branddirektor, jedoch der Kragen mit Stickerei der Polizeileutnante, die Epauletten ohne Kandillen, Dolchdegen mit goldenem Portepee, Koppel von schwarzlackiertem Leder.

Oberfeuermann
Blauer Waffenrock mit blauem Samtkragen, karmesinrote Paspelierung, Achselklappen mit silberner Krone, auf dem linken Oberarm ebenfalls silberne Krone mit silbernem Winkel darunter, Helm, blaue Mütze mit blauem Samtband, Silberschnur und roter Paspelierung, schwarzes Lederkoppel und kurzes Schwert mit wollener Troddel, auf dem Koppelschloß die Krone, graue Hose mit roter Biese, Signalpfeife an neusilberner Kette im weiten Knopfloch von oben zu tragen.

Feuermann
Blaue Tuchjacke mit blauem Samtrevers am Kragen, rote Paspelierung, blaue Achselklappe, graue Tuchhose mit roter Biese, weißgraue Zwillichhose zum Überziehen, graue Drillichjacke, rot eingefaßter blauer Ledergurt mit Steigerhaken sowie Handbeil im Lederfutteral, schwarze Lederkappe mit silberner Krone, Nackenleder, blaue Mütze mit blauem Band und roter Paspelierung, Feuerwehraxt.

Spritzenmann
Dunkelblauer Zwillich-Überrock mit Abteilungsnummer im Blechschild auf der Brust, schwarze Lederkappe.

Ratsmeister
Bei Zivilkleidung kleiner dreieckiger Filzhut, weiße Binde um den Arm mit kleinem neusilbernem Schilde, darauf eine Krone und die Buchstaben RZ oder RM, RB, RS (Zimmermeister, Maurermeister, Brunnenmacher, Schornsteinfeger)

Rohr- und Druckmeister
Schwarzer Drillichkittel, schwarze Lederkappe ohne Krone, jedoch mit schwarzem Band.[21]

Wasserwagen der Berliner Feuerwehr, 1851

gung der Ausrüstung) kann der Branddirektor seine Untergebenen bestrafen – durch Arrest, Verweigerung von Urlaub, Verhängen von Geldstrafen bis hin zur fristlosen Entlassung. Entlassung wie Anstellung von Spritzenmännern darf der Branddirektor selbständig vornehmen, für alle anderen Dienstgrade muß er die Zustimmung des Polizeipräsidenten einholen. Der Brandinspektor ist als Stellvertreter des Branddirektors wie die vier Brandmeister für jeweils eine der Inspektionen verantwortlich. Brandinspektor und Brandmeister haben die in ihrer Inspektion angesiedelten Feuerwachen regelmäßig zu inspizieren und bei Bränden den Branddirektor in der Leitung der Löschmaßnahmen zu unterstützen.

In jedem Depot wachen tagsüber ein Oberfeuermann, zwei Feuermänner und zwei Spritzenmänner, nach 14 Uhr kommen 25 Spritzenmänner hinzu. Die Feuerwachen sind jeweils mit einem Oberfeuermann und vier Feuermännern besetzt. Auf der Hauptwache in der Breitestraße (ab 1864 verlegt in die Lindenstraße) ist der größte Teil des Löschpersonals stationiert: Zwei Oberfeuermänner und 37 Spritzenmänner sind ständig im Dienst und für die Bedienung der Spritzen zuständig, ein Oberfeuermann und zwanzig Feuermänner für die Trümmerbeseitigung nach Beendigung der Löscharbeiten. Ab 14 Uhr wird die Besatzung der Hauptwache durch weitere 55 Spritzenmänner verstärkt, die von ihrer Arbeit als Straßenreiniger kommen.[19]

Als die Feuerwehr am 18.6.1851 dem Polizeipräsidenten von Hinckeldey als einsatzbereit vorgeführt wird, verfügt sie über folgenden Personalbestand:

1	Branddirektor
1	Brandinspektor
4	Brandmeister
40	Oberfeuermänner
180	Feuermänner
360	Spritzenmänner im Hauptamt (nebenberuflich Straßenreiniger der polizeilichen Straßenreinigung)
411	Spritzenmänner im Nebenamt

(hauptberuflich Straßenreiniger der städtischen Reinigung)

44 Rohrmeister der »königlichen Spritzen« und der Prahmspritzen

220 Druckmeister der letztgenannten Sprizen (Rohr- und Druckmeister haben keinen ständigen Dienst, sondern werden nur im Brandfall angefordert).

Zusätzlich erscheinen auf »Requisition», also auf Anforderung des Branddirektors auf den Einsatzstellen die Ratsmeister verschiedener Zünfte, »um auf seine Anordnung die in ihr Gewerbe einschlagenden Verrichtungen auszuführen.«[20] 1851 müssen die Feuerwachen noch durch Boten alarmiert werden. Vor jeder Feuerwache zieht bei Einbruch der Dunkelheit ein Posten mit geschulterter Feuerwehraxt auf, der alle zwei Stunden, im Winter jede Stunde abgelöst wird. Bei Alarm müssen Hauptwache und nahegelegene Feuerwachen sowie die Depotwache durch weitere Boten benachrichtigt werden. »Bricht nun ein Feuer aus zu einer Zeit, da die Hauptstärke der Druckmannschaft auf vielleicht entfernten Straßen beschäftigt ist, rücken von den betheiligten Feuerwachen die Spritzen mit der Bedienungsmannschaft nach der Brandstelle ab, das Depot entsendet dahin seine Geräthe, den Wasserwagen etc. indeß die Transportwagen der Hauptwache die dort bereit gehaltene Mannschaft zum Drucken herbeiführen und die arbeitenden Kräfte, von der Straße abberufen, sich im Depot sammeln und zum Nachrücken bereit stehen.«[22]

Tagsüber – bis 14 Uhr – sind nicht nur fehlende Spritzenmänner ein Problem, es mangelt auch an Pferdegespannen. In ihrer Anfangszeit hat die Berliner Feuerwehr tagsüber nur elf Gespanne im ganzen Stadtgebiet zur Verfügung, mit denen nur drei Spritzen sowie einige Wasserwagen, Utensilienwagen und Personentransportwagen bespannt werden können. Bei einem derartigen Engpaß an Mannschaften und Pferden müssen die Kräfte, die sofort zum Brandort ausrücken, versuchen, das Feuer solange in Grenzen zu halten, bis die nachalarmierten Mannschaften eintreffen.

Die telegraphische Alarmierung

Die Benachrichtigung der Wachen wird schon bald durch die Einführung des Telegraphensystems entscheidend beschleunigt. Bereits in den vierziger Jahren des 19. Jahrhunderts hatte Werner von Siemens mit den drei englischen Wissenschaftlern Cooke, Wheatstone und Hughes den elektromagnetischen Telegraphen verbessert. Für seinen Zeigertelegraphen hatte Siemens ein deutsches Patent bekommen. 1847 gründet er zusammen mit dem Mechaniker Johann Georg Halske die »Telegraphen-Bau-Anstalt von Siemens & Halske« in der Nähe des Anhalter Bahnhofs. Die dort gefertigten Telegraphen werden zunächst bei einigen großen Unternehmen und staatlichen Institutionen sowie der preußischen Staatstelegraphie installiert. 1850 nimmt Scabell mit Siemens & Halske Verbindung auf – Ziel ist der Bau eines telegraphischen Kommunikationsnetzes für die Polizei, das auch von der Feuerwehr zu nutzen sein soll.

Anfang 1852 kann die Zeigertelegraphenanlage in Betrieb genommen werden. Sie verbindet in sechs Kreisen 36 Polizeireviere und die Hauptfeuerwache, Feuerwachen, die in Gebäuden der Polizeireviere untergebracht sind, können die Telegraphen der Polizei mitnutzen. Die Kreise sind so gelegt und geschaltet, daß Botschaften entweder an alle angeschlossenen Stationen oder an bestimmte einzelne Stationen gesendet werden können. Das neue System funktioniert folgendermaßen: In der Mitte einer Scheibe ist auf einer drehbaren Achse ein Zeiger montiert, am Rand der Scheibe sind alle Buchstaben des Alphabets und Zahlen verzeichnet. »Sollte telegrafiert werden, schaltete die Geberstation den Strom ein. Durch ein an jeder Scheibe angebrachtes Schaltwerk wurden dann alle Zeiger im gleichen Rhythmus gedreht. Sobald das zu übertragende Zeichen unter der Drucktaste der Geberstation erschien, drückte der gebende Telegrafist die Taste nieder. Hierdurch wurde der Strom unterbrochen, und alle Scheiben hielten bei demselben

Zeichen. Die empfangenden Telegrafisten lasen das unter der Taste stehende Zeichen ab und schrieben es auf. Durch Wiederholung des Vorganges kam die Übertragung von Meldungen und Anweisungen zustande.«[23]

Die Zeigertelegraphenanlage in Verbindung mit den sogenannten »Feuerweckern« beschleunigt die gezielte Alarmierung der Wachen und die Weitergabe von Informationen ungemein. Die Feuerwecker, elektrische Klingelanlagen, signalisieren den Feuerwachen, daß sie ihre Telegraphen einschalten sollen. Noch während die Telegraphisten die über den Telegraphen eingehenden Informationen zum Brandort notieren, können die Wagen eingespannt und durch die Mannschaften besetzt werden.

Der von Werner von Siemens konstruierte Zeigertelegraph, 1847

Ein zeitgenössischer Journalist schildert den Ablauf einer solchen Alarmierung: Ein Mann erscheint auf der Feuerwache in der Schießgasse und meldet ein Feuer in der Umgebung. Die Spritze der Feuerwache wird daraufhin sofort eingespannt und fährt zum Brandort. »Zugleich gibt das mit der Wache in Verbindung stehende Polizeibüro, Neue Königstraße 62, durch den unterirdischen elektromagnetischen Telegrafen nach der Zentraltelegrafenstation im Mühlenhof die Feuermeldung... Kaum hat auf der Zentralstation ein für die Feuermeldungen besonderer Wecker das Signal gegeben, als der dortige Beamte, ein Schutzmann, durch eine Vorrichtung die Lärmglocke auf der Hauptwache, auf sämtlichen 18 Feuerwachen und 5 Depotwachen Berlins zu gleicher Zeit in Bewegung setzt. Auf allen Wachthöfen erschallt die Lärmglocke und der Wachtruf 'Feuer!' Überall herrscht gleiche Schnelligkeit, gleiche Ordnung. 'Deichsel hinein – angesträngt!' 'Zum Abmarsch – fertig!' 'Spritze – marsch!' In der kurzen Zeit, daß sich sämtliche Feuerwachen Berlins zum Ausrücken fertig machten, hat der Polizist in der Neuen Königstr. 62, nachdem das Weckersignal gegeben war, den Stellhebel auf T geschoben, der Beamte auf der Zentralstation hat seinen Telegrafen ebenfalls eingeschaltet und empfängt die Depesche in Buchstaben: 'Großfeuer, Neue Königstraße X'. Die Zentralstation teilt diese Depesche sämtlichen Polizeibüros mit, und in wenigen Minuten weiß jede Feuerwache genau, wo sich die Brandstelle befindet. Da großes Feuer signalisiert ist, rücken sämtliche Wachen aus...«[24]

Feuerwachen, die nicht in Polizeigebäuden untergebracht sind, können nur über die Feuerwecker alarmiert werden. Die Anzahl der Klingelzeichen entspricht der Nummer der Feuerwache, die sich bei der Hauptwache melden soll. Diese Feuerwache schickt daraufhin einen Boten in das nächste ans Telegraphennetz angeschlossene Polizeirevier, um Näheres in Erfahrung zu bringen.

Ludwig Scabell äußert sich sehr befriedigt über das neue Alarmierungssystem: »Diese... Telegraphenanlage, die nicht nur zu Feuermeldungen, sondern seitens des königl. Polizeipräsidii auch zu polizeilichen Zwecken benutzt wird, und die außerdem eine direkte telegraphische Verbindung des königl. Schlosses, der Ministerien und der Kasernen mit den von der Post ausgehenden Staats-Telegraphenlinien bewirkt, steht sowohl rücksichtlich des Zweckes, als der Konstruction bisher (1853) in ihrer Art allein da.«[25] Ergänzt wird dieses System durch die im selben Jahr installierten ersten Feuermelder der Welt, ebenfalls von Werner von Siemens konstruiert. Sie stehen in der sogenannten »Opernhauslinie«: zwei Melder in der

Feuermelder aus dem Jahre 1851

Lindenoper, einer im Alten Palais, zwei in der Bibliothek und zwei im Schauspielhaus.

Was die Wasserversorgung und die Abwasserentsorgung betrifft, hat die Großstadt Berlin einen enormen Nachholbedarf. Bis zur Gründung der Berliner Feuerwehr verfügt Berlin weder über ein größeres Wasserleitungsnetz noch über eine Kanalisation zur Ableitung der Abwässer – alles Schmutzwasser wird über die offenen Rinnsteine an den Straßen in die Spree und deren Zuflüsse oder in Gruben, die von Zeit zu Zeit mühsam geleert werden müssen, geleitet. Abgesehen von der Geruchsbelästigung sind damit auch große hygienische Risiken verbunden. Zwar veröffentlicht 1843 eine auf Anordnung König Friedrich Wilhelm IV. eingesetzte Kommission eine Denkschrift über »Die Bewässerung und Reinigung der Straßen Berlins«, aber die in ihr vorgetragenen Vorschläge liegen erst einmal auf Eis.

Während Hamburg bereits vor 1850 ein öffentliches Rohrnetz besitzt, schließt der Berliner Polizeipräsident von Hinckeldey erst 1852 einen Vertrag mit der englischen Gesellschaft Fox und Crampton über den Bau von Wasserwerken und Wasserleitungen. Bis dahin muß bei Bränden das Wasser den etwa neunhundert öffentlichen Brunnen bzw. den offenen Gewässern entnommen werden. Im Juli 1856 kann schließlich das erste Wasserwerk am Stralauer Tor von der »Englischen Wassergesellschaft« in Betrieb genommen werden.

»Zwölf riesige Dampfkessel liegen hier in fortwährender Glut und entwickeln die Dämpfe des ganzen Werkes. Eine Etage höher stehen acht Dampfmaschinen, vier zu 200, vier zu 100 Pferdekraft, und rühren ihre mächtigen eisernen Arme geräuschlos, emsig, unermüdlich... Dieser Kraft gehorchen 16 Pumpen, sie nehmen das Wasser größtenteils aus Bassins, wo es sich auf Kieslagern reinigt; einige schöpfen direkt aus dem Flusse. Die ganze großartige Maschinerie, ein Werk aus Borsigs Anstalt, braucht nur sechs Mann zur Bedienung. Das Hauptrohr der Wasserleitung hat den stattlichen Umfang von 2 Meter; die Nebenrohre... variieren von 75 Centimeter bis 5 Centimeter Umfang. Alle Theile der Leitung bestehen aus Gußeisen.«[26]

Zum Wasserleitungssystem gehören 1.520 Hydranten, Wasserstöcke genannt, die in regelmäßigen Abständen den Anschluß an das Leitungsnetz ermöglichen. Mit Hilfe eines Standrohres kann die Feuerwehr bei Bedarf ihre Schläuche an die Hydranten anschließen. Während sich also die Wasserversorgung in Berlin grundlegend verbessert, liegt die Abwasserentsorgung noch lange im argen. Der enorm gestiegene Wasserverbrauch verursacht nun größere hygienische Probleme als zuvor. Daß nicht zügig mit dem Bau eines Abwassersystems begonnen wird, liegt auch daran, daß es keine Planung darüber gibt, in welchem Ausmaß Berlin insgesamt weiterwachsen soll. Im Frühjahr 1859 wird der Baumeister für Wasserwege- und Eisenbahnbau James Hobrecht zum Leiter für das »Commisarium zur Ausarbeitung der Bebauungspläne für die Umgebung Berlins« bestellt. Zu seinen Aufgaben gehört es, Pläne für die Entwässerung der öffentlichen Straßen, Plätze und das umliegende Terrain

auszuarbeiten.[27] Ein erster Entwurf für ein Entwässerungsprojekt wird jedoch 1861 von dem Geheimen Oberbaurat Wiebe, mit dem Hobrecht zusammenarbeitet, vorgelegt. Das Projekt weist Mängel auf und wird nicht realisiert. Erst zehn Jahre später kann Hobrecht dem Magistrat seinen eigenen Entwurf präsentieren, der ab 1872 schrittweise umgesetzt wird.
Das Neue an Hobrechts Plänen ist, daß die Abwässer nicht in den Fluß, sondern auf sogenannte Rieselfelder an der äußersten Peripherie der Stadt geleitet werden. Damit vermeidet Hobrecht die Belastung der fließenden Gewässer, die infolge der stark wachsenden Stadt früher oder später »umgekippt« wären. Die Kosten, die der Stadt durch den Ankauf der Rieselfelder und den Bau der weitläufigen Leitungen entstehen, sind zwar immens, aber das Geld ist gut angelegt: »Für die Grundstückbesitzer der noch unbebauten, aber entwässerungstechnisch erschlossenen Grundstücke in der Umgebung Berlins wirkte die Anlage des Entwässerungssystems überdies als ein weiteres Moment, die blühende Bodenspekulation der Baubanken und Terraingesellschaften zur Entfaltung zu bringen.«[28]

Die Ausbildung der Mannschaften

Neben der Sicherstellung der schnellen Wasserzufuhr im Brandfall, der raschen Nachrichtenübermittlung und flächendeckenden Versorgung der Stadt durch die Feuer- und Depotwachen widmet sich Scabell besonders der Ausbildung der Mannschaften. Die körperliche Leistungsfähigkeit steht dabei im Vordergrund. Ein Turnlehrer namens Kluge trainiert die Berliner Feuermänner an klassischen Geräten wie Reck und Barren, an Klettergerüst und Schwebereck.

»Die Gymnastik, die edle Gymnastik ist die Basis der neuen Organisation der Feuerwehr. Nur so geweckte, körperlich durchbildete und gekräftigte, mit Mut, Ausdauer und Geschick ausgerüstete Menschen können... Wackeres leisten. Dabei lebt der Direktor mit Kopf und Herz, Lust und Liebe mit allen Kräften für die Sache und versteht es, in der Mannschaft neben dem 'esprit du corps' Eifer und selbständige Tauglichkeit zu wecken und zu pflegen.«[29]
Die Feuermänner lernen, an Seilen oder auf Hakenleitern mehrere Stockwerke hoch zu klettern, sie schwingen sich mit den Hakenleitern von einer Fensterreihe zur anderen, balancieren mit Lasten auf hohen Gerüsten, seilen sich mit einer zu rettenden Person ab. Nach abgeschlossener Ausbildung muß jeder Feuermann in der Lage sein, das höchste Gebäude im damaligen Berlin mittels einer Hakenleiter innerhalb von zwei bis drei Minuten zu ersteigen.

Um die körperliche Gewandtheit zu erhöhen, steht auch das »Axtstiehlfechten« auf dem Ausbildungsprogramm. Unter Anleitung eines Fechtmeisters werden genau definierte Hiebe ausgeführt und pariert. Turnlehrer Kluge verfaßt dazu 1859 eine Anleitung mit dem Titel »Das Axtstiehlfechten für die Mannschaften der Königlichen Feuerwehr in Commandos nach der deutschen Hiebfechtschule«. Geübt wird auch immer wieder der Parademarsch zu den Klängen des Musikcorps der Feuerwehr. Vorrangiges Ausbildungsziel ist jedoch, den Umgang mit den verschiedenen Feuerwehrgeräten und -fahrzeugen zu trainieren und das feuerwehrtaktische Vorgehen entsprechend den unterschiedlichen Brandarten zu erlernen.

Intensiv beschäftigen sich Scabell und Brandinspektor Gerstenberg, dem die Ausbildung der Mannschaften obliegt, mit der Entwicklung einer einheitlichen Löschtaktik, die allen Beteiligten genaue Funktionen zuweist. In seinen »technischen Grundsätzen beim Löschen von Bränden in Gebäuden« beschreibt Scabell detailliert die verschiedenen Vorgehensweisen:
»I. Über das Ersticken des Feuers.
a) Keller-Brände
Bei Keller-Bränden ist es in der Regel am zweckmäßigsten, die Thüren und Fenster durch Erde, Mist oder Materialien möglichst luftdicht zu verschließen und dadurch das Feuer zu ersticken. Zu diesem Zwecke ist es aber unumgänglich nothwendig, die Localität vorher ge-

nau zu untersuchen, damit nicht durch das Einströmen der Luft durch unbekannte Öffnungen (Thüren, Fenster, Schornsteine) das Feuer neue Nahrung erhält und weiter um sich greift.

b) Brand von Brandweinblasen
Bei in Brand gerathenen Branntwein- usw. Blasen sind behufs Erstickung des Feuers nasse Tücher über den Blasenkopf zu decken und diese fortwährend naß zu erhalten.

c) Schornstein-Brände
Bei Schornstein-Bränden ist es, vorausgesetzt, daß der Schornstein nicht schadhaft ist, in der Regel am vortheilhaftesten und leichtesten, denselben ausbrennen zu lassen; indeß ist in diesem Falle nicht nur sorgfältigst darauf zu achten, daß sämmtliche Ofenklappen geschlossen sind, sondern es muß auch in den Zimmern und auf dem Boden alles fortgeräumt werden, was sich in der Nähe des Schornsteins befindet, damit, wenn dieser etwa springt, das Feuer nicht sofort neue Nahrung erhält. (...)

II. Über den direkten Angriff eines Brandes mit Spritzen
... gilt als Hauptregel:
a) daß von unten nach oben gelöscht wird;
b) daß der Angriff nicht von vornherein auf große Flächen, sondern immer nur auf unbestimmte Punkte ausgedehnt, und
c) daß kein Punkt eher verlassen wird, als bis er vollständig gelöscht ist.[30]
Der Einsatz an der Brandstelle muß zwischen der Besatzung der Spritze und den Spritzenmännern, die mit dem Personentransportwagen anlangen, genau koordiniert sein. Beide Fahrzeuge werden von je einem Oberfeuermann kommandiert. Die vier Feuermänner der Spritze haben die Bezeichnung »Sapeur« (»Sapeur-pompier« heißt der Feuerwehrmann in Frankreich), Nr.1, Nr.2 und Nr.3.

»Von der technischen Bedienung der Spritzen gingen der Oberfeuermann, der Sapeur und Nr.1 in die Feuerlinie, Nr.2 blieb bei der Spritze und Nr.3 übernahm die Schlauchkontrolle; während diese Nummern die Spritze fertigmachten, führte der Oberfeuermann des Personenwagens seine Mannschaft mit dem Kommando: 'An die Druckbäume – marsch, marsch!' 'Erstes Glied – gerade aus!' 'Zweites Glied – rechts schwenkt – marsch!' im Laufschritt an die Spritze. Dort wurde, sofern nicht schon Flammen oder Rauchwolken die Vornahme der Schlauchleitung bedingten, abgewartet, bis das Signal 'Schlauch!' von der Brandstelle her ertönte, worauf der Schlauch von Nr. 1 und den Druckmannschaften von der Welle aus zum Feuerherd vorgetragen wurde. Auf das Signal 'Halt!' rannten die Druckmannschaften wieder an die Druckbäume, um auf das Signal 'Wasser – marsch!' ihre Muskeln bis zur Erschlaffung in Tätigkeit zu setzen.«[31]

Was waren es nun für Männer, die die neue Feuerwehr bildeten? »Die Mannschaften des Corps sollen kräftige, gesunde Männer sein von weniger als vierzig Jahren, einen gänzlich unbescholtenen Ruf besitzen, womöglich im Heere gedient haben, und, mit Ausnahme der Spritzenmänner, welche nur als Druckmannschaft Verwendung finden, dem Bauhandwerkerstande angehören. Gemäß der letzteren Bedingung bestehen die Oberfeuermänner und Feuermänner zu $^{1}/_{3}$ aus Maurern, $^{1}/_{3}$ aus Zimmerleuten, $^{1}/_{3}$ aus anderen Bauhandwerkern.«[32] Man geht davon aus, daß Handwerker vom Bau sich auf Brandstellen auch unter schwierigen Bedingungen zurechtfinden, außerdem kommt es oft darauf an, Mauern und Giebel einzureißen, um dem Feuer die Nahrung zu nehmen, und dafür sind Männer vom Bauhandwerk am besten geeignet.

Das gesamte Dienstleben auf der Feuerwache spielt sich fast ausnahmslos in einem großen Raum ab – nur der Oberfeuermann hat ein eigenes Dienstzimmer –, in dem die Männer essen und schlafen, ihre Kleidung in Ordnung bringen, lernen und arbeiten. In den Depotwachen teilen sich 30 Männer einen Schlafraum. Küchen sind nicht vorhanden, also bringen die Frauen zweimal täglich das Essen. Nur wenige Tage Urlaub gibt es im Jahr. Und die 24 Stunden Freizeit, die nach 48 Stunden Dienst gewährt werden, stehen beileibe nicht zur freien Verfügung: Die Feuerwehr hat für die Theater und andere kulturelle Veranstaltungen sogenannte Sicherheitswachen aus drei bis fünf

Löschübung mit der Handdruckspritze

Personen zu stellen. Das Personal ist aufgefordert, sich dazu freiwillig zu melden. Bezahlt werden diese Sicherheitswachen nicht, weil entsprechende Ausgaben im Etat nicht vorgesehen sind. Es ist leicht vorstellbar, wie sehr die langen Dienstzeiten das Familienleben der Feuermänner belasten. Dem die Wache führenden Oberfeuermann ist es gestattet, während der Mittagsstunden von 10 bis 14 Uhr einen Teil der Mannschaften zu beurlauben – natürlich nur, wenn es der Dienst erlaubt. Ein damals populäres Gedicht verdeutlicht die Stimmung der Mannschaften:

»Keine Ruh' bei Tag und Nacht,
nichts was einem Freude macht,
stets Gefahr und wenig Geld,
das ertrage, wem's gefällt.«[33]

Die Bezahlung der Mannschaften ist gering, viele verdienen weniger, als es in ihrem erlernten Handwerksberuf üblich ist. Ein Oberfeuermann erhält pro Jahr 216, ein Feuermann 144 Taler. So sind viele Feuermänner gezwungen, in ihrer geringen Freizeit zusätzliche Arbeiten auszuführen. Als sich herausstellt, daß frei werdende Stellen nur schwer wieder mit »ordentlichen Leuten« zu besetzen sind, gibt es 1856 die erste Gehaltsaufbesserung. Je nach Dienstalter bezieht ein Oberfeuermann nun 300 bzw. 288 oder 276 Taler pro Jahr, ein Feuermann erhält 216 bzw. 204 oder 192 Taler jährlich.

Daß trotz des geringen Gehaltes genügend Männer eingestellt werden können, ist durch die allgemein schwierige Situation am Arbeitsmarkt zu erklären. Nach wie vor wächst die Bevölkerung Berlins in schnellem Tempo: 1852 zählt man im Großberliner Raum 511.000 Einwohner, nicht einmal 20 Jahre später, 1871, sind es bereits 931.984. Trotz der stark expandierenden Industrie gibt es zahlreiche Arbeitsuchende. Wirtschaftliche Krisen haben Massenentlassungen zur Folge. Schon in den vierziger Jahren des 19. Jahrhunderts erlebt beispielsweise die aufstrebende metallverarbeitende Industrie ihren ersten Einbruch. Borsig entläßt ein Drittel seiner Arbeiter. Allerdings geht es bald wieder aufwärts, und schon 1858 wird bei Borsig die 1.000. Lokomotive hergestellt.

Wohnungsnot im Berlin der Gründerjahre

Nach dem Krieg gegen die Franzosen 1871 wird von den Ländern, die sich unter Führung Preußens im »Norddeutschen Bund« zusammengeschlossen haben, sowie den mit ihnen verbündeten süddeutschen Ländern das Deutsche Reich gegründet. Der preußische König Wilhelm I. wird zum Deutschen Kaiser gekrönt. Nach dem Friedensvertrag hat Frankreich eine Kriegsentschädigung von 5 Milliarden Francs zu zahlen – ein Betrag, der auch der neuen Reichshauptstadt Berlin zugute kommt und den wirtschaftlichen Aufschwung der »Gründerjahre« beflügelt.

Die Berliner arbeitende Bevölkerung profitiert von diesen »Gründerjahren« allerdings nicht. Im Gegenteil: Die Wohnungssituation der Arbeiter und Angestellten verschlechtert sich. Die Verwaltungsstellen des Deutschen Reiches belegen zahlreiche Gebäude, in ihrer Nachbarschaft lassen sich Verbände, Banken, Kreditinstitute und Versicherungen nieder. »Dasselbe gilt für das Nachrichten- und Zeitungswesen sowie die Serviceeinrichtungen für diese Bereiche wie Hotels, Restaurants, Cafés, Amüsierbetriebe. Die Konsequenz ist eine sich steigernde Wohnraumvernichtung – zumal Berlin kaum über Büroraumkapazitäten verfügt –, die in der Friedrichstadt und dem alten Stadtkern um die Börse herum ihren Ausgangspunkt nimmt. Wohnräume werden entweder zu Gewerbezwecken umgenutzt, kleine Wohnungen zu großen zusammengelegt oder aber alte Wohnhäuser abgerissen und Schritt für Schritt durch Geschäfts- und Bürohäuser ersetzt, die oft schon mehrere der schmalen Parzellen der Friedrichstadt zusammenfassen.«[34]

Für die rapide wachsende Arbeiterschaft werden Häuser mit einer Vielzahl kleiner Wohnungen in mehreren Seitenflügeln und Quergebäuden gebaut, die sogenannten Mietskasernen. Der so geschaffene Wohnraum reicht bei weitem nicht aus, die Wohnungsnot verschärft sich dramatisch. Das Statistische Büro der Stadt Berlin, das die »Berliner Städtischen Jahrbücher« herausgibt, berichtet in der Ausgabe für das Jahr 1870: »Wohnungsmangel und Wohnungsnoth ist eines der schlimmsten Übel, woran Berlin jetzt zu leiden hat.«

Die Mieten für die zunehmend knapper werdenden kleinen Wohnungen steigen von 1871 bis 1873 fast von Quartal zu Quartal, in zwei bis drei Jahren um das Doppelte und Dreifache. Viele Wohnungen sind hoffnungslos überbelegt. Die »Familienhäuser«, von der Stadt verwaltete Gebäude, in denen obdachlose Familien aufgenommen werden können, sind überfüllt. Familien, die gekündigt sind und keine neue Wohnung finden, kampieren auf den Straßen oder versuchen, sich vor den Toren Berlins mit Brettern einfache Baracken zu zimmern. Dies ist zwar polizeilich verboten, aber eine Zeitlang von der Polizei geduldet. Wie angespannt die Lage ist, zeigt eine Verzweiflungstat, über die die Zeitung »Neuer Social-Democrat« am 5.5.1872 berichtet:

»Sociales Elend in folge von Wohnungsnoth. Am Mittwoch Nachmittag stürzte sich eine Mutter mit zwei Kindern, die sie fest an sich gebunden hatte, den Tod suchend, von der Potsdamer Brücke zu Berlin in den Schiffahrtskanal. Einem Lieutenant von der Feuerwehr, welcher der Unglücklichen nachsprang, gelang es, dieselbe mit den Kleinen lebend aus dem Wasser zu ziehen. Auf Befragen erkärte die Frau, daß sie die Verzweiflung zu diesem Schritt gezwungen hätte, indem es ihr vom 1. April ab noch nicht möglich gewesen wäre, eine Wohnung zu finden.«[35]

In großen Versammlungen, an denen manchmal über 10.000 Personen teilnehmen, werden die Wohnungsnot und ihre Ursachen diskutiert. Resolutionen bewirken allerdings nichts. Im Gegenteil: Der »Neue Social-Demokrat« schreibt am 21.6.1872, daß die Stadt wohl gedenke, die Berliner Wohnungsnot »geradezu gedankenkos auf die Spitze treiben zu wollen. Wenigstens haben die städtischen Behörden die Weisung erteilt, daß bis zum 1. Juli die immer zahlreicher werdenden Baracken der Obdachlosen niedergerissen werden sollen. Heißt das nicht geradezu, die Unglücklichen zur Verzweiflung treiben und einen Krawall provociren?«[36]

Am 25.7.1872 kommt es tatsächlich zu blutigen Zusammenstößen – ausgelöst dadurch, daß im Stralauer Viertel ein Hauswirt eine Familie auf die Straße setzt. Die Feuerwehr als städtische Behörde ist angewiesen, die Polizei zu unterstützen. Morgens um halb zehn wird der Produktenhändler Ferdinand Hartstock mit seiner Frau und seinem Sohn aus seiner Wohnung in der Blumenstraße 51c durch den Stadtgerichts-Executor »exmittiert«. Zur Unterstützung des Executors sind ein Wachtmeister und drei Polizisten angefordert worden.

Hartstocks Möbel sollen mit einem Wagen abtransportiert werden, aber Hartstock kann sich mit dem Fuhrmann nicht über den Preis einigen, so wird das Mobiliar auf die Straße geworfen. Um 11 Uhr 15 telegraphiert die Polizei mit der Feuerwehr und beauftragt sie mit der Fortschaffung des Mobiliars. Um 12 Uhr 45 erscheinen zwei Feuerwehrleute mit einem Leiterwagen, der aber für den Transport zu klein ist. Um den Schauplatz hat sich inzwischen eine Menschenmenge von über 2.000 Menschen versammelt, die sich zunehmend über den Vorfall erregt. Die Polizei fordert Verstärkung an und schafft endlich das Mobiliar der Familie Hartstock weg.
Damit ist die Angelegenheit allerdings nicht erledigt. Abends sind etwa 4.000 bis 5.000 Menschen in der Blumenstraße, Steine werden geworfen, die Polizei räumt wiederholt die Straße und setzt dabei die Säbel ein. Der Bericht des Polizei-Leutnants Rath stellt fest, daß der größte Teil der Menschenmenge »in den Straßen stand und gaffte, die eigentlichen Scandalmacher hatten sich in die Schankwirtschaften zurückgezogen, von wo aus die Beamten bei einer Arrestation mit einem Hagel von Steinen überschüttet wurden.«[37]

In dieser aufgeheizten Atmosphäre wirkt eine Polizeiaktion am nächsten Morgen weiter eskalierend: »Auf Requisition des Polizeipräsidiums rückten am Freitag Morgen 20 Mann Feuerwehr nach dem Friedrichshain, um von den daselbst am Verlorenen Wege erbauten Baracken die sechs letzterstandenen niederzureißen. In einer Stunde waren die mühsam erbauten Hütten dem Erdboden gleichgemacht und die Eigenthümer obdachlos. Baumaterial und Hausgeräth, Wäsche und Betten lagen bunt durcheinander. Die Scene bot durch das Jammern der armen Leute und das so kraß dargelegte Elend einen herzzerreißenden Anblick dar.«[38]

Als mittags eine Abteilung berittener Schutzkräfte in der Blumenstraße eintrifft, hat sich wohl die Aktion im Friedrichhain herumgesprochen. Die Arbeiter der umliegenden Fabriken, die Mittagspause haben, versammeln sich auf den Straßen, und bald kommt es wieder zu Krawallen. 30 Polizeibeamte werden dabei verletzt. Und auch am darauffolgenden Abend, als die Polizei über 600 Beamte einsetzt, baut die Menge Barrikaden und liefert sich mit der Polizei heftige Straßenkämpfe.

Nach drei Tagen ist der »Blumenstraßenkrawall« vorüber. Die Wohnungsnot allerdings bleibt. Und die Feuerwehr wird wenige Wochen später, am 30.8.1872, wieder gerufen, um im Friedrichshain unter Polizeischutz 22 Baracken niederzureißen.

Verständlich, daß die Feuerwehrmänner in so harten Zeiten manches in Kauf nehmen – hat man doch immerhin Arbeit. Lange Zeit bleibt die finanzielle Versorgung derjenigen mangelhaft, die aufgrund eines Unfalles im Dienst in den Ruhestand treten müssen. Bis in die sechziger Jahre gibt es für sie keinerlei finanzielle Unterstützung. Der Fall eines »wohlverdienten alten Oberfeuermannes«, der »wegen eingetretener Invalidität entlassen und mit seiner Familie dem sichern Elende preisgegeben werden mußte«[39], sorgt für öffentliche Aufmerksamkeit. Berliner Bürger gründen 1867 ein Komitee, das Beiträge für einen Pensionsfonds sammelt. Kaiserin Augusta unterstützt diesen Fonds, der daraufhin nach ihr benannt wird.

Trotz des geringen Verdienstes, der anstrengenden Tätigkeit und der langen Arbeitszeit treten die Mannschaften der Feuerwehr sehr diszipliniert auf, die Einsatztaktik bewährt sich. Die

Feuerwehr wird von der Bevölkerung respektiert, sie ist, einmal abgesehen von Einsätzen wie den geschilderten im Friedrichshain, geradezu beliebt.

»Die Feuerwehr weiß sich durch ihre Tüchtigkeit und Aufopferungsfähigkeit die Achtung der Einwohnerschaft bald in so hohem Grade zu erwerben, daß auf sie das Wort aus der Einleitung des Handbuches der Pariser Feuerwehr Anwendung finden konnte: 'Die Pompiers aber vielmehr mögen sich stets vergegenwärtigen, wie gerade in der Sorglosigkeit oder wenn man will, in der Gleichgültigkeit des Publikums (gegen Feuersgefahr) die größte Anerkennung ihres erfolgreichen Wirkens liege.'«[40]

Auch die Behörden der Stadt und des preußischen Staates zollen ihr Anerkennung und stellen mehr Mittel für Spritzen und Ausrüstungsgeräte, weitere Personalstellen sowie für den Ausbau und Neubau von Wachen zur Verfügung. 1859 kann der Neubau einer Feuerwache in der Linienstraße 128/129 bezogen werden. Es handelt sich um das erste Gebäude in Deutschland, das speziell auf die Bedürfnisse einer modernen Feuerwehr hin konstruiert wurde. Im Erdgeschoß befindet sich eine Halle mit 6 Ausfahrten für zwei Wachspritzen, je einen Wasser-, Personen- und Utensilienwagen sowie eine Maschinenleiter. Im ersten Obergeschoß liegen die Mannschaftsunterkünfte, im zweiten Obergeschoß Dienstwohnungen. Die Pferde werden auf dem kleinen, dreieckig zugeschnittenen Hof in einem getrennt liegenden Stall untergebracht, um eine Belästigung der Mannschaften durch die Ausdünstungen der Tiere zu vermeiden. 1862 wird die neue Feuerwache in der Mauerstraße in Dienst gestellt, die über 7 Ausfahrten verfügt. Die neue Wache in der Keibelstraße, die 1865 bezogen wird, hat sogar einen Schlauchturm, in dem die vom Einsatz nassen Schläuche zum Trocknen aufgehängt werden.

1860 und 1861 werden die bis dahin selbständigen Gemeinden Moabit und Wedding sowie der nördliche Teil von Schöneberg und Tempelhof in die Stadt Berlin eingemeindet. Für Moabit richtet die Feuerwehr eine Depotwache mit Feuerwache in einem Gebäude in der Straße Alt-Moabit ein, bis diese 1869 einen Neubau in der Turmstraße beziehen kann. 1867 bewilligt die Stadt Berlin den ersten neuen Feuerwehr-Etat seit 1851, so daß nun die Mittel für Gehaltserhöhungen, Personalvermehrungen und die Einrichtung neuer Depot- und Feuerwachen zur Verfügung stehen.

Ausrüstung, Ausbildung und Einsatztaktik der Berliner Feuerwehr stoßen schon in den ersten Jahren ihres Bestehens auf großes Interesse der für Löschmaßnahmen Verantwortlichen in vielen Städten des Reiches. Immer wieder lassen sich Delegationen in Berlin über die hier geltenden Vorschriften unterrichten. Die Vorbildfunktion der Berliner Feuerwehr zeigt sich auch darin, daß Offiziere der Berliner Feuerwehr von anderen Städten beauftragt werden, dort Berufsfeuerwehren aufzubauen. Der Berliner Erste Brandmeister Helm übernimmt 1856 die Leitung der zweiten deutschen Berufsfeuerwehr in Memel. Chef der dritten Berufsfeuerwehr in Königsberg wird der nachgerückte Erste Brandmeister Westphalen, in Danzig wird Brandmeister Müller Leiter der gerade gegründeten Berufsfeuerwehr.

Einen neuerlichen Beweis, daß die Berliner Feuerwehr auch außerordentlichen Herausforderungen gewachsen ist, erbringt ein Einsatz zur Unterstützung der Feuerwehr in der märkischen Stadt Havelberg. Am 6.2.1870 bricht dort ein Feuer aus, das sich rasch ausbreitet und aufgrund des starken Windes und andauernder Kälte von minus 16 Grad nicht unter Kontrolle gebracht werden kann. Der Bürgermeister von Havelberg sieht schließlich die ganze Stadt in Gefahr und bittet die Berliner Feuerwehr telegraphisch um Hilfe. Auf königlichen Befehl, übermittelt durch das Innenministerium, besteigen Branddirektor Scabell, ein Feuerwehroffizier und 159 Mann einen sofort bereitgestellten Extrazug, 3 Spritzen, 2 Wasserwagen und 1 Utensilienwagen werden verladen, und die 100 km entfernte Stadt Glöwen ist bald erreicht. Sofort nach dem Eintreffen in Havelberg um drei Uhr morgens ordnet Scabell an, daß die Bevölkerung soviel Wasser wie möglich erhitzen soll. »Sehr bald kommandier-

Löschmannschaft mit Handdruckspritze und Wasserwagen

ten die Beamten der Feuerwehr an sämtlichen Spritzen die nun wieder herbeieilende männliche Bevölkerung, während die Frauen schleunigst in Wassergefäßen das erwärmte Wasser zutrugen. Die Berliner Feuerwehr hatte sich direkt gegen die Front des Feuers in der kleinen Marktstraße aufgestellt, und mit Bewunderung sahen die Havelberger die heldenmütigen Feuerwehrleute eilends die Dächer erklimmen und den Strahl kunstgerecht gegen die Flammen richten. Es war eine heiße Arbeit, die volle 10 Stunden währte, Häuser wurden eingerissen, andere fortwährend benäßt, um sie zu schützen, jeden Augenblick ertönte das krachende Niederstürzen einer Mauer, eines Giebels, und Lohe und Funken schlugen – ein schauerlich schöner Anblick – turmhoch aus den Trümmern empor.«[41]

Mittags ist dem Feuer Einhalt geboten, und gegen Abend können sich die erschöpften Berliner Feuerwehrmänner auf die Heimreise begeben. Scabell und seine Truppe werden von den Berlinern bei ihrer Ankunft gefeiert. Die erfolgreiche Brandbekämpfung in Havelberg scheint zu bestätigen, was der Volksmund schon nach Gründung der Feuerwehr geprägt hat: »Gebrochen ist des Feuers Macht, seitdem Scabell darüber wacht!«

Anfang März 1875 kann Scabell die schon seit Jahren beantragte neue Dampfspritze in Dienst stellen. Als er kurz darauf, nach fünfundzwanzigjähriger Dienstzeit, darum bittet, zum Herbst in den Ruhestand entlassen zu werden, erweist der preußische Staat der Feuerwehr und damit auch ihm eine besondere Ehre: »Das Jahr 1875 bringt der Berliner Feuerwehr als glänzendste Bestätigung ihres Weltrufs am 1. Juni auf dem Hofe der Hauptfeuerwache eine Parade vor der Majestät des Kaisers und Allerhöchst dessen erlauchtem Gaste, dem Könige Oscar von Schweden.«[42]

Als Ludwig Scabell im September 1875 den Dienst quittiert, kann er seinem Nachfolger, dem Hauptmann des Eisenbahnregiments[43] Gustav Witte, eine für viele inzwischen gegründete Berufsfeuerwehren vorbildliche Organisation übergeben.

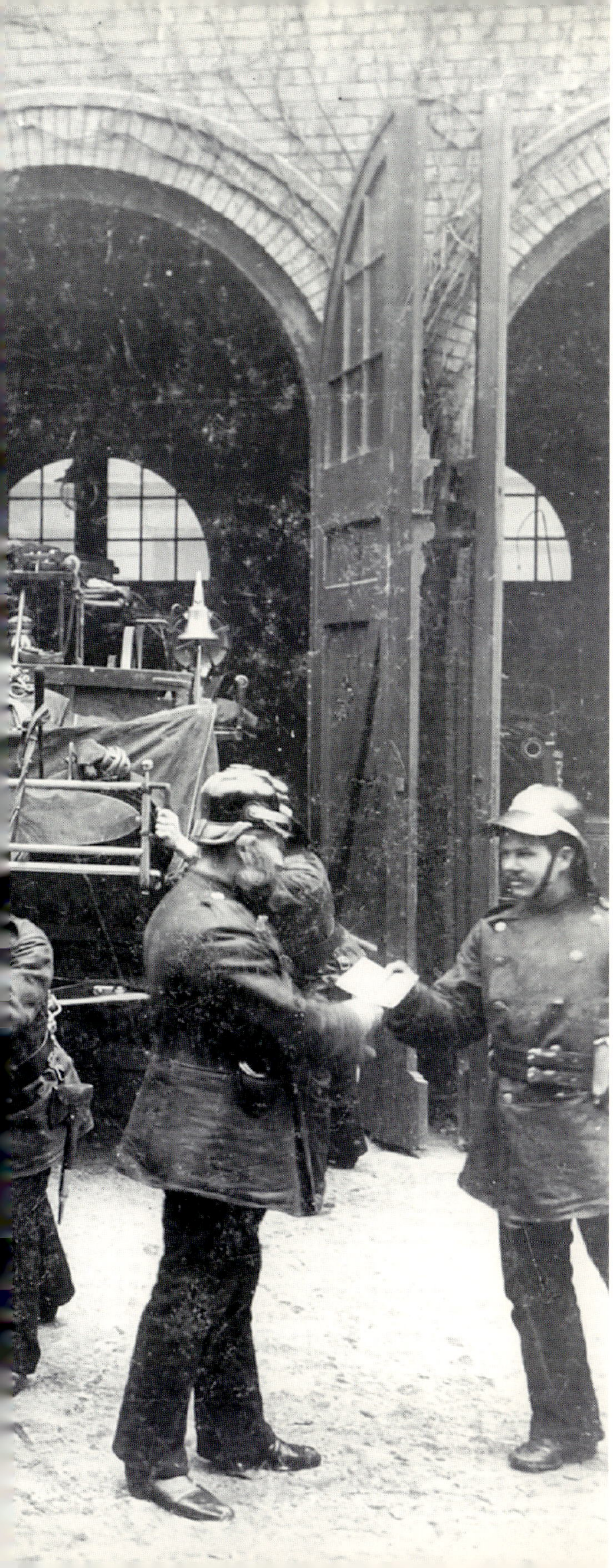

Ausbau der Technik

Hauptmann Gustav Witte hatte an zwei Kriegen als Telegraphenoffizier teilgenommen und war 1871 zum neugegründeten preußischen Eisenbahnregiment gestoßen. Hier hatte er Erfahrungen sowohl in organisatorischer wie in technischer Hinsicht sammeln können. Seit dem 1. Mai 1875 ist Witte von seiner Funktion im Eisenbahnregiment beurlaubt, um sich auf seine neue Tätigkeit als Branddirektor vorbereiten zu können. Er ist zehn Tage im Amt, als er zu einem Großbrand gerufen wird: Das gerade eingeweihte, neuerbaute Luxushotel »Kaiserhof« steht in Flammen.

Der an Wilhelmplatz und Ziethenplatz gelegene »Kaiserhof« ist mit 262 Zimmern das größte Hotel Berlins. Am 10. Oktober 1875, um viertel nach neun Uhr morgens, bemerkt man in der Feuerwache an der Ecke Kronen- und Mauerstraße, daß aus dem Dach des fünfstöckigen Kaiserhofs dichter Qualm in den sonnigen Himmel steigt. Die am Brandort eintreffenden Feuerwehrmannschaften sehen bereits das gesamte Dach in Flammen, die auch bald den fünften Stock erfassen. Da das Gebäude freistehend ist, kann die Feuerwehr nicht von umliegenden Häusern aus löschen.

»Acht Tage nach der Eröffnung sollte das weltstädtische Werk, die jahrelange Arbeit von Hunderten fleißiger Hände schon ein Raub des zerstörenden Elementes sein! Man vermochte es nicht zu glauben, und so strömte man denn zu Tausenden zu der Brandstätte, um sich durch den Augenschein zu überzeugen... Jetzt schien die Flamme an der einen Stelle bewältigt, da schlug sie auf der anderen mit verdoppelter Heftigkeit empor.«[44] Gegen Mittag zieht ein Bataillon des 2. Garde-Regiments auf, um die Schutzleute bei den Absperrungen zu unterstützen, aber auch, um die erschöpften Spritzenmänner an den Handdruckspritzen abzulösen.

Ausrücken, um 1900

»Die Feuerwehr arbeitete fast unsichtbar im Innern des Riesenhauses, man bangte beständig für die kühnen Männer, wenn prasselnd die Lohe an einer Stelle zusammenbrach. Nach und nach sah man auch 5 oder 6 Verletzte in Droschken fortfahren. Die durch Menschenhände bewegten Spritzen vermochten gegen das Element nicht aufzukommen... Die Hydranten der Wasserleitung gaben immer sparsamer Wasser, und die Wasserwagen jagten weit fort, um Wasser herbeizuschleppen. An ein Eingreifen der Dampfspritze war gar nicht zu denken; sie mußte sich begnügen, die Wasserwagen zu füllen. Die Decker´sche Geheime Oberhofbuchdruckerei in der Wilhelmstraße 75 hatte ihr nämlich bereitwillig ihren sorgsam gepflegten Park geöffnet, und hier sog die Dampfspritze Wasser aus dem Goldfischteich des Parkes und drückte es durch einen doppelten Schlauch nach der Straße hinaus, wo sie die anfahrenden Wasserwagen füllte. Es war ein Bild, wie es Berlin kaum je gesehen hat. Ziethen- und Wilhelmplatz umzogen von einer Chaine von Schutzleuten zu Pferd und zu Fuß. An der Außenseite dieser Chaine ein schwarzes Menschengewimmel und ein wahrer Wagencorso. Innen die strengste Ordnung.«[45]

Das Feuer erreicht an der Südseite des Gebäudes den vierten Stock und frißt sich die Fassade hinab bis ins Untergeschoß, der dort befindliche Speisesaal von 32 Metern Länge und 15 Metern Breite wird vollständig zerstört. Es gelingt der Feuerwehr, den größten Teil der unteren drei Stockwerke zu retten. Die Ursache des Brandes läßt sich nicht ermitteln. Man spekuliert, daß Arbeiter in den Dachräumen bei Aufräumungsarbeiten geraucht haben könnten, oder daß »ein Gasrohr oder ein Dampfkessel des auf dem Boden aufgestellten Waschapparates gesprungen sei. Fast unerklärlich schien es, daß das Feuer sofort Herr des ganzen Dachstuhles wurde. Wie es heißt, fand das Feuer namentlich Nahrung an den leichten Holzwänden der Fremdenzimmer des vierten Stockwerkes. Auch wurde von Feuerleuten darüber geklagt, daß nur sehr wenige Brandmauern in den oberen Stockwerken vorhanden gewesen wären. Überall sei das Feuer aus den Wänden hervorgebrochen, wo man Mauern erwartet hätte.«[46] Der Brand verdeutlicht erneut, wie wichtig feuerpolizeilichen Bestimmungen bei Neubauten sind.

Eine tragische Fußnote: Als die Feuerwehr am »Kaiserhof« eintraf, stand ein prominenter Hotelgast »in Gesellschafts-Toilette« am Fenster seines im vierten Stock gelegenen Zimmers und »rief derselbe auf die Straße hinab, daß er sich mitten im Feuer befände«.[47] Es ist der gerade pensionierte frühere Branddirektor Ludwig Scabell. »Scabell, der 27 Jahre lang dem Feuer siegreich entgegentrat, der während eines Menschenalters mit bewundernwerther Aufopferung Leben und Eigenthum der Berliner so sicher beschützte, daß sie die furchtbare Gewalt des Elements schier verspotten lernten, dieser Mann... mußte zum ersten Male dem Feuer weichen. Schweigend trugen die Feuerleute die geringen Habseligkeiten ihres bisherigen unerschrockenen Führers hinab, schweigend halfen sie dem kranken Mann in den Wagen, der unter lautloser Stille davonrollte.«[48]

Am 1. Oktober 1875, mit Wittes Amtsantritt, wird die Personalsituation der Feuerwehr entscheidend verbessert: Der Magistrat trennt Straßenreinigung und Feuerwehr und beendet damit die unhaltbare Doppelbelastung der Spritzenmänner. Die Feuerwehr erhält die finanziellen Mittel, 513 Spritzenmänner einzustellen, die ihr nun ausschließlich zur Verfügung stehen. Mit der Ausgliederung der Straßenreinigung sind auch deren Gespanne nicht mehr nutzbar, der neue Etat sieht aber die Mittel für die Anmietung von 48 eigenen Gespannen vor. Mit diesen Maßnahmen ist die Feuerwehr nun bei Tag und bei Nacht gleich leistungsfähig.

Eine gravierende Änderung betrifft die Fahrzeuge auf den Wachen. Schon Scabell hatte in einzelnen Feuerwachen die drei für die Brandbekämpfung notwendigen Fahrzeugtypen (Spritze, Wasserwagen und Personenwagen) zusammen stationiert – Witte macht den Löschzug nun zum Prinzip. Er bezeichnet diese Kombination der Fahrzeuge als »Gefechtseinheit«. Die bisherigen fünf Inspektionen im Stadtgebiet gliedert er in vier Kompanien um.

Jede Kompanie besteht aus einem Hauptdepot und zwei Nebendepots. In den Hauptdepots sind jeweils zwei komplette Löschzüge stationiert, in den Nebendepots jeweils einer. In der Hauptfeuerwache in der Lindenstraße verbleibt der Zentralzug mit der Dampfspritze. Alle Löschzüge und Fahrzeuge werden fortlaufend durchnumeriert:

I. Kompanie	
Hauptdepot I, Keibelstr. 26-28:	1. u. 2. Zug
Nebendepot I	3. Zug
NebendepotII	4. Zug
II. Kompanie	
Hauptdepot II,	
Köpenicker Str. 125	5. u. 6. Zug
Nebendepot III	7. Zug
Nebendepot IV	8. Zug
III. Kompanie	
Hauptfeuerwache	
Lindenstr. 40-41	Zentralzug
Hauptdepot III,	
Mauer-/Ecke Kronenstraße	9. u. 10. Zug
Nebendepot V	11. Zug
Nebendepot VI	12. Zug
IV. Kompanie	
Hauptdepot IV,	
Linienstr. 128/29	13. u. 14. Zug
Nebendepot VII, Turmstraße	15. Zug
Nebendepot VII,	
Reinickendorfer Str.	16. Zug

1874 ist der Dienstgrad des »Feldwebels« eingeführt worden. Feldwebel sind in der Depotverwaltung, bei der Betreuung der Ausrüstung und der Mannschaften eingesetzt. Am 1.10. 1875 ergibt sich der folgende Personalbestand:

1	Branddirektor
1	Brandinspektor
4	Brandmeister
6	Feldwebel
45	Oberfeuermänner
196	Feuermänner
513	Spritzenmänner
766	Mann Gesamtstärke

Beginn einer neuen Ära: Die Dampfspritze

Die erste, 1832 beschaffte »königliche Dampfspritze« ist lange verkauft, weil sie zu schwerfällig und zu umständlich in der Bedienung war. Die neue, in England gefertigte Maschine läßt sich zwar nicht während der Fahrt anheizen, was einen Zeitverlust beim Einsatz bedeutet, aber man hält sie dennoch für leistungsfähig. Bei einem Großbrand in der Berliner Brotfabrik Aktiengesellschaft in der Holzmarktgasse am 3.5.1878 muß Witte allerdings erkennen, daß die Dampfspritze technisch nicht ausgereift ist. Sieben Handdruckspritzen und die Dampfspritze, die ihr Wasser aus einem Nebenarm der Spree bezieht, werden bei dem Brand eingesetzt. Schon nach zwei Stunden versagt die Dampfspritze ihren Dienst. Das Gebäude ist nicht zu retten, mit Mühe verhindern die Löschmannschaften die Ausbreitung des Feuers auf weitere Häuser. Beim Zusammenbruch der Giebelwand werden drei Männer von den Trümmern begraben, einer ist sofort tot, die anderen beiden sterben kurz darauf.

Das Versagen der Dampfspritze aus England verdeutlicht die Notwendigkeit, in bessere Spritzen zu investieren. Witte hält auch die deutschen Dampfspritzen, wie sie beispielsweise in Hamburg eingesetzt werden, nicht für ausreichend und gibt deshalb Neukonstruktionen in Auftrag. Die Lausitzer Maschinenfabrik in Bautzen liefert von 1878 bis 1882 sechs neuartige Dampfspritzen, konstruiert von dem Ingenieur und späteren Professor Bach, die auf die Kompanien verteilt werden (seit 1879 sind es fünf) und fortan einen wichtigen Beitrag bei der Brandbekämpfung leisten. Bedienungspersonal allerdings muß eigens eingestellt werden: Maschinisten und Heizer, die bis dahin bei Eisenbahngesellschaften gearbeitet haben.

Bei seiner Überprüfung der Arbeitsweise der Feuerwehr stößt Witte auf die nicht optimale Nutzung der Wasserleitungen. Scabell hatte bei Großfeuern von der Hauptwache aus eine Rädertienenkolonne zur Verstärkung der Was-

Von Pferden gezogene Dampfspritze der »Waggon- und Maschinenfabrik vorm. Busch AG Bautzen«. Allgemein verwendet von 1882 bis 1910

serwagen mitfahren lassen. Die Spritzen bekamen ihr Wasser von Wasserwagen und Rädertienen. Witte stellt fest, daß es sinnvoller ist, die Spritzen direkt über Hydranten zu füllen. Das bedeutet, daß der Schlauchbestand vermehrt und die Hydranten in kleineren Abständen installiert werden müssen. Von nun an führt jede Spritze ein Standrohr zum Anschluß an die Hydranten mit. Außerdem sorgt Witte dafür, daß die neuen Standrohre einen größeren Durchmesser erhalten (78 statt 45 mm) – die so zur Verfügung stehende Wassermenge reicht auch der Dampfspritze bei mittlerer Leistung aus. Der Durchmesser des Strahlrohrs wird von 11 mm auf 30 mm vergrößert, um die Menge des abgegebenen Wassers zu steigern. Damit die Feuerwehr ausreichend Wasser aus dem Leitungsnetz beziehen kann, wirkt Witte darauf hin, daß die Wasserwerke nach und nach stärkere Rohrleitungen verlegen.

Der Einsatz der Dampfspritzen erfordert eine neue Löschtaktik. Witte teilt die Löschmannschaft in 4 Trupps auf. Ein Trupp schließt über Schläuche die Dampfspritze an den nächstgelegenen Hydranten an oder stellt die Verbindung zu einem Brunnen oder Wasserlauf her. Ein anderer Trupp sucht die Brandstelle auf und rollt einen Schlauch zur Dampfspritze hin aus. Ein dritter Trupp stellt die Verbindung zwischen diesem Schlauch und der Spritze her. Ein vierter Trupp bedient die Dampfmaschine. Insgesamt sind für diese 4 Trupps 14 Mann vorgesehen. Sie beginnen ihre Arbeit gleichzeitig beim Eintreffen am Brandort und können so die Dampfspritze in kurzer Zeit einsatzfähig machen.

Um die Dampfspritzen gleich bei Ankunft am Brandort sinnvoll einsetzen zu können, gilt es allerdings noch ein Problem zu lösen: Es dauert zehn Minuten, bis nach dem Anheizen genügend Druck entwickelt ist und die Dampfspritzen Wasser geben. Gemeinsam mit dem Ingenieur Bach entwickelt Witte eine Dampfspritze mit Extinkteur und erhält 1879 auch ein Reichspatent auf diese Erfindung. Extinkteur meint das Prinzip, Kohlensäure in den Wasserkessel der Dampfspritze einzublasen. Diese Methode führt innerhalb weniger Sekunden zu einem Druck, der das Wasser in die Schläuche drückt. So kann Wasser verspritzt werden, bis das Anheizen des Kessels Wirkung zeigt. Eini-

Mechanische Drehleiter

ge Jahre noch zögert der Magistrat von Berlin, die nötigen Mittel für den Bau dieser neuartigen Spritze zur Verfügung zu stellen, aber 1883 kann die erste Ausfertigung auf der Hauptwache stationiert werden. Dadurch, daß die Feuerwehr ihre Gespanne nicht mehr mietet, sondern gekauft hat, spart Witte auf längere Sicht gesehen beträchtliche Summen ein, die er für die Beschaffung seines neuen Versuchslöschzugs mit der Gasdampfspritze verwendet.

Die Dampfspritze mit Extinkteur ist nicht die einzige Erfindung des Branddirektors. Er erkennt, daß die ausfahrbaren Leitern dringend verbessert werden müssen. Es gibt zwar schon eine Maschinenleiter von der Nürnberger Firma Fischer & Stahl, die auf eine Höhe von 23 Metern ausgefahren werden kann, aber sie muß nach ihrem Aufrichten durch Stützen stabilisiert und an eine drehbare Scheibe angeschraubt werden. Diese Konstruktion erscheint Witte nicht sinnvoll. Zusammen mit dem Ingenieur Greiner entwirft er 1879 eine neue Drehleiter, die von der Firma BAMAG gebaut wird. Ein Brand in der Herstellerfirma verzögert allerdings Bau und Auslieferung der Drehleiter, so daß sie erst 1882 auf der Hauptwache in Dienst gestellt werden kann. In der Zwischenzeit entwickelt Witte bereits ein verbessertes Modell, bei dem die Leiterteile durch das Teleskopprinzip ausgeschoben werden.

Eine weitere Schwachstelle in der Ausrüstung der Feuerwehr bilden die Schläuche mit ihren Schraubverbindungen. Mitte der siebziger Jahre ist man von genieteten Lederschläuchen auf gummierte Hanfschläuche übergegangen, nun arbeitet man an besseren Schlauchverbindungen. Bis 1884 müssen sie noch mühsam ineinander verschraubt werden. Witte läßt eine von Ingenieur Grether erfundene Schlauchkupplung weiterentwickeln: Sie besteht aus zwei gleichen Verbindungshälften, die ähnlich der heutigen Storzkupplung durch einfaches Zusammendrücken und kurzes Drehen schnell und sicher miteinander verbunden werden können.

Besondere Aufmerksamkeit widmet Witte als ehemaliger Telegraphenoffizier der Erneuerung des Telegraphensystems. Das Morsesystem ist bereits bei der Polizei erprobt worden, Witte sorgt nun dafür, daß der Zeigertelegraph auch bei der Feuerwehr durch das Morsesystem ersetzt wird. Beim Morsen wird die Botschaft mit bestimmten Zeichen in einen abrollenden Papierstreifen gestanzt. Die Mitteilung läßt sich so zuverlässiger überprüfen. Außerdem führt das Morsesystem zu einer Beschleunigung der Alarmierung, da nun das Signalklingeln als Vorbereitung für die Übersendung der telegrafischen Botschaft entfällt.

Die wenigen Feuermelder, die es bislang gibt, befinden sich in besonders schützenswerten Gebäuden wie der Oper oder der königlichen Bibliothek und sind nur dem dort wachehaltenden Personal zugänglich. 1876 läßt die Feuerwehr den ersten öffentlichen Feuermelder, der ebenfalls nach dem Morsesystem arbeitet, in einem öffentlichen Gebäude installieren. Es dauert allerdings weitere zehn Jahre, bis der erste Straßen-Feuermelder auf dem Moritzplatz aufgestellt wird. Um den Melder in Gang zu setzen, muß man eine dünne Glasscheibe einschlagen, einen Schlüssel entnehmen und den Melder mit diesem Schlüssel betätigen. Auf den Feuerwachen werden dadurch Signaltöne ausgelöst, die Morseanlage stanzt Löcher in einen Papierstreifen, anhand derer der Telegraphist den Standort des ausgelösten Melders erkennen kann. Feuermelder-Empfangsanlagen diesen Typs sind sehr lange in Gebrauch gewesen – die letzten sind erst in den siebziger Jahren unseres Jahrhunderts außer Betrieb gesetzt worden.

Einen großen Fortschritt in der Kommunikation bringt das Telefon. 1881 – zu dieser Zeit haben in den USA bereits alle Städte über 15.000 Einwohner Telefonnetze – wird in Berlin die erste Vermittlungsstelle in Betrieb genommen. Weitere drei Jahre vergehen, bis die Feuerwehrzentrale an das neu entstehende Telefonnetz der Reichspost angeschlossen wird. Damit ist der Grundstein für eine noch schnellere und umfassendere Verständigung der Wachen untereinander gelegt.

Die Atmosphäre auf den Wachen ist stark von einem militärischen Umgangston, von militärischer Disziplin geprägt. Fast alle Feuermänner haben im preußischen Heer gedient und sind an entspechende Verhaltensweisen gewöhnt. Verstöße gegen die Dienstvorschriften wie z.B. zu spätes Erscheinen, unentschuldigtes Fernbleiben, Trunkenheit im Dienst, Widerspruch gegen Befehle oder das Nichtausführen von angeordneten Tätigkeiten wird nach einem Disziplinarrecht bestraft. Zu den Sanktionen gehören der einfache Verweis, der Verweis vor versammelter Manschaft, Strafdienst, Geldstrafe, Arreststrafe und Ausstoßung aus der Feuerwehr. Eine Arreststrafe muß an dienstfreien Tagen auf dem Polizeipräsidium bei Wasser und Brot abgesessen, der Strafdienst als persönlicher Dienst für Vorgesetzte und in deren Haushalt abgeleistet werden. Der jährliche Urlaub, auf den nicht einmal ein verbriefter Anspruch besteht, beläuft sich 1881 auf nur 1 ¼ Tage. Erst

Standfeuermelder „Alt-Berlin" von 1886

1882 wird ein Pensionsreglement vereinbart, das die Möglichkeit eröffnet, sich mit 60 Jahren invalide schreiben zu lassen. Erst nach zehn Jahren Dienst hat man das Recht auf Versorgungsleistungen erworben.

Die technischen Verbesserungen bei der Berliner Feuerwehr erhöhen ihre Leistungsfähigkeit, sie erwirbt sich nicht nur die Anerkennung des Magistrats, auch der Kaiser und die Kaiserin stehen ihr wohlwollend gegenüber. Stolz dürfen sich die Mannschaften bei mehreren offiziellen Anlässen präsentieren. »Ihre Majestät die Kaiserin-Königin geben schon seit einer Reihe von Jahren Ihrem Interesse für die Feuerwehr dadurch Ausdruck, daß Allerhöchstdieselbe Sich im Palais durch den Branddirektor Mannschaften vorstellen lassen, welche im Laufe des Jahres bei Ausübung des Dienstes besonderen Muth und hervorragende Pflichttreue bewiesen oder auch schwere Verletzungen erlitten haben. Bei dieser Gelegenheit erhalten die vorgestellten Mannschaften werthvolle Erinnerungszeichen... Seiner Majestät dem Kaiser und König wurde die Feuerwehr vor dem Kaiserlichen Palais am 1. November 1881, Seiner Majestät dem Kaiser von Brasilien auf dem Exercierhofe der Hauptwache im Jahre 1877 vorgeführt. Der König der Hawayischen Inseln Kalakaua wohnte am 2. August 1881 einer größeren Übung bei.«[49]

Ausbau des öffentlichen Verkehrssystems

Die ständig wachsende Industriestadt Berlin mit ihrem Kranz von ebenfalls größer werdenden Nachbarorten erfordert die Schaffung eines effektiven Verkehrssystems. Seit Mitte des Jahrhunderts fahren Pferde-Omnibusse verschiedener Linien durch die Stadt, 1865 nimmt die erste Pferde-Eisenbahn ihren Betrieb auf. Beide Verkehrssysteme sind im Besitz privater Gesellschaften. Zunächst enden die Pferdebahnen an der Grenze zum Stadtzentrum, erst ab 1875 werden sie auch durch den Stadtkern geführt. Ihre Kapazität ist allerdings begrenzt, und ihr Unterhalt relativ teuer. So fordert der Berliner Magistrat in seinem Bericht an den Minister für Handel, Gewerbe und öffentliche Arbeiten 1871, das Stadtgebiet und sein Umland durch den Bau von Strecken für Dampfeisenbahnen zu erschließen. Der Bau von Eisenbahngleisen, die vom Stadtkern ins Umland führen, ist dringend notwendig, um der Industrie auch die Ansiedlung dort zu ermöglichen, wo Bauland noch erschwinglich ist.

»Nur Locomotiv-Eisenbahnen sind unseres Erachtens im Stande, allen Ansprüchen eines regelmässigen, massenhaften Personenverkehrs zu genügen und vermöge ihrer Leistungsfähigkeit eine allen Klassen der Bevölkerung zugänglich billige Communikation aus dem gesammten weiteren Umkreise der Stadt nach dem Centrum derselben und aus letzterem nach allen Theilen der Peripherie herzustellen. Denn es ist erforderlich, durch Darbietung ausreichender Communicationsmittel eine so große Fläche um Berlin herum (Ringbahngebiet) für die Bebauung aufzuschließen und durch radiale Bahnen, welche möglichst weit in die innere Stadt hineindringen, diese aufgeschlossene Bebauungsfläche so mit dem Innern der Stadt zu verbinden, daß das Land bei Weissensee oder Steglitz, Wilmersdorf oder Stralau, Reinickendorf und Tempelhof in Concurrenz treten kann mit den hochpreisigen Baustellen an der Peripherie Berlins.«[50]

Die preußische Staatsführung entscheidet sich schließlich für den Bau einer Ringbahn, die in einer weiteren Entfernung um die Stadt herum verlaufen soll und so bisher unbebautes Gelände erschließt, aber auch eine Reihe von größeren Orten berührt, die jetzt schon zum Einflußbereich Berlins gehören.[51] 1877 kann die Ringbahn eröffnet werden. Die erste Stadtbahnlinie ist eine Ost-West-Verbindung vom Schlesischen Bahnhof über den Lehrter Bahnhof zum Bahnhof Charlottenburg, sie wird 1882 in Betrieb genommen. Ergänzt wird das Verkehrssystem in den achtziger Jahren durch die elektrische Straßenbahn. Werner von Siemens hatte 1879 auf einer Gewerbeausstellung die erste elektrische Bahn vorgestellt, er baut auch 1881 die erste reguläre Linie der »Elektrischen« in

Lichterfelde. Die Straßenbeleuchtung wird nun zunehmend auf elektrische Lampen umgestellt. Charlottenburg, Schöneberg und Berlin sind nach wie vor eigenständige Städte mit eigenen Verwaltungen, obwohl ihre Stadtviertel langsam stärker zusammenwachsen. Die Stadteisenbahn erschließt die nördliche Hälfte des Bebauungsraumes – die Notwendigkeit, auch für die südliche Hälfte eine effektive Verkehrsverbindung zu schaffen, wird immer deutlicher. Werner von Siemens erkennt schon 1880, daß der elektrische Antrieb für eine Hoch- bzw. Untergrundbahn in der Stadt besser geeignet ist als der Dampfantrieb. Von 1894 bis 1896 baut Siemens die Budapester U-Bahn; dort sammelt er wertvolle Erfahrungen und erhält schließlich die Genehmigung für den Hochbahnbau der geplanten Strecke vom Stadtbahnhof Warschauer Straße bis zum Stadtbahnhof Zoo. Allerdings sind nicht nur Verhandlungen mit dem Polizeipräsidium sowie den Städten Berlin, Schöneberg und Charlottenburg zu führen, auch die nötigen Grundstücke müssen erworben werden. Siemens kooperiert eng mit der Dresdner Bank, 1897 gründen beide die »Gesellschaft für elektrische Hoch- und Untergrundbahnen in Berlin«, kurz Hochbahngesellschaft. 1896 beginnt der Bau der »Stammlinie«, Ende 1902 wird das letzte Teilstück der Strecke (die sich nun schon über den Bahnhof Zoo bis Bahnhof Knie – den heutigen Ernst-Reuter-Platz – erstreckt) eröffnet.

Zunächst ist die elektrische Hochbahn allerdings durchaus nicht das Beförderungsmittel der Massen. Dazu ist sie zu teuer. »Das Publikum der U-Bahn waren hauptsächlich Geschäftsleute, Vertreter usw., von denen damals die Stadt wimmelte. In der damals vorherrschenden liberalistischen Wirtschaft gab es noch eine unglaubliche Menge Selbständiger, deren Kontakt- und Umschlagplatz die ganze Stadt war. Dazu kamen die höheren Staatsbeamten, die weniger als heute an Bürozeiten gebunden waren. Die U-Bahn war in ihren Anfängen ein vornehmes Verkehrsmittel, bis das Auto üblich wurde.«[52]

Viele der Städte vor den Toren Berlins zählen schon mehrere zehntausend Einwohner. Da die Anfahrtswege der Berliner Feuerwehr im Brandfall zu lang wären, ist die Einrichtung von Feuerwachen in diesen Orten erforderlich. Zunächst erscheint den Verantwortlichen die Bildung von Freiwilligen Feuerwehren ausreichend. Charlottenburg bildet die Ausnahme: Die Stadt ist so groß, daß 1880 eine Berufsfeuerwehr eingerichtet wird.

Von 1876 bis 1895 werden 29 Freiwillige Feuerwehren gegründet. Fast alle haben zunächst keine eigene Feuerwache bzw. kein Spritzenhaus. Die Geräte werden in Scheunen und Gebäuden untergebracht, die wohlgesonnene Bürger zur Verfügung gestellt haben. Die Mannschaften absolvieren ihre Ausbildung auf Schulhöfen oder anderen öffentlichen Plätzen. Erst später, als die Gemeinden durch den lukrativen Verkauf von Bauland zu Wohlstand kommen, werden moderne Spritzen und andere Ausrüstungsgerätschaften angeschafft, über die teilweise nicht einmal die Berliner Feuerwehr verfügt.

Branddirektor Witte erreicht die Erhöhung des jährlichen Etats und kann weitere Feuermänner einstellen. Durch die Einführung der Dampfspritzen werden Spritzenmänner frei, ein Teil ihrer Posten wird in Feuermannstellen umgewandelt. Das Offizierskorps ist durch die Schaffung von fünf Stellen für Brandinspektoren verstärkt worden. Der Stellenplan der Berliner Feuerwehr 1888 umfaßt:

1	Branddirektor
1	Oberbrandinspektor
5	Brandinspektoren
7	Brandmeister
7	Feldwebel
63	Oberfeuermänner
8	Obermaschinisten
249	Feuermänner
439	Spritzenmänner
20	Fahrer
800	Beschäftigte

Die Berliner Berufsfeuerwehr muß Anzahl und Verteilung ihrer Feuerwachen dem gewachsenen Stadtgebiet anpassen. Witte geht von dem Grundsatz aus, daß die Feuerwehr zehn Minuten nach der Entdeckung eines Brandes an der Brandstelle einzutreffen habe. Nach und nach werden folgende neugebauten Wachen der Berufsfeuerwehr bezogen:

Indienststellung/Stellplätze

Juli 1882: 4 Ausfahrten, Zug 12
(An der Apostelkirche 7a)
Nov. 1883: 4 Ausfahrten, Zug 3
(Oderberger Straße 15)
Sept.1884: 4 Ausfahrten, Zug 4
(Memeler Straße 39)
Okt. 1884: 7 Ausfahrten, Züge 9 und 10
(Schöneberger Straße 20)
Sept.1886: 4 Ausfahrten, Zug 7
(Reichenberger Straße 66)

Branddirektor Witte scheint unermüdlich, beispielsweise plant er den Bau eines dampfgetriebenen Feuerlöschbootes. 1887 erkrankt er plötzlich. Das Berliner Tageblatt schreibt: «Einer der tüchtigsten Beamten im Dienst der Stadt Berlin, dessen Sinnen und Trachten unausgesetzt der Sicherheit der Reichshauptstadt gewidmet war, der verdienstvolle Leiter unserer Feuerwehr, Major Witte, ist... von einer Geistesstörung befallen worden, die sich als Größenwahn äußert. Major Witte erfüllte mit rückhaltlosem Eifer die schweren Pflichten seines Berufes, und man kann wohl annehmen, daß seine Geisteskraft der ungeheuren Arbeitslast, die er sich aufgebürdet, erlegen ist.«[53] Witte wird im Januar 1887 in eine Nervenheilanstalt eingeliefert und bald darauf pensioniert. Ohne zu gesunden stirbt er Mitte 1888.

Zurück zur Handdruckspritze

Zum Nachfolger Wittes wird der Branddirektor der Stadt Bremen, Alexander Stude, ernannt. Stude hatte in Berlin das Baufach studiert, war dann als Brandingenieur noch von Ludwig Scabell ausgebildet worden und hatte in Bremen Erfahrungen in der Brandbekämpfung sammeln können. Der Wechsel in der Führung der Berliner Feuerwehr bietet die Gelegenheit, Schwachpunkte der bisherigen Arbeit genauer zu analysieren. Die Vossische Zeitung bemängelt: »Es wird gelöscht um jeden Preis; anderswo wird auch durch eine Zweigabtheilung gerettet und vor Schaden geschützt. Darum hört man hier so oft die Klage laut werden, daß bei den meisten Bränden der Wasserschaden viel größer ist als der Schaden, den das Feuer macht.«[54] Tatsächlich weisen die Dampfspritzen, die Witte favorisiert hatte, etliche Mängel auf – so läßt sich der Wasserstrahl nicht am Strahlrohr abstellen, es kommt des öfteren zum Platzen der Schläuche. Die Gasdampfspritzen müssen nach jedem Einsatz gereinigt und gewartet werden und stehen so nicht jederzeit zur Verfügung. Am gravierendsten aber ist, daß bei kleineren Bränden durch den Einsatz von Dampfspritzen große Wasserschäden entstehen können. Solche Mängel veranlassen Stude, die Beschaffung zweier Gasdampfspritzenzüge auszusetzen. Mit dieser Maßnahme stößt er innerhalb der Berliner Feuerwehr auf massiven Widerstand, drei der ranghöchsten Offiziere lassen sich pensionieren. Offenbar wird hier ein Konflikt, wie er bei der Einführung neuer Techniken oft zu Tage tritt: Ein Teil der Experten stellt die Vorzüge der neuen Technik in den Vordergrund, andere sehen die neue Technik als noch nicht ausgereift an und vertrauen auf bewährte Maßnahmen. Stude zählt zu den Skeptikern. Wasserschäden beim Löschen sollen verringert werden durch die »Anwendung der bewährtesten und einfachsten Löschmittel für den ersten Angriff: Spritze und Wasserwagen, daneben direkte Verwendung der Wasserleitung. Die Dampfspritzen werden daneben nicht vernachlässigt, sondern sind als unentbehrliche Reserve jederzeit schlagfertig.«[55]

Die Dampfspritzen werden nicht vernachlässigt, so Stude offiziell – tatsächlich wird eine defekte Gasdampfspritze nicht mehr repariert, sondern außer Dienst gestellt. Handdruckspritzen kommen wieder öfter und länger zum Einsatz, doch fehlt nun das Personal zur Bedienung. Der Einsatz der Dampfspritzen erforderte eine geringere Mannschaftsstärke. Für die Bedienung der Spritzen müssen wieder Männer aus dem Publikum verpflichtet werden, die für eine Stunde Arbeit eine Mark als Lohn er-

Wasserwagen um 1900

halten. Wer also neugierig Löscharbeiten beobachtet, findet sich manchmal unversehens am Druckbaum einer Spritze wieder.

Ein weiteres einfaches Löschmittel, das Stude vorschreibt, ist die von Brandmeister Reichel konstruierte Löschkanne. Es handelt sich um einen Wassereimer mit herausnehmbarer Stockspritze, der nun immer zur Bekämpfung von Entstehungsbränden mitgeführt wird. Zum Schutz vor Raucheinwirkung wird jeder Löschzug mit einem speziellen Rauchhelm ausgerüstet, den Stude noch zu seiner Bremer Zeit entwickelt hatte: Der Helm umschließt den ganzen Kopf bis auf einen offenen Sehschlitz, der Träger bekommt Frischluft über Schläuche zugeführt.
Auch auf anderem Feld geht es energisch voran. Um der chronischen Läuseplage in den Schlafsälen Herr zu werden, erhält nun jeder Feuermann ein eigenes Bett und eigene Bettwäsche. Außerdem entwickelt man eine Methode, um die von aus dem Dienst ausgeschiedenen Feuermännern getragene und wieder auszugebende Dienstkleidung zu desinfizieren. Bei Schlafsälen, in denen bis zu dreißig Männer untergebracht sind, bleibt es allerdings.

Verdienste erwirbt sich die Feuerwehr auf dem Gebiet des »passiven Feuerschutzes«, später vorbeugender Brandschutz genannt. Schon unter Branddirektor Witte war die Feuerwehr vor der Genehmigung von Baumaßnahmen gehört worden. Feuerpolizeilichen Bestimmungen wird nun ein noch größerer Stellenwert beigemessen; in immer stärkerem Maße wird die Feuerwehr um Gutachten und Stellungnahmen gebeten. Am bekanntesten sind heute noch die Vorschriften, daß die Hinterhöfe der damals gebauten Mietskasernen mindestens so groß sein mußten, daß eine Feuerspritze darin wenden konnte, und daß die Häuser durch Brandmauern voneinander getrennt werden mußten. Um die öffentliche Diskussion des vorbeugenden Brandschutzes voranzubringen, wählt Stude eine ungewöhnliche Veranstaltungsform: Im Februar 1893 lädt er zweihundert einflußreiche Gäste aus den Feuerwehren des Reichs und dem auf dem Gebiet der Bautechnik maßgeblichen Personenkreis ein und veranstaltet an drei Tagen sogenannte »Brennproben« in einem Abrißhaus in der Köpenicker Straße.

In verschiedenen Räumen des Hauses werden Böden, Wände, Säulen, Fenster und anderes mehr mit Materialien, die feuerfest bzw. schwer entflammbar sein sollen, behandelt und in Brand gesetzt. Nach dem Ablöschen untersuchen Experten, inwieweit die verwendeten Materialien dem Feuer Widerstand geleistet haben. Auf diese Weise testet man verschiedene von der Industrie angebotene Produkte.

Auch ein Geldschrank der Firma Ade hat eine Brennprobe zu überstehen: »Aus Anlaß eines kürzlich stattgefundenen großen Brandes, bei

Uniform und Ausrüstung von Mannschaften und Offizierskorps der Berliner Feuerwehr (1890 bis 1900)

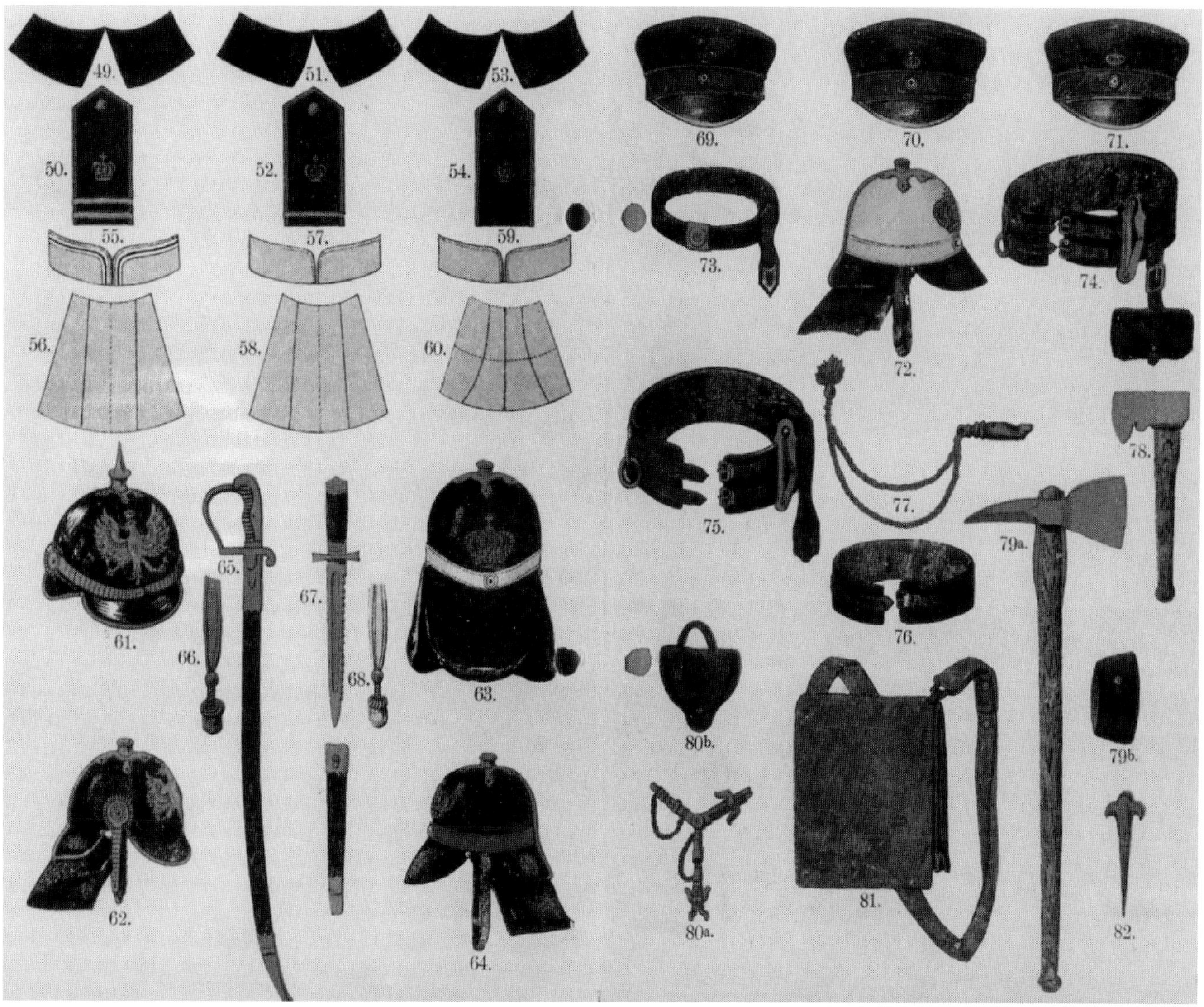

dem einige Geldschränke sich nicht bewährt haben, sind uns Wünsche zugegangen, eine Konkurrenz der hiesigen größeren Geldschrankfabriken hinsichtlich der Feuerfestigkeit ihrer Fabrikate in Anregung zu bingen.«[56]

Die Veranstaltung hat größere Wirkung als umfangreiche wissenschaftlich untermauerte Expertisen. Auch den großen Wert von »informellen Treffen« der angereisten Feuerwehrexperten hat Stude erkannt. Im Kasino der Hauptfeuerwache finden nach den Brennproben Kameradschaftsabende statt. Es wird unter anderem angeregt, einen Feuerwehringenieursverein zu gründen. 1895 lädt Branddirektor Dittmann zum Gründungstreffen nach Bremen ein.

Stude erlebt diese Gründung nicht mehr. Im Jahre 1893 wird er zu einer Militärübung zum 35. Regiment nach Brandenburg eingezogen und stirbt dort, völlig unerwartet, am 21.6. 1893 durch Herzschlag.[57]

Weiterentwicklung der Spritzen

Neuer Branddirektor wird Erich Giersberg von der Kölner Berufsfeuerwehr, zuvor hatte er der Bremer Berufsfeuerwehr angehört. Am 1.10. 1893 erhält er seine – zunächst kommissarische – Ernennung, bereits am 2.2.1894 wird er offiziell zum Branddirektor ernannt. Giersberg richtet zwei Adjudanturen ein, sie entsprechen heutigen Abteilungen, um von Verwaltungsaufgaben entlastet zu werden. Die Adjudantur I bearbeitet alle technischen Angelegenheiten und beaufsichtigt den Geräte- und den Bekleidungsverwalter. Die Adjudantur II ist für Personalangelegenheiten zuständig.
Mit dem neuen Branddirektor ändert sich abermals die Haltung der Feuerwehr zur Dampfspritze. Giersberg ist generell von ihrer Leistungsfähigkeit überzeugt, auch wenn nach wie vor einige Probleme beim Einsatz der Gasdampfspritze ungelöst sind: Das Einspritzen von Kohlensäure in den Wasserkessel führt zu einer Kälteentwicklung, die Leitungen und Armaturen einfrieren lassen kann. Giersberg gibt Versuche in Auftrag, um diese Schwierigkeit zu beseitigen. Schon während der Experimentierphase beschafft die Berliner Feuerwehr die auch anderswo verwendeten Dampfspritzen ohne Extinkteur. Um 1900 verfügt die Berliner Feuerwehr bereits über zwölf Dampfspritzenzüge. Schließlich gelingt es, bei der Gasdampfspritze die Kohlensäure durch Preßluft zu ersetzen, auf diese Weise frieren die Leitungen nicht mehr ein. Um Kosten bei der Einführung dieses neuen Spritzentyps zu sparen, läßt Giersberg eine Reihe von Wasserwagen zu Gasdampfdruckspritzen umbauen. Wasserwagen werden durch die verbesserte Wasserversorgung über die Hydranten zunehmend überflüssig. Erstaunlicherweise können diese Umbauten weitgehend durch Feuermänner durchgeführt werden – ein Beweis für die technische Qualifikation des Feuerwehrpersonals.

Für das inzwischen dicht bebaute Viertel vor dem Halleschen Tor fordert die Feuerwehr eine neue Wache auf dem Urban. Die Genehmigung läßt auf sich warten, obwohl die Pläne für den Neubau vorliegen. Als im Eckhaus Bergmannstraße/Friesenstraße ein Großfeuer ausbricht, braucht die Feuerwehr etwa zehn Minuten Fahrzeit, um den Brandort zu erreichen. Sie findet ein bereits stark entwickeltes Feuer vor, das mehrere Bewohner in den Etagen bedroht. Über Hakenleitern dringen die Feuermänner von außen in das Haus ein.

»Andere versuchten, auf dem Bauche kriechend, auf den Treppen in die oberen Stockwerke zu gelangen, hierbei alle erreichbaren Thüren und Fenster mit ihren Äxten einschlagend, damit der Rauch freien Abzug bekam. Als gemeldet wurde, daß mehrere Frauen im ersten und zweiten Stock in Lebensgefahr schwebten, erging sofort der Befehl, die gefährdeten Menschen herauszubringen. Mit eigener Lebensgefahr drangen die Feuermänner in die verqualmten Wohnräume... Wiewohl ein großer Teil der Sapeure in dem verqualmten Vorderhause fast nicht mehr verweilen konnte, einige Feuerwehrleute sogar betäubt niedersan-

ken, verließ doch keiner der Retter seinen gefährlichen Posten, bis es gelungen war, die meistenteils bewußtlos gewordenen elf Personen herauszuholen.«[58] Zwei der Hausbewohner überleben den Brand nicht. Der Fall macht deutlich, wie wichtig ein flächendeckendes Netz von Feuerwachen ist, und die Stadt beschließt den Bau der geforderten Wache.

1895 läßt Branddirektor Giersberg das Alarmierungssystem ändern. Bislang waren mit jeder Feuermeldung – auch wenn es sich nur um einen kleinen Brand handelte – sämtliche Wachen der Berliner Feuerwehr informiert worden, ohne Rücksicht darauf, ob sie tatsächlich ausrücken mußten. Diese Alarme, übermittelt von lautstarken Rasselweckern, stellen eine beträchtliche Belastung dar. Nun werden die Leitungen der Feuermelder umgeschaltet, um nur noch die für das jeweilige Feuer zuständigen Wachen zu alarmieren.

Die Diskussion unter den deutschen Berufsfeuerwehren über technische Ausrüstungen entwickelt sich lebhaft. Es sind keineswegs nur die Feuerwehren der Großstädte, die mit Ideen neue Entwicklungen vorantreiben – auch in der Nachbarschaft sind Feuerwehren innovativ tätig. Die Berufsfeuerwehr der Stadt Charlottenburg beispielsweise erwirbt sich ihren guten Ruf durch einen umfassenden Reformplan, der eine neuartige Konstruktion von Feuerwachen und einen neuen Löschwagen vorsieht. Der 15. Deutsche Feuerwehrtag findet 1898 unter Teilnahme von mehreren zehntausend Feuerwehrleuten in Charlottenburg statt. Der dortige Branddirektor Kiesel führt der Presse die neue Feuerwache in der Rankestraße vor. Im Erdgeschoß sind vorn, gleich hinter den Toren, die Pferde untergebracht, dahinter, durch eine Zwischenwand mit zweiflügligen Toren getrennt, die Fahrzeuge. Der Aufenthaltsraum der Feuermänner im ersten Stock ist vom Schlaf-

Nach der Bekämpfung eines Brandes

saal getrennt. Im Schlafsaal steht den drei Gruppen von 7 Betten jeweils ein Schrank gegenüber – allerdings ohne Boden: »Man sieht durch ihn hinunter in die Wagenhalle, aus welcher eine Gleitstange in den Schrank hineinragt. Beim Ertönen des Alarmsignals eilen die Mannschaften zu ihren Schränken und stehen nach Verlauf weniger Sekunden in der Wagenhalle hinter ihren Fahrzeugen.... Nun werden die Fahrzeuge in den vorderen Teil der Halle geschoben, durch die Fahrer... die Pferde aus den Ständen zur Deichsel geführt und eingespannt.... In ungefähr einer halben Minute ist der Löschzug fahrbereit, ein Resultat, welches ausser in Amerika nicht oft vorkommen dürfte.«[59]

Der in Charlottenburg verwendete Bräunertsche Löschwagen kann sein Wasser direkt vom Hydranten in die Flammen werfen – das Charlottenburger Wasserleitungssystem erzeugt einen doppelt so hohen Druck wie das in Berlin. Die Handdruckspritze des Bräunertschen Löschwagens wird nur solange eingesetzt, bis der Anschluß der Schläuche an den Hydranten hergestellt ist. Um auch bei einem Leck im Röhrensystem arbeiten zu können, hat man in Charlottenburg in den wichtigsten Straßen die Wasserleitungen doppelt verlegt. Die meisten Berufsfeuerwehren stehen dieser Abhängigkeit vom Wasserleitungsnetz zwar skeptisch gegenüber, die Presse aber zeigt sich von der Präsentation der Charlottenburger Feuerwehr stark beeindruckt. Der Berichterstatter der Zeitschrift »Der norddeutsche Feuerwehrmann« schreibt: »Gegenüber den meist... starren Formen der Berufsfeuerwehren repräsentiert Branddirektor Kiesel mit seiner kleinen, aber vorzüglich ausgerüsteten und ausgebildeten Berufsfeuerwehr die moderne Löschtechnik.«[60] Auch die Schöneberger Berufsfeuerwehr, 1895 anstelle der bis dahin eingesetzten Freiwilligen Feuerwehr gegründet, wird innerhalb weniger Jahre mit ihrer neuen Wache in der Feurigstraße eine »außerordentlich moderne und in Deutschland vielbeachtete Feuerwehr.«[61]

Die Berliner Feuerwehr hat nun auch in etlichen Feuerwachen Pferde und Fahrzeuge wie in Charlottenburg hintereinander untergebracht, den Schlafraum darüber oder in unmittelbarer Nähe. Man hat inzwischen eine Möglichkeit gefunden, den früher so störenden Pferdegeruch zu vermeiden: die Verwendung von Torf statt Stroh in den Boxen.

Fünfzig Jahre Berliner Feuerwehr

Das Jahr 1901 bietet Gelegenheit, die Verdienste der Berliner Feuerwehr auch öffentlich in großem Rahmen zu würdigen: Sie feiert ihr fünfzigjähriges Bestehen. Gemeinsam mit den Feuerwehren der Nachbarstädte gewährleistet sie den Brandschutz für eine Bevölkerung von 2.712.190 Personen.[62]

Viel Volk ist auf den Beinen, als am 22. Mai 1901 die Mannschaften der Berliner Feuerwehr durch die Straßen zum Festplatz marschieren. In Vertretung des Kaisers ist Prinz Friedrich Heinrich von Preußen erschienen, mit ihm zahlreiche Ehrengäste: Mehrere Minister des preußischen Staates, Vertreter des Magistrats, zahlreiche Stadtverordnete, Oberbürgermeister der Nachbargemeinden und weitere hochrangige Persönlichkeiten. Unter den Klängen der Nationalhymne präsentieren die Mannschaften die Axt. Militäroberpfarrer Goens hält eine Ansprache, in der er den »Dank Eures Königs« betont und auch die »wohlverdiente Anerkennung« der Stadt und ihrer Leitung:

»Ja, jeder Bürger nennt Euren Namen mit Achtung und Verehrung. Ihr seid so volkstümlich geworden, wie kaum eine Einrichtung in unserer Mitte, und das mit Recht, denn wenn Euer Gefährt durch die Straßen rasselt bei Fackelschein und Glockenläuten, mit den stolzen Rossen und dem blitzenden Löschgerät, wahrhaftig, meine Lieben, dann schauen wir Euch nach, wie einer Truppe, die in den Kampf zieht.... Ihr kennt kein Arm, kein Reich, keinen Freund, keinen Feind; die Hütten der Armen stehen unter Eurem Schutz wie die Paläste der Reichen und wahrlich, in solchem Kampfe

sterben, sei es, daß die Rauchwolke Euch umhüllt, sei es, daß das feurige Grab Euch umschließt, heißt einen schönen Opfertod sterben, dem jungen Soldaten gleich, der auf grünender Aue für seinen König und sein Vaterland verblutet. Manche werden es Euch danken, und Gott wird es Euch lohnen in der Ewigkeit, und mit solcher Zuversicht tretet als ein brüderlich verbundenes Volk mit neuem Mute in die neue Hälfte des Jahrhunderts: Gott zur Ehr' und dem Nächsten zur Wehr! Mit diesem Rufe sollt Ihr kämpfen und arbeiten und wenn es sein muß, auch sterben!«[63]
Der Minister des Inneren, Exzellenz von Hammerstein, verliest die Glückwünsche des Kaisers und verkündet die Auszeichnung, »daß auf den Achselstücken und Epauletten für Offiziere und Mannschaften Mein Namenszug unter der Königlichen Krone nach den anbei zurückfolgenden Mustern angebracht wird.«[64]
Zum Abschluß der Feier spricht nicht etwa der Direktor der Feuerwehr, sondern protokollgemäß der Polizeipräsident als offizieller Chef des Feuerwehrkorps. Er schließt mit einem »dreifachen Hoch auf Seine Majestät den Kaiser und Ihre Majestät die Kaiserin«.

Aus Anlaß der Feierlichkeiten organisiert die Stadt eine »Internationale Ausstellung für Feuerschutz und Feuerrettungswesen«, die von Mai bis September 1901 auf einem 80.000 qm großen Gelände am Kurfürstendamm stattfindet. Es beteiligen sich 728 Aussteller, davon 81 aus dem Ausland.

Brand in der Bergstraße, Neukölln

Technischer und gesellschaftlicher Wandel

In den neunziger Jahren des letzten Jahrhunderts beginnt in den deutschen Feuerwehren die Diskussion darüber, welche Motoren für ihre Zwecke eingesetzt werden können. Elektro- und Benzinmotoren haben einen Entwicklungsstand erreicht, der sie als Alternative zur herkömmlichen Dampfmaschine erscheinen läßt. Man sieht hauptsächlich zwei Anwendungsgebiete: Motoren könnten die Fahrzeuge antreiben, und sie könnten für das Pumpen und Wassergeben genutzt werden.

1888 stellt die Firma Daimler auf dem 13. Deutschen Feuerwehrtag in Hannover eine von einem Daimler-Motor getriebene Kolbenpumpe vor. Sie wird von Hand oder von einem Pferdegespann gezogen. Neben der Kolbenpumpe gibt es bald die Zentrifugalpumpen (Kreiselpumpen), sie können noch größere Wassermengen auch aus größeren Tiefen ansaugen, sind aber schwieriger zu bedienen. Da sie nicht trocken ansaugen können, müssen sie vor Inbetriebnahme mit Wasser gefüllt werden. Außerdem verstopfen sie schneller, wenn das Wasser mit Sand oder kleinen Steinen durchsetzt ist.

Zunächst interessieren sich die Feuerwehren jedoch mehr für die Motorisierung des Fahrzeugantriebs. 1882 werden in Berlin die ersten privaten Automobile mit Benzinmotor zugelassen und erweisen bald ihre Brauchbarkeit. Die schnellere Geschwindigkeit der benzingetriebenen Fahrzeuge ist zwar für die Berliner Feuerwehr reizvoll, aber das Starten der Motoren ist noch recht mühevoll und dauert jedenfalls länger als das Anspannen der Pferde. Branddirektor Giersberg möchte deshalb auch andere Antriebsarten erproben. Ein heute skurril anmutender Vorschlag kommt 1895 von dem Erfinder Ganswindt. Das von ihm entwickelte

Feuerlöschübung um 1910

Feuerwehrwagen mit dem Ganswindtschen Tretmotor, 1896

Fahrzeug wird durch eine Feder angetrieben, die von der Besatzung durch Treten aufgezogen wird. Auch während der Fahrt müssen die Feuermänner die Feder durch Treten in Spannung halten. Obwohl das Fahrzeug ziemlich schnell ist, wird schon in der Erprobungsphase klar, daß dieses Modell keine Zukunft hat: Die Feuermänner sind am Ziel ihrer Fahrt so erschöpft, daß sie nicht mehr zum Löschen eingesetzt werden können.

Die Breslauer Feuerwehr stellt 1899 ein Benzin-Motorvierrad als Vorausfahrzeug in Dienst. Die Freiwillige Feuerwehr Grunewald nimmt 1901 ein Motordreirad in Betrieb. Auf der Internationalen Feuerschutzausstellung in Berlin im selben Jahr sind vier unterschiedliche motorgetriebene Fahrzeuge zu sehen: Zwei werden über einen Elektromotor angetrieben, eine Dampfspritze durch den Dampfmotor der Spritze, und ein Fahrzeug besitzt einen Benzinmotor. Dieser komplette Löschzug wird von der Feuerwehr Hannover erworben.

Giersberg läßt zwar einige Versuche mit diesen Antriebsarten durchführen, kann sich aber nicht für die Anschaffung motorgetriebener Fahrzeuge entscheiden. Andere Aufgaben sind für ihn vorrangig, so kümmert er sich um die Verbesserung des Atemschutzes nicht nur gegen den üblichen Qualm, sondern auch gegen giftige Dämpfe, die vor allem bei Bränden in Industriebetrieben auftreten können. Giersberg selbst war bei einem Brand in der Firma Schering am 2.6.1897 von giftigen Salz- und Salpetersäuredämpfen geschädigt worden.

Die bisher eingesetzten Atemschutzgeräte weisen wesentliche Nachteile auf. Der von Stude entwickelte Rauchhelm ist nicht vollständig geschlossen und schützt daher nicht gegen giftige Gase. Beim »Königschen Atmungsapparat« ist der Helm zwar geschlossen, aber der Träger muß die Luft, die über Schläuche in den Helm gelangt, selbst ansaugen. Bei der »Wiener Rauchkappe« wird die Frischluft über einen Blasebalg in die zum Helm führenden

Schläuche gepumpt, doch der Feuermann ist durch die Schläuche in seinem Einsatzradius eingeschränkt.

Zunächst experimentieren die Techniker mit Preßluftflaschen, die sich allerdings für das Tragen am Einsatzort als zu schwer erweisen. Schließlich gelingt es, den Sauerstoffverbrauch deutlich zu senken und damit auch ein zumutbares Gewicht der Flaschen zu erreichen. Die ausgeatmete Luft wird nun, durch einen Filter von Natronkalk gereinigt, vermischt mit Sauerstoff wieder zugeführt. 1904 bauen die Drägerwerke in Lübeck die ersten Geräte dieses von Giersberg mitentwickelten Typs, der einen großen Beitrag zum Schutz der Feuermänner leistet. Auf der Feuerwache Memeler Straße können die »fessellosen Sauerstoff-Rettungsapparate nach Giersberg« gereinigt und nachgefüllt werden.

Die Fortschritte auf allen Gebieten der Technik veranlassen Giersberg, eine fundierte technische Ausbildung für alle Offiziere der Berufsfeuerwehren zu fordern. Die Berliner Feuerwehr nimmt nur noch solche Bewerber für die Offiziersausbildung an, die ein Studium als Diplom-Ingenieur abgeschlossen haben. Der Verband Deutscher Berufsfeuerwehren schließt sich Giersbergs Auffassung an. Nach wie vor haben Offiziere der Berliner Feuerwehr einen guten Ruf, wenn es um die Besetzung von Führungspositionen geht. Brandmeister Troje wird Feuerlöschdirektor in der Provinz Ostpreußen und trägt dort wesentlich zur Gründung von Freiwilligen Feuerwehren bei. 1902 gibt es in Ostpreußen 78 Freiwillige Feuerwehren, 1914 sind es bereits 330. 1903 geht Brandmeister Ignée nach Essen und wird dort später Branddirektor, Brandmeister Meyer wechselt zur Schöneberger Feuerwehr, Brandinspektor Bahrdt wird 1904 Branddirektor in Charlottenburg, und Brandmeister Besser wird 1905 von der Hamburger Feuerwehr angestellt.

Giersberg kann seine weiteren Pläne nicht mehr ausführen. 1905 erliegt er im Alter von 51 Jahren einem Schlaganfall. Man vermutet einen Zusammenhang mit der erlittenen Vergiftung im Einsatz beim Brand der Firma Schering. Giersberg ist nun schon der dritte Branddirektor in Folge, der seinen Dienst nicht als Pensionär beendet.

Kletterübung in der Hauptwache Lindenstraße, um 1910

Der Magistrat der Stadt Berlin ehrt den Verstorbenen, der Kaiser sendet ein Beileidstelegramm: »Der Verstorbene hat sich um die Feuersicherheit Meiner Haupt- und Residenzstadt große Verdienste erworben und werde Ich des trefflichen Mannes stets gern und dankbar gedenken.«[65]

Giersbergs Nachfolger, Branddirektor Reichel, darauf bei seinem Amtsantrittt: »Wir wollen uns dieser Allerhöchsten Gnadenbeweise stets würdig zeigen und wir wollen alles daran setzen, uns die Zufriedenheit Seiner Majestät dauernd zu erhalten. Ich erinnere weiter daran, wie Ihre Majestät die Kaiserin und Königin die Berliner Feuerwehr unter Allerhöchst Ihre besondere Protektion genommen hat. Wie Ihre Majestät alljährlich Höchst Sich verdienstvolle Mitglieder des Korps durch den Branddirektor vorstellen läßt. Wem die Gnade zuteil geworden ist, der hohen Frau auch nur für wenige Augenblicke in das gütige Antlitz schauen zu dürfen, der muß Ihrer Majestät bis zu seinem letzten Atemzuge treu ergeben sein.«[66]

Elektromobile Löschzüge

Wieder setzt sich der Nachfolger inhaltlich vom Vorgänger ab: Reichel ist interessiert an der Entwicklung motorisierter Fahrzeuge. Als Branddirektor von Hannover hatte er 1902 den ersten automobilen Löschzug Deutschlands eingeführt. Reichel nimmt eine Umstrukturierung der Berliner Feuerwehr in Angriff:

Elektromobiler Löschzug der Wache Linienstraße, 1908

»Großzügige Reformen, die dem Korps und der Stadt in gleicher Weise zugute kommen, wie z.B. die Umwandlung des Pferdebetriebes in Automobilbetrieb, die Einführung eines modernen Feuermeldesystems und dergl. mehr, können nur vorgeschlagen und energisch durchgeführt werden von einem Branddirektor, der von der Erledigung der zahllosen unwichtigeren Geschäfte der inneren Verwaltung befreit ist.«[67]

Dem Branddirektor unmittelbar nachgeordnet sind nun zwei Oberbrandinspektoren, die die Verantwortung für die beiden neu geschaffenen Brandinspektionen übernehmen. Zur I. Brandinspektion gehören die Kompanien I, II und III, zur II. Brandinspektion die Kompanien IV und V sowie die neu gebildete Kompanie VI. 1906 setzt Reichel eine Reihe von Kommissionen ein, die alle Bereiche der Feuerwehr einer Überprüfung unterziehen. Besetzt sind sie durch Ingenieure der Berliner Feuerwehr.

Kommissionen der Berliner Feuerwehr:
- Schläuche und Löschgeräte
- Feuergefährliche Flüssigkeiten und Gase
- Bestimmungen für den praktischen Dienst
- Pferdepark
- Einstellung und Prüfung von Mannschaften
- Automobile
- Bespannte Fahrzeuge
- Schutzapparate und Geräte
- Betriebsstätten
- Sicherheitsbestimmungen für Bauten
- Bibliothek und Vordruckwesen
- Elektrotechnik
- Sammlung feuerpolizeilicher Bestimmungen
- Beleuchtungswesen
- Prüfung und Berichtigung der allgemeinen Dienstanweisungen
- Organisationsangelegenheiten und Neubau von Wachen.

In umfangreichen Versuchsprojekten will Reichel herausfinden, welche Antriebsart – Benzinmotor, Elektromotor oder Dampfmotor – der geeignetste für die Anforderungen der Feuerwehr ist. Den Umbau alter Wasserwagen zu Spritzen, für den die Stadt Mittel bewilligt hat, läßt er stoppen, weil er es für sinnvoller hält, zumindest einen Teil des Geldes für die Entwicklung von Automobilfahrzeugen zu verwenden. Der Magistrat stimmt der Umwidmung der Mittel zu. 50.000 Mark stehen Reichel für Versuche mit Fahrzeugantrieben zur

Verfügung. Die Feuerwehren in Wien und Paris haben bereits ähnliche Erprobungen unternommen und in der Folge elektromobile Fahrzeuge favorisiert. In Berlin fahren die ersten Kraftdroschken seit 1899, seit 1905 die ersten Omnibusse mit Benzinmotor, aber Reichel entscheidet sich, dem Beispiel seiner Pariser und Wiener Kollegen zu folgen. Zu riskant ist ihm das Starten der Benzinmotoren – es kommt durchaus vor, daß dies längere Zeit in Anspruch nimmt. Auch die Vergaser erscheinen noch nicht zuverlässig genug. Schließlich ist das feuergefährliche Benzin ein weiteres Argument gegen die Verwendung von benzingetriebenen Feuerwehrfahrzeugen.

Reichel testet auch eine dampfgetriebene Spritze sowie eine Gasdruckspritze, in deren Vorderräder elektrische Radnabenmotoren von der Firma Lohner-Porsche (Wien) eingebaut sind. Die Batterien des elektrogetriebenen Fahrzeugs reichen für eine Entfernung von 50 Kilometern, die Höchstgeschwindigkeit liegt bei 36 km/h. Beide Fahrzeuge werden innerhalb von wenigen Monaten über 10.000 Kilometer gefahren, eine außergewöhnliche Belastung. Obwohl das dampfgetriebene Fahrzeug dem elektrischen in der Reichweite überlegen ist, gibt Reichel dem elektrischen Antrieb den Vorzug. Um aber im Notfall auch weite Entfernungen überbrücken zu können, sieht er die An-

Gasspritze
Die Gasspritze führt den ersten Angriff auf den Brand aus, bis die Dampfspritze genug Druck aufgebaut hat, um Wasser geben zu können. In zwei auswechselbaren Behältern führt sie 400 Liter Wasser mit, die durch das Einspritzen von Kohlendioxid aus dem Kessel gedrückt werden. Auf der Fahrerbank und zwei längs angeordneten Bänken finden neun Mann Besatzung Platz. Zur Ausstattung gehörten ein Sprungtuch, drei Steckleitern und zwei Hakenleitern sowie ein Schlauch, der abgerollt werden kann.

Der batteriegetriebene Motor hat eine Leistung von 15 PS. Die Batterien verfügen über eine Kapazität von 146, später von 195 Ampèrestunden und entladen sich in einer Betriebszeit von fünf Stunden. Die Höchstgeschwindigkeit beträgt 36 km/h, die Reichweite etwa 50 Kilometer.

Tender
Mit dem Tender werden Mannschaften, Geräte und Brennstoffe für die Dampfspritze transportiert. Auf den Wagen kann auch eine Krankentrage aufgesteckt werden. Vier Saugschläuche, drei Steckleitern, zwei Hakenleitern, eine Klappleiter und eine Krankentrage gehören zur Ausrüstung. Die Besatzung besteht aus neun Mann, der Antrieb und der Aufbau des Tenders entspricht der Gasspritze.

Dampfspritze
Die Dampfspritze verfügt über einen Siederohrkessel, in dem ein Druck bis zu 10 bar erzeugt werden kann. Das von ihm betriebene Pumpwerk saugt über Saugstutzen Wasser an und pumpt es über die Druckstutzen in die Schläuche. Bei 280 Umdrehungen pro Minute liefert die Pumpe pro Minute 2.000 Liter Wasser. Der Kessel wird mit Petroleum geheizt. Die Dampfspritze hat eine Besatzung von vier Mann, der Antrieb erfolgt wie bei der Gasspritze durch batteriegetriebene Radnabenmotoren.

Drehleiter
Mit ihr können Personen aus den Obergeschossen eines Hauses gerettet werden. Außerdem bietet sie die Möglichkeit, mit Schläuchen Wasser auf Brände in höhergelegenen Räumen zu geben. Die Leiter besteht aus mehreren Teilen, die teleskopartig durch Kohlensäuredruck oder per Hand ausgeschoben werden. Der Kohlensäuredruck wirkt auf das stärkste Rohr, das die übrigen durch einen Treibrollenflaschenzug mitzieht.

Das Aufrichten der zusammengeschobenen Leiter erfolgt durch einen Elektromotor oder per Hand. Der Drehturm läßt sich um 360° drehen. Der Antrieb wird durch den batteriegetriebenen Radnabenmotor besorgt, die Besatzung besteht aus drei Mann.

Elektromobile Dampfspritze der Feuerwache Suarez, um 1910

Darunter: Elektromobile Fahrzeuge der Feuerwache Schillerpark, 1910

schaffung einiger Löschzüge mit Dampfantrieb vor. Die generelle Entscheidung für die Elektromotoren fällt auch aus technischen Gründen: Die vorhandenen Spritzen lassen sich einfacher auf diese Antriebsart umbauen. Reichel folgt hier der Vorgabe des Magistrats, der bei der Genehmigung der nötigen Gelder gefordert hatte, daß die in letzter Zeit angeschafften Dampfspritzen auf die neue Antriebsart umzusetzen sein müßten.

Brandmeister Gempp, der spätere Branddirektor Berlins, kann sich bei den vielfältigen Versuchen profilieren und ist auch verantwortlich für die Ausbildung der Kraftfahrer der neuen Fahrzeuge. Als 1908 eine neue Feuerwache im Norden Berlins, in der Schönlanker Straße, in Betrieb genommen wird, übernimmt Gempp ihre Leitung. Auf dieser Wache wird der erste elektromobile Löschzug stationiert, er kostet 133.500 Reichsmark.[68]

Die Chassis, Achsen und Radnabenmotoren liefert die Deutsche Mercedes-Verkaufsgesellschaft Frankfurt am Main, die in Deutschland die Produkte der Firma Lohner-Porsche/Wien vertreibt. Die Aufbauten der ersten drei Fahrzeuge kommen von der Waggon- und Maschinenfabrik Bautzen, das des vierten von der Firma Magirus aus Ulm. Der erste elektromobile Löschzug bewährt sich, die Stadt bewilligt Mittel zum Erwerb weiterer zwei Züge dieser Art. Aber auch benzingetriebene Fahrzeuge werden in der Folgezeit beschafft. Ende 1910 verfügt die Berliner Feuerwehr über »4 elektrisch betriebene Löschzüge zu je 4 Fahrzeugen, 1 elektrisch betriebenen Übungswagen, 1 Benzinmotorstabwagen für den Branddirektor und 6 Benzinmotor-Offizierswagen, im ganzen über 24 automobile Fahrzeuge. Für das Etatsjahr 1911 wurden weitere 14 Automobile bewilligt.«[69]

Die Streikkrawalle von Moabit

Sowohl im Jahre 1906 als auch im Jahr 1910 hat die Feuerwehr etliche ungewöhnliche Einsätze zu leisten. Ungewöhnlich deshalb, weil sie beim Eintreffen an der Brandstelle bzw. am Feuermelder, durch den der Alarm ausgelöst wurde, von einer feindseligen Menschenmenge empfangen wird. Offensichtlich gerät die Feuerwehr in politisch motivierte Auseinandersetzungen. Am 15.7.1906 wird sie »aus Anlaß eines großen Fabrikbrandes in der Krautstraße 52« von Tausenden von Menschen »mit wüstem Schreien und Johlen« empfangen. »Der Janhagel trampelte auf den Schlauchleitungen herum, und versuchte, den Feuermännern die brennenden Fackeln zu entreißen, um damit die Schutzleute zu attackieren. Aus den Fenstern wurde mit Preßkohlen, Bier- und Selterwasserflaschen geworfen. Nur mit größter

Mühe und nach energischer Anwendung der Hiebwaffen konnte die Schutzmannschaft der Feuerwehr Platz machen.«[70]

In den Jahren vor dem Ersten Weltkrieg kommt es in Berlin immer wieder zu Arbeitskämpfen. Gewerkschaften der Arbeiter und Angestellten fordern Lohnerhöhungen, Arbeitszeitverkürzungen und Verbesserungen der Arbeitsbedingungen. In die »Streikkrawalle in Moabit«[71] 1910 wird die Berliner Feuerwehr direkt mit einbezogen. Hintergrund der Krawalle ist die Forderung des »Deutschen Transportarbeiter-Verbandes« nach einer Lohnerhöhung seitens der Firma E. Kupfer & Co. Die Firma, eine der größten Kohlehandlungen der Stadt, schildert der Presse die Entwicklung des Konflikts folgendermaßen: »Am 15. September bekamen wir von dem Deutschen Transportarbeiter-Verband ein Schreiben, in dem, ohne daß vorher seitens der Arbeiterschaft eine Andeutung gemacht war, eine Lohnerhöhung von 43 Pfennig auf 50 Pfennig für die Stunde für Arbeiter und auf 33 von 30 Mark pro Woche für Kutscher gefordert wurde. Der Stundenlohn von 43 Pfennig ist höher als der, der in fast allen Berliner Kohlengeschäften gezahlt wird. Deshalb war von vornherein das Ansinnen des Deutschen Transportarbeiter-Verbandes nicht diskutabel.«[72]

Kupfer & Co hat seinen Sitz in der Sickingenstraße in Moabit, einem Stadtviertel, das durch zahlreiche große Fabriken (z.B. AEG) und die in der Nachbarschaft wohnende Arbeiterschaft geprägt ist. Die Firma Kupfer beschäftigt Streikbrecher, die die Kohlewagen beladen und fahren. Je länger der Streik dauert, desto mehr wird die Atmosphäre aufgeheizt. Offensichtlich engagieren sich nun auch Arbeiter anderer Betriebe in der Auseinandersetzung.

Am Abend des 26. September wird die Feuerwehr gleich mehrmals innerhalb weniger Stunden durch den Feuermelder in der Rostocker Straße 21 alarmiert, muß aber feststellen, daß es sich um böswilligen Alarm handelt. An der Ecke Huttenstraße/Rostocker Straße haben sich mehrere tausend Menschen versammelt und empfangen die Feuerwehr mit Johlen, Pfeifen und Schreien. Der Feuerwehrbericht erwähnt,

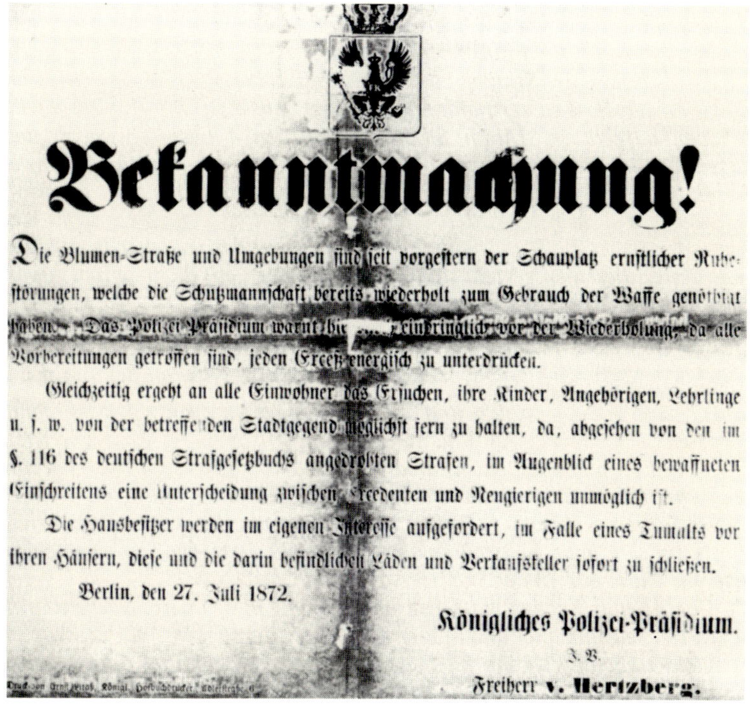

Bekanntmachung!

Die Blumen-Straße und Umgebungen sind seit vorgestern der Schauplatz ernstlicher Ruhestörungen, welche die Schutzmannschaft bereits wiederholt zum Gebrauch der Waffe genöthigt haben. Das Polizei-Präsidium warnt hi[illegible] eindringlich vor der Wiederholung, da alle Vorbereitungen getroffen sind, jeden Exceß energisch zu unterdrücken.

Gleichzeitig ergeht an alle Einwohner das Ersuchen, ihre Kinder, Angehörigen, Lehrlinge u. s. w. von der betreffenden Stadtgegend möglichst fern zu halten, da, abgesehen von den im §. 116 des deutschen Strafgesetzbuchs angedrohten Strafen, im Augenblick eines bewaffneten Einschreitens eine Unterscheidung zwischen Excedenten und Neugierigen unmöglich ist.

Die Hausbesitzer werden im eigenen Interesse aufgefordert, im Falle eines Tumults vor ihren Häusern, diese und die darin befindlichen Läden und Verkaufskeller sofort zu schließen.

Berlin, den 27. Juli 1872.

Königliches Polizei-Präsidium.

J. V.

Freiherr v. Hertzberg.

daß wiederholt der Ruf »Streikbrecher« ertönt. Am nächsten Abend – die Firma Kupfer hatte das Verhandlungsangebot des Transportarbeiter-Verbandes abgelehnt – sind wieder Tausende von Menschen auf den Straßen des Kiezes. Starke Polizeiaufgebote halten mehrere Kreuzungen im »Aufruhrgebiet« besetzt. Die Menge beginnt, die Polizisten mit Steinen zu bewerfen, woraufhin diese die Säbel ziehen und, unterstützt von berittener Polizei, die Straße räumt. Die ganze Nacht über kommt es zu harten Zusammenstößen. »Gerade als sich der Polizeipräsident in Begleitung des Polizeimajors Klein in der Rostocker Straße befand, kam es dort zu gefährlichen Tumulten. In der Straße und aus den Häusern wurde geschossen. Ein lebhaftes Bombardement aus den Fenstern der oberen Etagen erfolgte; Geschirre aller Art, schwere Blumentöpfe usw. wurden herabgeschleudert und Flüssigkeiten herabgegossen... Es kam das Kommando, die Schüsse nach den Fenstern zu beantworten. Auf jedes Fenster, aus dem ein Schuß oder ein Wurfgeschoß auf die Schutzleute flog, richteten sich die Pistolen der Beamten und ein lebhaftes Feuer wurde eröffnet.«[73]

Gegen ein Uhr früh schleppen die Straßenkämpfer brennbares Material aus den Häusern, türmen es zu Barrikaden, übergießen es mit Petroleum und stecken es an. Die Polizei alarmiert den 15. Zug der Feuerwache in der Turmstraße. Unter Polizeischutz beginnt die Feuerwehr zu löschen, während sich Schutzmänner und in den Häusern verschanzte Aufrührer beschießen. Trotz dieser gefährlichen Situation ist das Feuer bald gelöscht.

Für den nächsten Abend bereitet sich die Polizei gut vor. Etwa 1.500 Schutzleute aus der ganzen Stadt werden zusammengezogen, sie erhalten zum Teil treffsicherere Pistolen und Brecheisen und Spitzhacken von der Feuerwehr. Damit sollen Türen aufgebrochen werden, um Personen festnehmen zu können. In den Straßen des »Aufruhrgebietes« und im »Kleinen Tiergarten« wird in dieser Nacht wieder heftig gekämpft, zahlreiche Personen werden verletzt, aber die Feuerwehr braucht nicht einzugreifen. Die angerückte starke Polizeimacht sorgt für Ruhe im Kiez.

Gefahren durch Verkehsmittel

Detaillierte Berichte über Einsätze bei Großfeuern sollen die Leistungsfähigkeit der Feuerwehr belegen. Ein Beispiel ist der Brand des Viktoriaspeichers in der Köpenicker Straße am 26. Juni 1907 – er hätte sich zu einer Katastrophe ausweiten können, hätte die Feuerwehr nicht alle verfügbaren Fahrzeuge und Mannschaften eingesetzt.

Das Viktoriaspeicher genannte Gelände war ein Gebäudekomplex von einmaliger Konzentration feuergefährdeter Betriebe. In zum Teil fünfstöckigen Gebäuden, nur über einen einzigen Zugang von der Straße aus erreichbar, waren Lager für Futtermittel und Betriebsstoffe der »Allgemeinen Berliner Omnibus AG« untergebracht. Die Firma hatte im Erdgeschoß Ställe für über 600 Pferde sowie Abstellplätze für zahlreiche benzingetriebene Omnibusse eingerichtet. Unter dem Hof lagerten in vier Tanks 120.000 Liter Benzin, in den oberen Stockwerken Stroh, Heu, Häcksel und Mais, in angrenzenden Gebäuden der »Zentrale für Spiritusverwertung« 4,5 Millionen Liter Spiritus.
Als die Feuerwehr eintrifft, herrscht im Hof unvorstellbares Chaos: Während sich Arbeiter aus den Stockwerken retten, versuchen andere, die Pferde aus den Ställen zu treiben. Die Feuerwehr hilft dabei und bringt die ersten Rohre in Stellung. »Das Feuer, das in dem 2. Stockwerke des nördlichen Teiles des Speichers II entstanden war, verbreitete sich in den Strohvorräten so schnell, daß sich die in den einzelnen Stockwerken beschäftigten Arbeiter nur mit knapper Not retten konnten. In kurzer Zeit bildeten die Blocks II, III und IV ein einziges Flammenmehr.«[74]

»Die Feuerlöscharbeit war eine so gewaltige, daß der Kommandeur des nahe der Brandstätte garnisonierenden Pionierbataillons seine Truppe zur Verfügung stellen wollte. Branddirektor Reichel wies indessen das Anerbieten mit Dank zurück; und es darf an dieser Stelle gesagt werden, daß unsere braven Feuerwehrleute das in sie gesetzte Vertrauen in vollem Maße rechtfertigten. Mit bewundernswertem Mut begaben sie sich in die gefahrvollsten Situationen und mit unermüdlicher Energie waren sie tätig.«[75]
Der Feuerwehr gelingt es erst nach vielen Stunden, das Übergreifen des Brandes auf die Benzin- und Spiritusvorräte zu verhindern und schließlich auch das Feuer zu löschen. Ein Arbeiter ist zu Tode gekommen. Das Hauptgebäude ist niedergebrannt, aber die Werkstätten der Omnibusse sind unversehrt geblieben. Allerdings sind infolge der großen Hitze zahlreiche Gummireifen unbrauchbar geworden.

Die Ursache des Feuers kann nicht ermittelt werden – es wird vermutet, das Feuer sei durch einen Funken entstanden, der vom elektrisch betriebenen Aufzug auf eine Ladung Heu übergesprungen sei. Die Öffentlichkeit zeigt sich besorgt über die großen Lager an Benzin und Spiritus, die von dem Feuer gefährdet waren. Der Berliner Lokalanzeiger informiert einen Tag nach dem Brand über die Lagerung von Benzin, wie sie sich »in der Praxis überall be-

Brand des Viktoriaspeichers Köpenicker Str. am 26 Juni 1907

währt hat. Es wird in großen Behältern aufbewahrt und steht unter beständigem Kohlensäuredruck. Von den Behältern gehen Leitungen nach den Abfüllstellen, wohin das Benzin durch den Druck getrieben wird. Bricht nun ein Feuer in der Nähe dieser Stellen aus, so schmelzen die Leitungsröhren an gewissen Stellen ab, und das Benzin kann nicht weiter fließen. In dem Lagerraum selbst kann kein Feuer aufkommen, da in der Kohlensäureatmosphäre keine Flamme brennen kann. Ist dann das Gewölbe noch genügend stark abgedeckt – im Viktoriaspeicher beträgt die Dicke der Decke 1 $\frac{1}{2}$ m –, so ist nach menschlicher Voraussicht die Gefahr ausgeschlossen, daß die Benzinvorräte in Brand geraten können. Bei dem Brand des Viktoriaspeichers bestand nur die eine Gefahr, daß die einstürzenden Mauern die Decke des Gewölbes durchschlagen und den einen oder anderen Behälter zertrümmern könnten. Aber die Decke hielt den Sturz der Mauern aus.«[76]

1908 offenbart ein Unglück, daß die Feuerwehr auf Herausforderungen unterschiedlichster Art eingestellt sein muß. Seit der Jahrhundertwende wird in Berlin das Hochbahnnetz ausgebaut, dessen Gleise in der damals noch selbständigen Stadt Charlottenburg unter der Erde verlaufen – die Basis des heutigen U- und S-Bahn-Systems. Am 26.9.1908 übersieht der Führer eines aus drei Wagen bestehenden Zuges die Haltesignale am Bahnhof Gleisdreieck und stößt mit einem entgegenkommenden Zug zusammen. Die ersten beiden Wagen dieses Zuges entgleisen. Der erste Wagen stürzt etwa zehn Meter tief auf die Straße, der zweite bleibt an der Brüstung hängen. Beim Fallen dreht sich der erste Waggon, schlägt mit dem Dach auf und wird von dem 17 Tonnen schweren Untergestell zerdrückt. Die Feuerwehr hebt den Waggon mit einem Flaschenzug soweit an, daß Feuerwehrmänner in das zertrümmerte Innere kriechen und die Verletzten bergen können. Für 18 Passagiere aber kommt jede Hilfe

Zusammenstoß zweier Hochbahnzüge an der Trebbiner Straße am 26. September 1908

zu spät. Den Transport der Verletzten übernimmt der »Verband für Erste Hilfe«, der von der Feuerwehr immer dann benachrichtigt wird, wenn mit Verletzten zu rechnen ist. 1913 gründet die Stadt Berlin das Rettungsamt, das den Krankentransport und den Rettungsdienst übernimmt.
Eines der wichtigsten technischen Vorhaben von Branddirektor Reichel ist die Modernisierung des Feuermeldesystems. Das bislang verwendete Alarmierungssystem über die im Stadtgebiet verteilten Feuermelder beruht auf dem Arbeitsstromprinzip. Strom fließt nur dann, wenn Alarm ausgelöst oder wenn die Leitung überprüft wird. Der Stromkreis wird auf dem Hinweg über ein Kabel zum Melder und auf dem Rückweg über die Erdung geschlossen. Das bedeutet in der Praxis, daß es keine Gewißheit gibt, ob die Anlage funktionstüchtig ist. Deshalb müssen die Telegraphisten alle Melder täglich aufsuchen und überprüfen – ein großer Arbeitsaufwand. Außerdem können nicht mehrere Meldungen gleichzeitig korrekt übermittelt werden; einzelne Meldungen treffen nur verstümmelt ein, und alle Melder müssen aufgesucht werden, um herauszufinden, wo Alarm gegeben wurde.

Neue Feuermeldesysteme, die auf dem Ruhestromprinzip basieren, könnten hier Abhilfe schaffen. Sie verlangen allerdings die Verlegung eines zweiten Kabelstrangs. Diese Systeme zeigen eine Unterbrechung des Stromkreises sofort durch ein optisches oder akustisches Signal an, das tägliche Überprüfen der Melder vor Ort entfällt. Auch die Betätigung mehrerer Melder gleichzeitig führt bei den neuen Systemen nicht mehr zur lückenhaften Übertragung. Das Installieren der erforderlichen neuen Kabel ist allerdings erst möglich, wenn das Kabelnetz nicht mehr von Feuerwehr und Polizei gemeinsam genutzt wird. Die Genehmigung für diese Trennung zu erreichen, ist ein Beispiel für die Langsamkeit der Bürokratie.

Schon 1902 hatte Branddirektor Giersberg die Trennung des Telegraphenkabelnetzes beantragt. Es folgen Prüfungen des Antrags durch Sachverständige, mündliche Verhandlungen, die Zustimmung der Stadt im Grundsatz, weitere Verhandlungen über die Änderung des Etats und ähnliche Regelungen – schließlich müssen nach der Trennung des Netzes von dem der Polizei auch eigene Telegraphisten eingestellt werden. Erst am 1.4.1913 kann die »Telegraphenverwaltung der Abteilung Feuerwehr« auf der Hauptfeuerwache in Betrieb genommen werden. Eingebaut wird ein Feuermeldesystem der Firma Siemens.

Verband Deutscher Berufsfeuerwehrmänner

Schon geraume Zeit suchen Feuerwehrmänner im Deutschen Reich nach Möglichkeiten, ihre Berufsinteressen wirksam zu vertreten. Diese Bestrebungen werden von Reichel und anderen Direktoren von Berufsfeuerwehren nur in geringem Maße unterstützt. Das reichseinheitliche Vereinsgesetz von 1908 gesteht auch den preußischen Beamten zu, Gewerkschaften zu bilden. Daraufhin wird der »Verband Deutscher Berufsfeuerwehrmänner« mit Sitz in Charlottenburg gegründet. Hauptziel ist »eine Besserung der bestehenden Anstellungs-, Gehalts- und Pensionsverhältnisse, sowie eine Verkürzung des 48-stündigen Wachdienstes herbeizuführen.«[77]

Mannschaften mit ihren Familien in der Feuerwache Wilmersdorf in der Gasteiner Straße

Berliner Feuerwehrleute dürfen diesem Verband allerdings nicht beitreten: Polizeipräsident von Jagow bestreitet die Gültigkeit des Reichsgesetzes für preußische Behörden und unterstellt dem Verband sozialdemokratische Tendenzen. Als Berliner Feuerwehrmänner daraufhin einen eigenen Verein gründen wollen, macht Reichel zur Bedingung, daß sich dieser nicht dem Verband Deutscher Berufsfeuerwehrmänner anschließen dürfe, Verhandlungen über dienstliche Angelegenheiten seien überdies ausgeschlossen. Die Feuerwehrleute akzeptieren zunächst und gründen im November 1909 den »Verein Berliner Feuerwehrmänner«.

Als sich der Verband Deutscher Berufsfeuerwehrmänner im Juli 1910 zu seiner zweiten Delegiertenversammlung trifft, nimmt der Vorsitzende Laser zu dem Vorwurf sozialdemokratischer Bestrebungen Stellung: »Nach unseren Satzungen sind Verhandlungen über Religion und Politik ausgeschlossen. Hieran ist bisher strikte festgehalten worden und wird auch ferner strenge danach gehandelt werden. Dagegen pflegen wir, wie dies auch unsere Vereinsfestlichkeiten und Versammlungen ergeben, in unseren Vereinen und im Verbande die Anhänglichkeit und Treue an Kaiser und Reich. Daß hierin bei uns jemals die geringste Wandlung eintreten könnte, ist nach der ganzen Zusammensetzung des Verbandes ausgeschlossen und es ist wohl keiner unter uns, der nicht mit mir der festen Überzeugung ist, daß wir stets die Treue zu Kaiser und Reich hochhalten werden. Wir verlangen darum auch von unseren Gegnern, daß sie bei uns dieselbe königstreue Gesinnung voraussetzen, die wir auch bei ihnen annehmen.«[78]

Motorspritze der Wache Schönlanker Straße, 1913. Die Motorspritze A wird vor allem bei Balken- und Schornsteinbränden eingesetzt

Auf derselben Sitzung berichtet »Kamerad« Kolendowicz aus Berlin, der als Gast anwesend ist, über die schwierige Gründungsphase des Berliner Vereins. Für diesen durfte nicht öffentlich geworben werden. »Es kam nun ein Flugblatt an einem Tage auf allen Wachen an, ein guter Wind hatte es auf die Wachen geweht, niemand wußte woher und es durfte auch niemand wissen. Es wurden nun Unterschriften gesammelt zwecks Gründung einer Vereinigung. In 6 oder 7 Tagen waren 850 Unterschriften vorhanden. Das ermöglichte es, jetzt einigermaßen frei und offen zu arbeiten. Selbstverständlich blieb nunmehr nicht alles geheim. Es mußten, um zu einer allgemeinen Aussprache zu gelangen, drei Besprechungstage abgehalten werden, Versammlungen durften wir sie nicht nennen, da wir einen Vorsitzenden nicht hatten. Es wurden wiederum Aufrufe verteilt an die einzelnen Wachen. Selbstverständlich wurden sie konfisziert und ich wurde als Uebeltäter herausgefunden. Nun war Holland in Not. Auf Anweisung der Abteilung wurde ich von zwei Offizieren protokollarisch vernommen, zweieinhalb Stunden lang. Ich habe natürlich die Wahrheit gesagt und die Interessen der Allgemeinheit in gutem Sinne vertreten und es ist mir zwar nicht direkt, aber doch gewissermaßen ein Eid abgenommen worden, daß ich zugeben sollte, daß so wie ich spreche und wie ich meine Gesinnung protokollarisch zum Ausdruck brachte, alle meine Kameraden denken. Das habe ich getan. Beschämend war es nun, was die Abteilung uns, die wir alle königstreue Männer sind, für eine Gesinnung zutraute, ich kann Ihnen nur mitteilen, daß alle drei Versammlungen von zwei Beamten der politischen Polizei überwacht worden sind, d.h. nur bis zu einer Pause, dann haben sich die betreffenden Beamten entfernt mit der guten Überzeugung, daß es gerade das Gegenteil sei von dem, was die Abteilung erwartet hatte...«[79]

Um eine einheitliche Vertretung der Berufsfeuerwehrmänner zu verhindern, setzt sich Rei-

Elektromobiler Löschzug, 1914

chel für die Gründung eines sogenannten »Chargierten-Vereins« ein. In ihm sollen sich die unmittelbaren Vorgesetzten der Feuermänner, die Oberfeuermänner und Feldwebel, zusammenschließen. Dieser Verein kommt auch durch den Übertritt von 150 Oberfeuermännern und Feldwebeln zustande, während 900 der 1.100 Dienstkräfte im Verein der Berliner Feuerwehrmänner bleiben. Reichel schreckt auch nicht davor zurück, den Feuerwehrmännern mit wirtschaftlichen Nachteilen zu drohen. »Mit allen Mitteln wurde versucht, die Berufsfeuerwehrmänner davon abzuhalten, dem Verband beizutreten. So wurde z.B. den Berliner Feuerwehr-Beamten bis Ende 1917 der Eintritt direkt verboten. Alle Bestrebungen des Verbandes fanden heftigen Widerstand der Vorgesetzten und Behörden.«[80]

Letzten Endes setzen die Feuerwehrmänner ihr Recht auf Koalition durch. Gutachten bescheinigen ihnen, daß sie berechtigt sind, sich dem Verband Deutscher Berufsfeuerwehrmänner anzuschließen. Nach heftigen Debatten im preußischen Landtag, in denen besonders der SPD-Abgeordnete Hoffmann für die Sache der Feuerwehrmänner eintritt, wird ihnen das Recht der Interessenvertretung zugestanden.

Nicht nur mit dem Verband Deutscher Berufsfeuerwehrmänner, auch mit dem Verband Deutscher Berufsfeuerwehren, in dem die Leiter der deutschen Berufsfeuerwehren mit ihren Offizieren organisiert sind, hat Branddirektor Reichel in diesen Jahren Probleme. Die Auseinandersetzung entzündet sich an der heftig diskutierten Einsetzbarkeit der Benzinmotoren. Die Berliner Feuerwehr hält, was die Fahrzeuge betrifft, weiterhin an den Elektromotoren fest, rüstet aber ihre Spritzen zunehmend mit Motorpumpen aus.

Branddirektoren anderer Feuerwehren deutscher Großstädte sprechen sich schon eindeutig für Benzinmotoren als Fahrzeugantrieb aus. Branddirektor Scholz aus Aachen bezeichnet die Beschaffung elektrischer Fahrzeuge auf einer Tagung des Verbandes im Jahre 1911 »nur

Löschübung am Deutschen Dom anläßlich der Parade vor dem Kaiser am 13. Februar 1914

noch als Lieberhaberei«.[81] 1912 legt Reichel den Bericht der Automobilkommission des Verbandes Deutscher Berufsfeuerwehren vor, der dem benzingetriebenen Motor noch nicht die nötige Betriebssicherheit zugesteht. Das provoziert den Widerspruch seines Frankfurter Kollegen Branddirektor Schänker: »Ich meine, wenn man eine Pumpe, also eine Löschmaschine, von einem Benzinmotor treiben läßt, dann muß man doch Vertrauen zu dem Benzinmotor haben und mit seiner Betriebssicherheit rechnen. Es ist doch nun ganz gleich, ob der Benzinmotor eine Pumpe oder den Wagen selbst antreibt.«[82] Schänker schlägt vor, die Tätigkeit der Kommission zu beenden, kann sich damit aber nicht durchsetzen. Man beschließt eine andere Zusammensetzung des Gremiums. Reichel stimmt dem zwar zu, tritt jedoch aus dem Verband aus, und veranlaßt auch die Offiziere der Berliner Feuerwehr zu diesem Schritt.

Dabei hatte Reichel noch 1910 in seiner Begrüßung der Jahresversammlung dieses Verbandes mit unverhohlenem Stolz auf die Fortschritte hingewiesen, die Berlin »auf allen Gebieten« in den vergangenen zehn Jahren gemacht habe: »Berlin ist Weltstadt geworden.« Der Raum Groß-Berlin umfaßt zu dieser Zeit 47 Ortschaften mit dreieinhalb Millionen Einwohnern. Reichel benennt die Verschiedenheiten der in diesen Orten selbständig arbeitenden Feuerwehren und macht deutlich, welch mühsamen Prozeß es bedeutet, die Entwicklung des Feuerlöschwesens im Großraum Berlin zu einem in technischer und taktischer Hinsicht effektiven Ganzen abzustimmen. Sein Austritt aus dem Verband Deutscher Berufsfeuerwehren erschwert nun diesen Prozeß.

Der Verband Deutscher Berufsfeuerwehrmänner erringt 1913 einen ersten Erfolg: Die Charlottenburger Feuerwehr reduziert die Dauer einer Schicht auf 24 Stunden, danach gibt es 24 Stunden Freizeit. Es soll allerdings noch einige Zeit dauern, bis andere Berufsfeuerwehren dem Charlottenburger Beispiel folgen. Die Urlaubsregelung und die Kranken- und Altersversorgung liegen weiterhin im argen; geregelten Urlaubsanspruch haben die Feuerwehrleute immer noch nicht. Um 1900 gibt es etwa 7 Tage Urlaub im Jahr, ab 5 Dienstjahren nach und nach mehr, bis man nach über 15 Dienstjahren eine Urlaubsdauer von 16 Tagen im Jahr erreichen kann. Als Strafe für dienstliche Vergehen kann der Urlaub auch gestrichen werden. Möglich ist der Urlaub nur dann, wenn die Vertretung gesichert ist. Wünsche zu äußern, wann er Urlaub machen möchte, steht dem Feuerwehrmann nicht zu. »Morgens beim Frühappell wird dem überraschten Feuerwehrmann mitgeteilt, daß er nun von dann bis dann Urlaub habe. An dessen Festlegung wird er nicht beteiligt.«[83]

Daß die Feuerwehr trotz der Bestrebungen, eine gewerkschaftliche Interessensvertretung aufzubauen, nach wie vor in der Gunst des Kaisers steht, zeigt dessen Befehl, am 13.2. 1914 zu einer Parade im Lustgarten zu erscheinen. Seine Majestät der Kaiser und König besichtigt seine »Königliche Feuerwehr«. 48 Fahrzeuge und 500 Beamte nehmen an der Parade teil. Zur Demonstration ihrer Leistungsfähigkeit fahren 7 Automobillöschzüge an den Dom heran und richten innerhalb kurzer Zeit ihre Drehleitern auf. In schnellstmöglichem Tempo besteigen Feuerwehrmänner die Leitern, Angriffstrupps stürmen durch den Haupteingang in den Dom, Pumpen schleudern das Wasser hoch in den Himmel. Alles natürlich mit der größten Mühe, die Übung militärisch exakt auszuführen, gilt doch die Bezeichnung Feuerwehr im Militärjargon als Abwertung für nicht korrektes Exerzieren... Der Kaiser erweist der Feuerwehr die Ehre, ihre Formation persönlich abzuschreiten.

Im Sommer 1914 verfügt die Berliner Feuerwehr über insgesamt 1.081 Beamte. In den Städten Charlottenburg, Lichtenberg, Neukölln, Schöneberg und Wilmersdorf, wo ebenfalls Berufsfeuerwehren existieren, sind zusammen noch einmal etwa 440 Männer angestellt.

Parade der Berliner Feuerwehr vor Kaiser Wilhelm II. im Lustgarten am 13.2.1914

Das Flammenwerferregiment im Ersten Weltkrieg

Als am 1.8.1914 das deutsche Heer mobilisiert wird, herrscht in Berlin große Kriegsbegeisterung – ähnlich wie 1870 hofft man auf einen schnellen Sieg. Hunderte von Feuerwehrmännern erhalten ihre Einberufung zum Dienst an der Front oder zu einem Heimatkommando. Auch Branddirektor Reichel und seine drei Söhne werden eingezogen. Reichel wird zunächst zu einem Heeresstab in Berlin abkommandiert, wenig später mit diesem Stab zur Obersten Heeresleitung in Belgien, wo die Berliner Feuerwehr den Brandschutz des Großen Hauptquartiers übernimmt.

Im Laufe des Krieges gibt die Berliner Feuerwehr 700 Beamte an das Heer ab. Viele Löschzüge auch in den Feuerwehren der Nachbarorte müssen aufgelöst, einige Wachen geschlossen werden. Von der Charlottenburger Feuerwehr werden sogar zwei Drittel ihres Personals eingezogen, sie muß daraufhin wieder das alte 48-Stunden-Dienstschichtensystem einführen. Den notwendigen Brandschutz kann sie nur dadurch gewährleisten, daß sie Oberschüler als Hilfsfeuerwehrmänner einstellt. Aber auch von diesen Hilfsfeuerwehrmännern werden viele zum Wehrdienst eingezogen oder melden sich freiwillig dazu. In Gatow bildet man mit Frauen eine Freiwillige Feuerwehr. Mit einem Bruchteil des Personals hat die Feuerwehr eine höhere Zahl von Einsätzen zu leisten. Die Zahl von Bränden erhöht sich zwar nicht, dafür muß die Feuerwehr immer öfter zu Hilfeleistungen ausrücken.

Westfront 1917: Ein Flammenwerfertrupp verläßt den Graben

Ein Teil der eingezogenen Feuerwehrleute wird in einem neu geschaffenen Flammenwerferregiment unter Führung des Leipziger Branddirektors und Majors Reddemann eingesetzt. Bereits 1907 hatte Reddemann, damals Leiter der Posener Berufsfeuerwehr, bei einer Militärübung die Idee entwickelt, mit Schläuchen eine brennbare Flüssigkeit zu verspritzen, die beim Austritt aus dem Strahlrohr gezündet wird. Der Berliner Ingenieur Fiedler hatte unabhängig von Reddemann ähnliche Versuche angestellt, 1914 entwickeln beide gemeinsam die todbringende Waffe. Das Ingenieur-Komitee des preußischen Kriegsministeriums gibt der Feuerwehrgerätefabrik Ewald in Küstrin den Auftrag, nach Reddemanns Angaben zehn tragbare Handdruckspritzen zu bauen, die für den Grabenkrieg geeignet sind.[84] Als Reddemanns Abteilung 1915 zu ihrem ersten Einsatz kommt, hat sie diese zehn Handdruckspritzen sowie zwei mit Druckgas betriebene Spritzen zur Verfügung, die ihre Flammenstrahlen und Brandgase etwa 35 Meter weit schleudern können.

»Zuerst, als die 'Flammenwerferabteilung Reddemann', bestehend aus 48 Flammenwerferpionieren, darunter vielen Feuerwehrmännern, ins Feld kam, wollte man diese neue, noch unerprobte Hilfswaffe nicht so recht anwenden. Erst der deutsche Kronprinz erkannte ihren Wert und ließ sie am 26. Februar 1915 an dem Angriff bei Malancourt teilnehmen. Da der Erfolg über Erwarten groß war, mußte Verfasser sofort ein ganzes Flammenwerferbataillon unter dem Namen 'III. Garde-Pionier-Bataillon' bilden... Schon 1916 wurde es auf ein ganzes Regiment (Garde-Reserve-Pionier-Regiment) mit 3 Bataillonen... mit zusammen über 3.000 Mann vermehrt.«[85]

Die Einheiten des Regiments unterstehen unmittelbar der Obersten Heeresleitung und werden von ihr an strategisch wichtigen Punkten der Front dann eingesetzt, wenn die Stellungen des Gegners so befestigt sind, daß Angriffe der Infanterie zu verlustreich sind und Artilleriebeschuß keine Wirkung hat. Reddemann entwickelt für seine Truppe die Taktik des »indianerartigen Vorpirschens«[86]: Mehrere Stoßtrupps schleichen sich unter Ausnutzung des Geländes an die feindlichen Stellungen heran, um sie dann aus nächster Nähe mit Feuer einzudecken. Die Flammenwerfer ermöglichen so der nachfolgenden Infanterie den Durchbruch.

Wie sie in ihrem Zivilberuf das Feuer bekämpfen, so spritzen die Männer aus Reddemanns Bataillon nun das Feuer auf die Soldaten in den Schützengräben, brennen sie die Betonbunker, die sogenannten »MG-Nester« aus. Ein Oberleutnant des G.R.P.R. beschreibt einen Einsatz: »Die Feuerkatastrophe brach auf die Franzosen ein, ein brausendes Feuermeer wälzte sich auf sie, die dicht gedrängt im vordersten Graben standen... Mit einem Schlage trat in unseren Linien der Stimmungsumschwung ein. Man sah die Flammen auf den Feind brausen, man sah die Flammen über ihm zusammenschlagen, ohne daß er Gegenwehr leisten konnte. Man empfand das furchtbare Wüten dieser neuen Waffe als unerhörtes Erlebnis, es riß die Herzen hinter den zischenden Flammen vorwärts, nach vorn, heraus aus der Höllenpein der Kasemattenschlucht.«[87]

Für seine Einsatzbereitschaft und seinen Mut wird das Flammenwerferregiment vielfach ausgezeichnet, auch durch den Kaiser persönlich. »Nach dem 150. Flammenangriff wurde am 28. Juli 1916 dem G.R.P.R., den Flammenwerfern, vom Kaiser die höchste Auszeichnung, der Totenkopf auf dem linken Unterarm aller Offiziere und Manschaften, verliehen.«[88] Der Armeeführer, der deutsche Kronprinz, gratuliert dem Regiment zu dieser Auszeichnung und ist überzeugt, »daß das äußere Zeichen der jungen Truppe stets eine Mahnung bleiben wird, bei ihrer Weiterentwicklung fortzufahren in dem Geiste todesverachtender Kampfesfreude.«[89]

Die Räterepublik

Die Erfolge des Flammenwerferregiments können nicht verhindern, daß die Front in einem mörderischen Stellungskrieg zum Stehen kommt. Spätestens mit dem Kriegseintritt der USA wird deutlich, daß der Krieg für das Deutsche Reich nicht mehr zu gewinnen ist. Um die Unruhe in der deutschen Arbeiterschaft zu dämpfen, verspricht Kaiser Wilhelm II. eine Reform des preußischen Dreiklassen-Wahlrechts.

Dieses vage Versprechen vermag die politische Krise nicht mehr zu verhindern. Am 29.10. 1918 meutern in Kiel und Wilhelmshaven die Matrosen der der deutschen Hochseeflotte gegen den Befehl, gegen die englische Flotte auszulaufen. Diese Meuterei weitet sich in wenigen Tagen zu einem Generalstreik in Kiel und anderen Städten aus, Arbeiter- und Soldatenräte werden gewählt, politische Forderungen erhoben. Die Arbeiter in Berlin bewaffnen sich. Das alte System bricht fast widerstandslos zusammen. »Durch alle Bevölkerungsschichten hindurch zog sich der eine gemeinsame Wunsch nach Frieden, und das hieß zum einen: Abdankung des Kaisers, der dem Frieden im Wege zu stehen schien, und zum anderen: parlamentarische Demokratie, denn nichts war im Augenblick der Niederlage gewisser als die Schuld des alten Systems.«[90]

Am 9.11.1918 dankt Kaiser Wilhelm II. ab, der Sozialdemokrat Friedrich Ebert wird Reichskanzler. Die neue Regierung wird von je drei Mitgliedern der SPD und der USPD getragen, sie soll kontrolliert werden von dem »Vollzugsrat der Arbeiter- und Soldatenräte«, der aus von der Arbeiterschaft und Soldaten gewählten Delegierten besteht.

Als die deutschen Truppen aus dem verlorenen Krieg zurückkehren, sind von den Berliner Feuerwehrmännern 63 gefallen und etwa 100 kriegsversehrt. Der Kaiser hat zwar abgedankt, aber die Auszeichnung, die er den Flammenwerferpionieren verliehen hat, halten etliche Ehemalige in Ehren. »Jeder Offizier und Mann trug ihn mit wohlberechtigtem Stolz! Und auch jetzt noch nach dem Kriege, wenn die ehemaligen Flammenpioniere in ihrer Vereinigung zusammenkommen, tragen sie den Totenkopf an ihrem Bürgerrock und denken mit Stolz und Freude an das, was die Totenkopf-Pioniere im Kriege geleistet haben.«[91]

Am 11.11.1918 erhält der gerade nach Berlin zurückgekehrte Branddirektor Reichel vom Polizeipräsidium den Auftrag, den Betrieb der Feuerwehr weiterhin aufrechtzuerhalten. Feuerwehrmänner haben Räte gebildet, ein Beamtenausschuß wird gewählt, kurz darauf ein Vertrauensmann, der vom Vollzugsausschuß des Arbeiter- und Soldatenrates Groß-Berlin im Einverständnis mit dem Polizeipräsidenten zum vollberechtigten Mitglied des Vollzugsrates Groß-Berlin ernannt wird. Genosse Hugo Müller »hat das Recht und die Pflicht, das gesamte Groß-Berliner Feuerlöschwesen zu kontrollieren und im Einverständnis mit dem Polizeipräsidenten von Berlin Anordnungen zu treffen, die eine Umgestaltung des Feuerlöschwesens auf demokratischer Grundlage gewährleistet.«[92] Der Beamtenausschuß setzt durch, daß zum 1.12.1918 die Dienstzeit der Berliner Feuerwehr zum ersten Mal seit ihrer Gründung verringert wird: Der vierundzwanzigstündige Wechseldienst wird eingeführt.

Weitere beschlossene Veränderungen sind: »1. Alle in Zukunft zu treffenden Maßnahmen der Abteilung, die die Interessen der Mannschaften unmittelbar berühren, werden unter Mitwirkung des Beamtenausschusses festgesetzt. 2. Die militärische Grußpflicht wird aufgehoben. 3. Für den Verkehr zwischen Vorgesetzten und Untergebenen treten, mit Ausnahme des Übungsdienstes und des Dienstes auf der Brandstelle, die bürgerlichen Umgangsformen in Kraft. 4. Persönliche Dienstleistungen seitens der Untergebenen dürfen von Vorgesetzten nicht verlangt werden. Die persönlichen Ordonnanzen der Offiziere fallen fort.«[93]

Während die Feuerwehr ihre dienstlichen Angelegenheiten im Zusammenwirken mit dem Beamtenausschuß, dem Magistrat und dem Vertrauensmann relativ problemlos neu ordnet, eskaliert die politische Auseinandersetzung auf der Straße. Mitglieder des Spartakusbundes und anderer sozialistischer Gruppen versuchen, die Macht zu übernehmen. Im Januar 1919 kommt es zu Straßenkämpfen und Schießereien zwischen Auständischen und Regierungstruppen. Die Feuerwehr muß Verwundete und Tote abtransportieren. Auf ihren Fahrzeugen wehen in dieser Zeit Rot-Kreuz-Flaggen, um weithin zu zeigen, daß sie in humanitärem Auftrag unterwegs sind. Zwar wird die Revolte von Regierungstruppen unter der Verantwortung des Sozialdemokraten Gustav Noske niedergeschlagen, aber schon im März 1919 beginnt ein neuer, vom Spartakusbund geführter Aufstand. Wieder wird die Feuerwehr zum Transport Verwundeter gerufen. Geschossen wird nun nicht mehr nur mit Gewehren und Pistolen, auch Artillerie wird eingesetzt. Insgesamt müssen bei diesen Kämpfen etwa 400-450 Verwundete und Tote transportiert werden.

Der Einsatz der Feuerwehr fordert auch in ihren Reihen Opfer. »In der Blumenstraße, beim Bergen von Verschütteten, krepierte in unmittelbarer Nähe eines Fahrzeugs eine Granate. Ein Splitter durchbohrte dem Feuerwehrmann Meyer den Kopf, so daß er auf der Stelle tot war... Einige Züge konnten zeitweise ihre Wache überhaupt nicht verlassen, weil die Umgebung unter dauerndem Artillerie- und Maschinengewehr-Feuer lag. Ja, eine Wache – Memelerstraße – wurde eine Zeit lang beschossen, sobald sie die Tore öffnete, um auszurücken. Und auf der Straße, wenn die Mannschaften unter Gefährdung des eigenen Lebens die Verwundeten holten, da mußten sie noch böse Worte hören: Sie wären Spione, sie führen Waffen und Munition und beförderten Bewaffnete. Nichts von alledem ist wahr... Wie weit das Mißtrauen ging, geht daraus hervor, daß zweimal Fahrzeuge der Berliner Feuerwehr angehalten, durchsucht und gezwungen wurden, nach ihrer Wache zurückzukehren.«[94] Es gelingt der Berliner Feuerwehr, ihre Einsatzfähigkeit aufrechtzuerhalten. Trotz seiner früher ablehnenden Position gegenüber den Gewerkschaften behält Reichel seine Position als Branddirektor. Auch mit dem Verband Deutscher Berufsfeuerwehren nimmt Reichel wieder Kontakt auf, 1919 wird er sogar zu dessen neuem Vorsitzenden gewählt. Reichel strukturiert den Verband zur Arbeitgebervereinigung um und schließt eine Reihe von Vereinbarungen mit dem Verband Deutscher Berufsfeuerwehrmänner. Dazu gehört, daß es auch Angehörigen des Mannschaftsstandes ermöglicht wird, bei Bewährung in verantwortungsvolle Stellen aufzusteigen. Die militärischen Rangbezeichnungen entfallen, die Offiziere erhalten 1921 den Dienstrang »Baurat«, Reichel wird Oberbranddirektor.

Feuerwehr von Groß-Berlin

Am 27.4.1920 beschließt die preußische Landesversammlung das »Gesetz über die Bildung einer neuen Stadtgemeinde Berlin«. Bisher umfaßte Berlin nur das Gebiet der heutigen Innenstadtbezirke Mitte, Tiergarten, Wedding, Prenzlauer Berg, Friedrichshain und Kreuzberg. Berlin, seine Nachbarstädte und eine Reihe bisher selbständiger Gemeinden werden nun zur neuen Stadtgemeinde vereint, die bestehenden 15 Berufsfeuerwehren und 65 Freiwilligen Feuerwehren zusammengefaßt. Die neue Stadtgemeinde Berlin zählt 3,8 Millionen Einwohner, die alle vier Jahre 225 Stadtverordnete zu wählen haben. An Fläche um-

Übersichtsplan der Stadt Berlin vom 1. Oktober 1920 mit Berufsfeuerwachen, Freiwilligen Feuerwachen und Werkfeuerwachen

faßt Berlin jetzt rund 880 Quadratkilometer. 20 Bezirke werden gebildet, jeder Bezirk erhält ein Bezirksamt mit sieben bis vierzehn Stadträten sowie einem Bezirksbürgermeister.

Innerhalb der Feuerwehr gibt es Bestrebungen, von einer staatlichen zu einer städtischen Institution zu werden. In der Regierung jedoch herrscht die Tendenz vor, es bei der alten Zuordnung zum Polizeipräsidium und damit zum Innenministerium des preußischen Staates zu belassen. Auf einer Versammlung verabschieden Berliner Feuerwehrleute eine Resolution, die sie dem Oberbürgermeister von einer Kommission überbringen lassen. Die Feuerwehrmänner »können in der geplanten Verstaatlichung nur den Versuch erblicken, die durch die letzten Stadtverordnetenwahlen freiheitlich gestaltete Stadtverwaltung auszuschalten und die Beamten der Feuerwehren wieder zu der militärischen, rechtlosen Organisation zu machen, die sie vor der Revolution war. Sie erklären, daß sie mit allen zu Gebote stehenden Mitteln diesen Versuch, ihre Revolutionsrechte zu vergewaltigen, bekämpfen werden und fordern die gesamte freiheitlich gerichtete Bürgerschaft auf, die Feuerwehren in diesem Kampfe zu unterstützen.«[95] Nach zähen Verhandlungen können sich die Feuerwehrmänner durchsetzen. Am 1.4.1921 treten die »Bedingungen für die Übernahme der Feuerwehr« in Kraft. Die Berliner Feuerwehr wird nun von einer Deputation für das Feuerlöschwesen verwaltet, die aus Mitgliedern des Magistrats, der Stadtverordnetenversammlung und der Bürgerdeputierten gewählt wird. Reichel bleibt Chef der Feuerwehr – ein Zeichen dafür, daß er nicht nur ein kompetenter Oberbranddirektor ist, sondern auch mit den neuen politischen Verhältnissen umzugehen weiß.

Nach dieser Zeit der politischen Umstürze kann sich die Feuerwehr wieder ihren eigentlichen Aufgaben zuwenden. Elektrische Radna-

Mannschaft der Feuerwache Wilmersdorf

benmotoren werden nicht mehr hergestellt, so beschafft Reichel 1921 nötige neue Fahrzeuge mit benzingetriebenen Motoren. Es handelt sich um zwei Motorspritzen, drei mechanische Leitern der Firma Magirus, einen Rettungs-(Rüst)wagen, zwei Schlauchwagen und einen Arbeitswagen. Die neuen Drehleitern lassen sich einfacher bedienen als die herkömmliche: »Hier trat für Leitern erstmalig der vom Fahrzeugmotor auf das Leitergetriebe übertragene maschinelle Antrieb für Aufrichten, Ausschieben, Drehen und Neigen in Erscheinung. Durch die Betätigung einiger Schalthebel am Bedienungsstand war ein Mann in der Lage, erforderlichenfalls die genannten Bewegungen der Leiter gleichzeitig auszuführen.«[96] Mit der Indienststellung der neuen Fahrzeuge endet in Berlin die Ära der pferdebespannten Feuerwehrfahrzeuge.

Aufgrund der angespannten Haushaltslage können nicht alle Feuerwehrmänner der eingemeindeten Orte übernommen werden. Die zusätzlich verhängte Einstellungssperre führt zu Personalmangel, so daß nur ein Teil der Feuerwachen in der Lage ist, die vorgesehenen Vier-Fahrzeug-Züge ausrücken zu lassen. Ein Brand im Sarottiwerk in Tempelhof zeigt, daß es immer noch Rivalitäten zwischen den früher selbständigen Feuerwehren gibt.

Am 20.1.1922 bricht im Keller der Kakao- und Schokoladenfabrik Sarotti in der Teilestraße ein Brand aus, der durch die dort lagernde Holzwolle und Pappe schnell größere Ausmaße annimmt. Arbeiter versuchen, das Feuer zu löschen, was aber nicht gelingt. Erst eine dreiviertel Stunde nach dem Ausbruch des Brandes wird die Tempelhofer Feuerwehr alarmiert. Diese alarmiert wiederum die Neuköllner, Britzer und Mariendorfer Feuerwehr. Bei dem Sarottiwerk handelt es sich um ein 1911 aus Stahlbeton errichtetes vierstöckiges Gebäude, das um einen großen Innenhof angelegt ist. Der nicht durch Trennwände unterteilte Keller, in dem das Feuer ausgebrochen ist, liegt unter dem Gebäude und dem Hof. Rund 2.500 Personen arbeiten in dem Werk, dessen Treppenhäuser nur vom Hof aus zugänglich sind. Etwa 2.200 Personen können sich in Sicherheit bringen, dann sprengt das Feuer das Kelleroberlicht, der Qualm macht Hof und Treppenhäuser unpassierbar. Etwa 300 Personen sind in den oberen Geschossen des Gebäudes von den Fluchtwegen abgeschnitten.

Schnell wird deutlich, daß die angerückten Feuerwehrfahrzeuge gegen einen Brand dieser Dimension wenig ausrichten können. Aber erst auf Drängen der Werksleitung wird die Feuerwehr des Alt-Berliner Stadtgebiets um Hilfe gebeten. Dies geschieht mit den Worten: »Die Hauptgefahr ist beseitigt, Berlin möchte noch rauskommen.« Als die Mannschaften aus dem Innenstadtgebiet eintreffen, brennt bereits ein Teil der oberen Geschosse. Der Hof hat auf das Feuer eine schachtartige Wirkung, haushoch schlagen die Flammen aus dem Keller an den Wänden des Gebäudes empor.

In dieser Situation bewährt sich der erstmals eingesetzte Rettungsschlauch. Feuerwehrmänner steigen über Drehleitern in die oberen Stockwerke ein und ziehen den Rettungsschlauch nach. Die eingeschlossenen Arbeiter rutschen durch den Schlauch nach unten. Alle Personen werden so in Sicherheit gebracht. Schwieriger gestalten sich die Löscharbeiten. Das Wasser der zur Verfügung stehenden Hydranten reicht nicht aus, also will man zusätzlich den Teltowkanal nutzen. Dazu muß allerdings erst eine Tragkraftspritze an Seilen zu dem 12 Meter tiefer liegenden Kanal heruntergelassen werden. Dieses Vorhaben mißlingt.

Brand der Sarottiwerke in Tempelhof am 20. Januar 1922

Als sich schließlich ein Riß in der Außenwand des Gebäudes zeigt, der schnell etwa 12 cm breit wird, befürchtet Oberbranddirektor Reichel, daß die Fabrik einstürzt, und zieht seine Männer aus dem Gebäude zurück. Gelöscht wird nun nur noch von außen.

In den mit 15 cm dicken Stahlbetonwänden abgeschotteten Dachbunkern lagern große Mengen von wertvollen Kakaobohnen, die durch das Feuer stark gefährdet sind. Doch auch nach dem Abflauen des Brandes am Nachmittag lehnt Reichel es ab, seine Männer auf das glühendheiße Dach zu schicken, um so vielleicht ein Übergreifen der Flammen auf die Bunker zu verhindern: »Entweder sind die Bohnen bereits verbrannt, dann kann man sie nicht mehr retten, oder sie sind unbeschädigt, dann kann ihnen jetzt auch nichts mehr geschehen.«[97] Am späten Nachmittag rückt er mit dem Großteil der Züge ab.

Die Sarottiwerke üben heftige, auch über die Presse veröffentlichte Kritik an der Feuerwehr und verklagen die Stadt Berlin auf Schadenersatz. Die Kakaobohnen, so die Firma, seien erst später, nachdem sich die Feuerwehr auf das Löschen von außen beschränkte, verbrannt. Die Melde- und Befehlsverhältnisse der Feuerwehr seien mangelhaft und das Löschgerät unzulänglich gewesen. Der Streitwert des Prozeßes wird auf anderthalb Millionen Mark festgesetzt. Sarotti geht mit dem Prozeß durch drei Instanzen und verliert ihn schließlich – im Jahre 1929.

Unter diesem Druck der öffentlichen Diskussion über ihre Leistungsfähigkeit stehen die Verhandlungen über die neue Struktur der Feuerwehr. Am 1.3.1922 wird vom Magistrat die Satzung der Deputation für das Feuerlöschwesen beschlossen. Eingeführt wird ein »Zentralamt der Feuerwehr«, das aus den von Reichel vorgeschlagenen vier Abteilungen bestehen und den fünf Löschbezirken vorgeordnet sein soll. Die Löschbezirke beziehen sich auf das Stadtgebiet von Groß-Berlin und fassen benachbarte Bezirke zusammen. Über die Kom-

Zentralamt der Feuerwehr

Leiter – Oberbranddirektor Reichel (beurlaubt)
Abteilung I – Feuerschutz – Baurat Mende (Hauptfeuerwache)
Organisation, Personalsachen, Wach- und Feuerdienst, Feuerlöschtaktik, Auswertung der bei Bränden gemachten Erfahrungen
Abteilung II – Feuerverhütung – Branddirektor Floeter (Hauptfeuerwache)
Generelle Angelegenheiten der Feuerpolizei, vorbeugender Feuerschutz, Versuche, Materialprüfungen
Abteilung III – Technik – Baurat Gempp (Feuerwache Schönlanker Straße)
Beschaffung und Unterhaltung der Fahrzeuge, Geräte und Materialien, Verwaltung der Lager, Werkstätten und Kammern, Ausbildung der Fahrer und Maschinisten
Abteilung IV – Telegraphie – Magistratsbaurat Umber (Hauptfeuerwache)
Feuerwehrnachrichtenwesen, Unterhaltung der vorhandenen und Herstellung neuer Leitungen, Verwaltung der Lager und Werkstätten, Ausbildung des Fachpersonals

Löschbezirke

Löschbezirk I – Branddirektor Becker
(Feuerwache Schöneberger Straße)
Mitte, Tiergarten, Kreuzberg

Löschbezirk II – Branddirektor Bahrdt
(Hauptfeuerwache Charlottenburg)
Charlottenburg, Spandau, Wilmersdorf, Zehlendorf, Schöneberg, Steglitz

Löschbezirk III – Branddirektor Pozdziech
(Feuerwache Neukölln in der Emser Straße)
Tempelhof, Neukölln, Treptow und Köpenick

Löschbezirk IV – Branddirektor Teubner
(Feuerwache an der Fischerbrücke)
Prenzlauer Berg, Friedrichshain, Lichtenberg, Weißensee

Löschbezirk V – Branddirektor Dannehl
(Feuerwache Wilmersdorf in der Gasteiner Straße) Wedding, Pankow, Reinickendorf

petenzen der Leiter der Löschbezirke gibt es allerdings unterschiedliche Auffassungen.

Die Löschbezirke sollen von den Leitern der früher selbständigen städtischen Feuerwehren übernommen werden. Diese Branddirektoren sollen dem Oberbranddirektor unterstellt sein – ein Vorschlag, der auf gewisse Empfindlichkeiten trifft. Bislang waren die Feuerwehrchefs der benachbarten Städte ranggleich mit Reichel, und sie tun sich schwer damit, ihn künftig als ihren Vorgesetzten anzuerkennen. Reichel, bereits 67 Jahre alt, zieht daraus die Konsequenz, den Antrag auf Versetzung in den Ruhestand zum Ende des Monats März 1923 zu stellen. Als der Magistrat erkennen läßt, daß er die neue Struktur schon früher als geplant umsetzen will, läßt sich Reichel bis zur Pensionierung beurlauben. Mit seinem Ausscheiden wird es den neuen Branddirektoren möglich, den im wesentlichen von Reichel aufgestellten Organisationsgrundsätzen zuzustimmen. Zum 1.11.1922 werden die vorgesehenen Abteilungen und Löschbezirke eingerichtet.

Am 7.3.1923 kommt es mit der Verabschiedung der »Geschäftsanweisung für die Deputation für das Feuerlöschwesen« noch einmal zu einer Veränderung: Die Löschbezirke werden zu »Branddirektionen«, sie sind nicht mehr durchnumeriert, sondern erhalten die Namen Altstadt, West, Süd, Ost und Nord. In den Branddirektionen gibt es nun die sogenannten Brandschutzbezirke, die für den vorbeugenden baulichen Brandschutz in ihrem Bereich zuständig sind. Im Spetember 1924, knappe zwei Jahre nach seiner Beurlaubung, verstirbt Reichel.

Weimarer Jahre

Am 13.3.1923 wird der Leiter der Abteilung III, Baurat Walther Gempp, kommissarisch mit der Wahrnehmung des Amts des Oberbranddirektors beauftragt, am 1.10.1923 offiziell ernannt. Gempp, Jahrgang 1878, hatte Maschinenbau in Karlsruhe studiert. Nach zweijähriger Tätigkeit als Diplomingenieur bei der Firma Siemens-Schuckert war er 1906 zur Berliner Feuerwehr gekommen und hatte sich vor allen Dingen für ihre Modernisierung und Motorisierung eingesetzt. Am Krieg nahm er zunächst als Oberleutnant, dann als Hauptmann der Reserve teil und wurde unter anderem mit dem Eisernen Kreuz II. und I. Klasse ausgezeichnet. Nach Kriegsende setzt er seine Tätigkeit bei der Berliner Feuerwehr fort.

Gempp hatte sich bislang in erster Linie auf technischem Gebiet bewährt und sich hier bereits vor dem Ersten Weltkrieg Anerkennung erworben. Nach seiner Ernennung zum Oberbranddirektor muß er sich nun vorrangig um die Vereinheitlichung der so groß gewordenen Feuerwehr kümmern, was beträchtliches Verhandlungsgeschick erfordert. Es geht vor allem um eine einheitliche Einsatztaktik und um die Vereinheitlichung der verwendeten Geräte. So sind zum Beispiel verschiedene Schlauchkupplungen im Gebrauch, was beim Löscheinsatz zu Zeitverlust führen kann. Die Einführung einer für alle Wachen verbindlichen Normkupplung ist eine Maßnahme, die umfangreiche Absprachen und entsprechende Investitionen erfordert. »Durch die Umänderung der Schlauchkupplungen wurde natürlich auch eine Umänderung der unzähligen Anschlußstücke an den Motor-, Dampf- und Handdruckspritzen, an Hydranten, Standrohren, Gabel- und Verteilungsstücken, Strahlrohren usw. notwendig. Vereinheitlichte man aber die Schlauchverbindungs- und Anschlußstücke, dann mußten auch die Schlauchweiten folgen. Die Berufsfeuerwehren arbeiteten fast ausnahmslos mit 44er und 72er Schläuchen, während ein großer Teil der Freiwilligen Feuerwehren 52er Schläuche verwandte. Da die Storzkupplungen von 44 und 72 mm und die Schläuche von entsprechenden Weiten in Groß-Berlin bei weitem vorherrschten, war es selbstverständlich, daß diese zur allgemeinen Einführung gelangen mußten.«[98]

Gempps erstes Amtsjahr steht unter dem Zeichen der Inflation. Hatte im Januar 1923 in der Gebührenordnung die Arbeitsstunde eines Feuerwehrmannes 500 Mark gekostet, so klettert dieser Betrag innerhalb eines dreiviertel Jahres auf über eine Million Mark, ein paar Wochen später sind es schon 210 Millionen Mark. Die Gehälter der Feuerwehrmänner werden schließlich fast täglich ausgezahlt, die Ehefrauen kaufen mit dem erhaltenen Geld sofort ein, weil die Preise täglich, im November sogar mehrmals täglich steigen. Erst 1924 wird die neue Währung Goldmark, später Reichsmark, wieder stabil.

Telegraphenzimmer der Feuerwache Keibel, 1925

Auch die Reform des Feuermelde- und Telegraphensystems wird in Angriff genommen. Noch sind nicht alle Feuerwachen der früheren Vororte fernmeldetechnisch an die Berliner Hauptwache angeschlossen, es kommt vor, daß Brände in Außenbezirken mit Verspätung an die Zentrale weitergemeldet werden, so daß die nötige Verstärkung zu spät eintrifft. Schon vor dem Krieg hatte die Feuerwehr die Modernisierung ihres Telegraphensystems geplant, nun verlegt man moderne Zementkabelkanäle und stellt die verschiedenen in Gebrauch befindlichen Meldesysteme auf ein einheitliches, von Siemens entwickeltes um. Siemens installiert auch einen neuen Typ von Feuermel-

Die sogenannte »Mannschutzbrause«

der, der die direkte Sprechverbindung mit der Feuerwache gestattet. Die Berufsfeuerwachen erhalten ein eigenes Telefonnetz, um künftig von Störungen des postalischen Telefonnetzes unabhängig zu sein. Die Telefonzentrale wird auf der Hauptwache eingerichtet. Die Wachen der Freiwilligen Feuerwehren bleiben dagegen im postalischen Telefonnetz. Sie werden mit Anschlüssen ausgestattet, die sich zu den Wohnungen der Wehrführer (Leiter der Freiwilligen Feuerwehren) bzw. zu den Personen, die ständig erreichbar sind, umschalten lassen, um so die ständige Alarmierungsbereitschaft sicherzustellen.

Anregungen für diese und andere Verbesserungen holt sich Oberbranddirektor Gempp auf mehreren Tagungen, und er nimmt die durch die Kriegszeit unterbrochenen Kontakte zu ausländischen Feuerwehren wieder auf. Gempp scheint ein geschickter Repräsentant der Berliner Feuerwehr zu sein – beeindruckend ist der herzliche Empfang, den er in New York erfährt und der von der »Deutschen Wochenschau« gefilmt wird. Als Gempp im New Yorker Hafen eintrifft, erwarten ihn zahlreiche große Löschboote, die aus ihren Rohren Wasserfontänen in die Luft spritzen. Als die Chefs der New Yorker Feuerwehr ihren Berliner Kollegen Gegenbesuche abstatten, führt Gempp ihnen persönlich die technische Ausrüstung der Berliner Feuerwehr vor, von der Drehleiter über den Schaummittelerzeuger bis zur »Mannschutzbrause« – einen speziellen Schutzanzug mit Helm, aus dem brausenartig Wasser gespritzt wird.

In der Bevölkerung genießt der modern wirkende Feuerwehrchef großes Ansehen. Durch die kompetente Nutzung immer neuer Techniken erscheint die Berliner Feuerwehr als moderne Institution auf der Höhe der Zeit. Das zeigt auch ein Spielfilm der Ufa mit Olga Tschechowa und Rudolf Ritter in den Hauptrollen. Zum 75-jährigen Jubiläum der Berliner Feuerwehr wird »Der Mann im Feuer« im Ufa-Palast am Zoo uraufgeführt.

Die Handlung erscheint dem Publikum ganz aus dem Leben gegriffen. Geschickt verbindet der Film aktionsbetonte Szenen, bei deren Inszenierung Berliner Feuerwehrmänner mitwirkten, mit einer Liebesgeschichte. Im Mittelpunkt stehen ein älterer Feuerwehrmann, der seine verletzungsbedingte Dienstentlassung nicht akzeptieren will, seine Tochter, die dies mit großer Sorge verfolgt, und der junge Feuerwehroffizier, der sich in die Tochter verliebt und deshalb ihrem Vater eine neue Chance als Fahrer eines Feuerwehrfahrzeugs geben möchte. Doch der Vater besteht die Eignungsprüfung nicht. Aber bei einem Theaterbrand beweist der Alte, daß er sein Handwerk versteht, er rettet sowohl Tochter wie Offizier aus den Flammen. Das Happy End ist abzusehen: Der Vater wird aufgrund seiner Tapferkeit wieder eingestellt, die jungen Leute erhalten seinen Segen für den »Bund fürs Leben«.

Oberbranddirektor Walther Gempp mit ausländischen Besuchern bei der Demonstration von Feuerlöschgeräten

Eine Zeitungskritik beschreibt die Wirkung insbesondere der Feuerwehrszenen auf das Publikum: »In glänzenden Bildern sah man u.a. das Eingreifen der Feuerwehr bei einem Untergrundbahnunfall, sah einen Alarm in den Feuerwachen, sah die Bekämpfung eines Theaterbrandes mit allen Hilfsmitteln; Szenen von einer Wucht, die lauten Beifall mitten im Spiel auslösten. Auch ein Ausschnitt aus einer psychotechnischen Eignungsprüfung... war spannend und bildlich hervorragend.«

Elektrischer Alarmmelder, um 1923

So überzeugend die Feuerwehr auch nach außen wirkt – innerhalb der Institution kommt es mitunter immer noch zu Spannungen, weil die Leiter der früher in den Vororten selbständigen Feuerwehren mit ihren neuen Positionen und eingegrenzten Kompetenzen nicht zufrieden sind. Gempp versteht es, mit solchen Schwierigkeiten umzugehen. In Absprache mit der von Stadtrat Ahrens geleiteten Feuerlöschdeputation verändert er nochmals die Organisation der Brandschutzdirektionen. Sie werden umgewandelt in Brandschutzämter, denen die Zuständigkeit für alle Brandschutzangelegenheiten in ihrem Bereich übertragen wird. Gempp löst die Branddirektionen auf und versetzt die bisherigen Leiter in die Brandschutzämter bzw. die Abteilungen der Feuerwehr. Die Abteilungen werden ebenfalls verändert: Das dem Oberbranddirektor und der Feuerlöschdeputation unterstehende Feuerwehrbüro wird zu einer neuen Abteilung V, außerdem wird eine Abteilung VI für Wasserversorgung, eine Abteilung VII für Dienstanweisungen und eine Abteilung VIII für Übungsdienst eingerichtet.

Das Jahr 1929 stellt die Leistungsfähigkeit der Berliner Feuerwehr ganz besonders auf die Probe. Im Februar leidet Berlin unter starker Kälte. Vierzehn Tage lang liegt die Temperatur bei minus 25 Grad Celsius. Diese andauernde Kälte läßt auch die Wasserrohre tief im Boden zum großen Teil einfrieren, es kommt zu Rohrbrüchen und dadurch zu Überflutungen. Bei starkem Frost müssen die Mannschaften immer wieder zum Auspumpen vollgelaufener Keller ausrücken, viele Hydranten sind eingefroren und müssen mit primitivsten Mitteln aufgetaut werden. Aus alten Kanonenöfen, aus Waschkesseln und Gulaschkanonen baut die Feuerwehr Vorrichtungen zur Erzeugung von heißem Wasserdampf. Als am 5.2.1929 das Warenhaus Tietz in der Chausseestraße in Brand gerät, sind die Löscharbeiten entsprechend schwierig. Vierzehn Löschzüge setzt die Feuerwehr ein, um den Brand endlich unter Kontrolle zu bekommen. Als ein Fahrzeug mit großer Drehleiter schon fast vom Feuer eingeschlossen ist, zeichnet sich ein Feuerwehrmann durch besonderen Mut aus: Er wirft sich mehrere Mäntel um, stürzt durch die Flammen und fährt das Fahrzeug in Sicherheit.[99]

Berliner Feuerwehrmänner erreichen zu dieser Zeit nach einer Studie des Verbands Deutscher Berufsfeuerwehrmänner nur eine durchschnittliche Dienstzeit von 14 Jahren. Der Krankenstand ist hoch. Ein Umstand, der sicherlich dazu beiträgt, ist die Tatsache, daß die Mannschaften nach den Einsätzen oft durchnäßt und frierend in den offenen Fahrzeugen zu ihren Wachen zurückfahren. Aus den für die Feuerwehrmänner infolge der großen Kälte ausgesprochen harten Einsätzen zieht Gempp eine überfällige Konsequenz: Er gibt Fahrzeuge mit

Großfeuer in einer Spandauer Fabrik, 1928

geschlossenen Aufbauten in Auftrag. Im Juni 1930 wird das erste dieser Löschfahrzeuge der Firma Koebe in Luckenwalde auf der Wache Zehlendorf eingesetzt. Allerdings gibt es auch Stimmen, die sich gegen diese Verbesserung wenden, sie befürchten, die Männer könnten verweichlichen, wenn sie nun in sogar beheizbaren Fahrzeugen ausrücken.

Am 24.7.1929 ereignet sich ein Unglück, das erneut die Notwendigkeit besonderer Sicherungsmaßnahmen für Industriebetriebe spezieller Branchen deutlich macht. Im Azetylenwerk der Firma Linde in Berlin-Borsigwalde explodiert eine Azetylenflasche und löst einen Brand aus, der schnell weitere Flaschen explodieren läßt. Nach und nach explodieren tausend Flaschen. Durch die Wucht der Explosionen werden Flaschen bis zu mehreren hundert Meter weit geschleudert, sie explodieren noch in der Luft oder nach dem Aufprall auf dem Boden. Die alarmierte Feuerwehr nimmt zunächst einmal Deckung. Da aber ein Karbidlager, ein Azetonlager und ein Gasbehälter durch den Brand gefährdet sind, muß der Löschangriff gewagt werden. Der Einsatzleiter gibt den Befehl: »Freiwilige vor! Und siehe, wie es bei den Berliner Feuerwehrleuten nicht anders zu erwarten war, es meldeten sich alle.«[100] Es gelingt der Truppe, den Brand anzugreifen und nach einigen Stunden auch abzulöschen, ohne daß auch nur ein Mann ernsthafte Verletzungen erleidet.

Zwei Monate später kommen bei einem Dachstuhlbrand am Kurfürstendamm mehrere Männer zu Tode. Man glaubt das Feuer schon unter Kontrolle, da stürzt eine »Schwindeldecke« ein und begräbt sieben Feuerwehrleute. Drei von ihnen sterben im Krankenhaus. Sie gehörten der Schöneberger Feuerwehr an.

Militarisierung im Nationalsozialismus

Der Reichstagsbrand

Der Dezember 1929 steht bereits im Zeichen der beginnenden Weltwirtschaftkrise. Firmenkonkurse und Bankenzusammenbrüche treffen das Wirtschaftszentrum Berlin besonders hart, zum Jahresende 1931 gibt es 564.000, Ende 1932 sogar 636.000 Arbeitslose.

Die politische Radikalisierung in der Bevölkerung macht vor der Feuerwehr nicht Halt. Schon seit den zwanziger Jahren gibt es eine Betriebsgruppe der KPD unter der Führung des Betriebsratsmitglieds Karl Feierabend.[101] Seit 1931 versucht eine nationalsozialistische Gruppierung namens »Nationalsozialistische Beamtenarbeitsgemeinschaft (NSBA)« innerhalb der Feuerwehr für ihre Ziele zu werben, zunächst ohne große Resonanz. Die Feuerwehr versteht sich, ohne daß dies offiziell erklärt würde, als eine unpolitische Institution, nur dem Wohl der Bevölkerung verpflichtet. In der am 30.1.1933 stattfindenden Wahl für die Vertrauensmännerausschüsse der Feuerwehr hat die NSBA keinen großen Erfolg. Sie fühlt sich jedoch durch die Regierungsbeteiligung der NSDAP in ihrem Kurs bestätigt und verstärkt die Propagandatätigkeit auf den Feuerwachen – eine Aktivität, die dem korrekten preußischen Beamten Walther Gempp mißfällt.

Bei der Reichstagswahlen vom 6.11.1932 wird die Nazionalsozialistische Deutsche Arbeiterpartei (NSDAP) mit 33,1% stärkste Fraktion. Reichstagspräsident von Hindenburg ernennt Adolf Hitler am 30.1.1933 zum Reichskanzler. Die Koalition von NSDAP und DNVP verfügt im Reichstag über keine Mehrheit und strebt Neuwahlen an. Wenige Tage vor dieser Wahl, am 27.2.1933, brennt der Reichstag.[102]

Berliner Feuerwehr, 1937

Brand des Reichstags am 27. Februar 1933

Die Frage nach dem oder den Brandstiftern ist auch heute noch nicht eindeutig geklärt. Ist der Holländer Marinus van der Lubbe, einer holländischen rätekommunistischen Gruppe nahestehend, der alleinige Täter gewesen? Oder haben andere, vielleicht sogar beauftragt von der nationalsozialistischen Führung, den Brand gelegt? Unstrittig ist, daß van der Lubbe aus politischen Motiven in den Reichstag eingedrungen ist und Feuer gelegt hat. Er wollte ein Signal setzen und die unterdrückte Arbeiterschaft aus ihrer Passivität aufrütteln.

Zeugen beobachten van der Lubbe bei seinem Einbruch in den Reichstag. Er steigt durch ein eingeschlagenes Fenster im ersten Stock und beginnt, mit Kohleanzündern und Kleidungsstücken Möbel und Vorhänge in verschiedenen Räumen in Brand zu setzen. Die Feuerwehr wird um 21 Uhr 13 telefonisch von einem dem Reichstag gegenüberliegenden Haus und um 21 Uhr 15 über einen Feuermelder in der Moltkestraße alarmiert. Diese ersten beiden Züge geben unverzüglich 10. Alarm, das bedeutet, daß acht weitere Löschzüge angefordert werden. Der mit diesen Zügen eintreffende Gempp schließlich gibt 15. Alarm und übernimmt die Leitung der Löscharbeiten.

Die ersten Löschmannschaften und Polizeibeamten, die den Reichstag betreten, bemerken zunächst nur kleinere Brandstellen. Viele sind bereits erloschen, andere brennen mit kleiner Flamme und können schnell gelöscht werden. Anders im Plenarsaal. Dort erkennt ein Feuerwehrmann »links und rechts vom Präsidium etwa 10 und in der zweiten und dritten Sitzreihe der Abgeordneten etwa 8 weitere getrennte kleine Flackerfeuer von etwa 50 x 50 cm Größe... und schlug aus dem Stenographenraum unterhalb des Präsidiums von der Stelle der dort hängenden Vorhänge eine fauchende Flamme heraus.«[103] Auch dieser Brand hat noch keine wirklich gefährliche Ausdehnung. Doch wenige Minuten später, etwa um 21 Uhr 27, »erfolgte unter der Staubdecke des Saales plötzlich eine Verpuffung (Explosion)... die den unteren Teil des Saales erfüllenden Gase entzündeten sich, und im Augenblick stand der ganze Saal in Flammen.«[104]

Es gelingt der Feuerwehr, ein Übergreifen des Brandes auf andere Gebäudeteile zu verhindern, der Plenarsaal jedoch brennt vollständig aus, angrenzende Räume und Flure werden durch Rauch, Hitze und Löschwasser stark in Mitleidenschaft gezogen. Noch während der Löscharbeiten treffen Reichskanzler Adolf Hitler und sein Parteigenosse, der preußische Innenminister Hermann Göring, ein.

Am Tag nach dem Brand lobt Adolf Hitler in einem Schreiben, das er von Göring übermitteln läßt, den »raschen Einsatz der Berliner Feuerwehr, die umsichtige Leitung und die aufopfernde Tätigkeit der einzelnen Wehrmänner« und spricht ihnen seinen »besonderen Dank«

und seine »warme Anerkennung«[105] aus. Die »national gesinnte« Presse berichtet in großer Aufmachung über den Reichstagsbrand sowie von angeblich in der KPD-Parteizentrale gefundenen Plänen zum gewaltsamen Umsturz. »Jetzt wird rücksichtslos durchgegriffen!« titelt der Völkische Beobachter vom 1. März 1933. Schon am 28.2. 1933 verabschiedet der Reichstag auf Drängen der Nationalsozialisten die »Notverordnung zum Schutze von Volk und Staat«. Die Kommunistische Partei und die sogenannten »marxistischen Zeitungen« werden verboten, anhand von vorbereiteten Verhaftungslisten nimmt die Polizei zahlreiche Reichstagsabgeordnete und höhere Funktionäre der KPD fest. Die NSDAP geht aus den Wahlen im März als stärkste Partei hervor und kann am 24.3. 1933 – gegen die Stimmen der SPD – das Ermächtigungsgesetz verabschieden lassen. Der Weg in die Diktatur ist gebahnt.

Im Herbst 1933 findet der Prozeß gegen die mutmaßlichen Brandstifter statt. Angeklagt sind neben van der Lubbe ein Reichstagsabgeordneter der KPD und drei bulgarische Staatsangehöre, Mitglieder der Kommunistischen Partei Bulgariens.[106] Van der Lubbe ist geständig, die anderen Angeklagten werden entlastet. So konzentriert sich die Beweisaufnahme darauf, ob van der Lubbe den Brand im Plenarsaal selbst verursachen konnte.

Zur Entstehung der Brände läßt das Gericht von Sachverständigen Gutachten vorlegen. Der Chemiker Dr. Schatz stellt fest: »Es ist zur Zündung im Plenarsaal Phosphor und eine Schwefelverbindung gebraucht worden... Zur Ausbreitung ist zweifellos Benzin oder Petroleum oder ein derartiges Kohlenwasserstoffpräparat in einer Flüssigkeit benutzt worden.«[107] »Die Zündungsart der Brände in den Umgängen und im Restaurationsraum ist eine andere gewesen wie die Zündungsart im Plenarsaal.«[108]

Branddirektor Wagner von der Berliner Feuerwehr faßt in seinem Gutachten zusammen: »Alle theoretischen Erwägungen und praktischen Erfahrungen sprechen dagegen, daß bei der zur Verfügung stehenden Zeit der Brand im Plenarsaal den Umfang annehmen und so verlaufen konnte, wie er von den Zeugen beschrieben worden ist, wenn nicht eine besondere Vorbereitung des Saals für die Inbrandsetzung vorhergegangen war. Die dem Lubbe zur Verfügung stehende Zeit reichte für eine derartige Vorbereitung nicht aus. Hieraus muß gefolgert werden, daß zu der Präparierung des Plenarsaals für die in Aussicht genommene Brandstiftung mehrere Personen erforderlich waren und auch diese einen längeren Zeitraum benötigten.«[109]

Feuerwehrmänner nach den Löscharbeiten im Reichstag

Wer diese Täter waren, ist bis heute nicht aufgeklärt worden. Marinus van der Lubbe wurde der Brandstiftung schuldig gesprochen und mit dem Tode bestraft. 1934 wird er enthauptet.

Nach dem Zweiten Weltkrieg, in den siebziger und achtziger Jahren, versuchen Historiker eine neue Wertung der Beweismittel und Zeugenaussagen – mit durchaus kontroversen Ergebnissen. Ein Anhaltspunkt dafür, die Urheberschaft anderer am Plenarsaalbrand zu vermuten, ist der unterirdische Gang, der den Reichstag mit dem gegenüberliegenden Reichstagspräsidentenpalais verbindet. Das Reichstagspräsidentenpalais war der Dienstsitz Hermann Görings. Durch diesen Gang, so eine oft geäußerte Vermutung, könnten Brandstifter unbemerkt in den Reichstag gelangt sein. Publiziert wurden auch Aussagen zweier Feuerwehrleute, die zu den ersten gehörten, die in der Brandnacht über Leitern in das Reichstagsgebäude einstiegen. 1960 erklärt Branddirektor Fritz Polchow, im Jahre 1933 Feuerwehrmann, daß er nach dem Ablöschen der ersten kleineren Brandherde im Reichstagsrestaurant die angrenzenden Räume nach möglichen weiteren Bränden abgesucht habe und dabei auch eine schmale Treppe hinuntergegangen sei.

»Nachdem ich etwa 2-4 Stufen gegangen war, flammte am unteren Ende der Treppe eine Lampe auf... Ich sah nun etwa 6 Meter von mir entfernt einen auf dem unteren Ende der Treppe befindlichen Windfang (Glaswand), bei dem die Glastür geschlossen war. Im Windfang standen zwei oder mehrere Polizeibeamte; jedenfalls trugen die Männer normale und noch ziemlich neue Polizeiuniformen. Sie hielten ihre gezogenen Pistolen auf mich gerichtet, blendeten mich mit Taschenlampen an und riefen mir durch eine eingeschlagene Glasscheibe zu: 'Sofort zurück.' Ich antwortete darauf: 'Hier ist die Feuerwehr.' Sie erwiderten: 'Zurück oder wir schießen' oder so ähnlich. Ich war sehr überrascht, Polizei auf der Wirtschaftstreppe um diese Zeit (21 Uhr 23) anzutreffen, um so mehr als vorher beim Eintreffen vor dem Reichstag nirgends Polizei zu sehen gewesen war.«[110] Diese Aussage war 1933 bei der Beweisaufnahme zum Prozeß nicht berücksichtigt worden.

Entlassung des Oberbranddirektors

Auch Walther Gempp wird im Prozeß als Zeuge gehört. Zu diesem Zeitpunkt ist er als Oberbranddirektor bereits beurlaubt – am 24.3. 1933 wird er »auf Anregung des Staatskommissars Dr. Lippert« seines Amtes enthoben. »Diese plötzliche Beurlaubung des verdienten langjährigen Leiters der Berliner Feuerwehr, der sich erst kürzlich bei der Bekämpfung des Reichstagsbrandes auszeichnete, hat weit über die Kreise der Berliner Feuerwehrbeamten hinaus Aufsehen erregt. Amtlicherseits wird erklärt, Gempp habe kommunistische Umtriebe geduldet.«[111] Branddirektor Wagner führt kommissarisch die Geschäfte des Oberbranddirektors, bis er 1934, nach der endgültigen Entlassung Gempps, zum Oberbranddirektor ernannt wird.

Gempp hat schon geraume Zeit vor dem Reichstagsbrand die Kritik der Nationalsozialisten auf sich gezogen. Eine Ursache dafür ist sein gutes Verhältnis zu dem sozialdemokratischen Stadtrat Ahrens, der seitens des Magistrats für die Feuerwehr zuständig ist. Angekreidet wird Gempp auch, daß er bei der Besetzung offener Stellen vorrangig solche Bewerber einstellt, die einen Handwerksberuf erlernt haben. Dies stößt auf Protest bei den sogenanten »Versorgungsanwärtern«, die als frühere Angehörige der Reichswehr einen Anspruch auf vorrangige Berücksichtigung geltend machen. »Die 'Versorgungsanwärter' galten nämlich als eher 'rechts' und 'national' eingestellt und wurden daher vor allem von der Betriebszelle des 'Nationalsozialistischen Deutschen Beamtenbundes' als Klientel betrachtet. Dies rief den Widerstand der gewerkschaftlich organisierten Feuerwehrmänner hevor, von denen viele der SPD, einige sogar der KPD angehörten.«[112] Daß Gempp auf einer handwerklichen Qualifikation der Bewerber besteht, erscheint so als politische Parteinahme.

Der Reichstagsbrand und seine Begleitumstände kommen Gempp verdächtig vor. Gempps Witwe schildert im Jahre 1959 aus der Erinne-

Adolf Hitler im Gespräch mit August Wilhelm von Preußen in der Wandelhalle des Reichstags während der Löscharbeiten

rung seine unmittelbare Reaktion: »Die anwesende NS-Prominenz tat zwar sehr empört, doch konnte Gempp auch leise Bemerkungen derart hören, man hätte die Quasselbude ruhig abbrennen lassen sollen. Daß die Tätigkeit der Feuerwehr zur Einkreisung des Feuers geführt hatte, schien keineswegs überall Beifall zu finden. Als mehrere Journalisten den Oberbranddirektor dann nach der Brandursache fragten, hat er in seiner Erregung geäußert, daß hier eine 'ganz grosse Gemeinheit im Spiele' sein müsse. In der Auslandspresse ist diese Äußerung aufgegriffen und in bekannter Weise erläutert worden. Diese Veröffentlichungen hatten wochenlange Verhöre des Oberbranddirektors zur Folge.«[113] Am meisten schadet Gempp wohl ein Artikel der Straßburger Zeitung »La Republique«, der von der »Saarbrücker Volksstimme« am 25.4.1933 nachgedruckt wird: Gempp habe in einer Besprechung mit seinen Offizieren geäußert, daß sich zum Zeitpunkt des Eintreffens der Feuerwehr bereits 20 SA-Männer im Reichstag befunden hätten. »Im Reichstagsgebäude habe er (Gempp) große Mengen nicht mehr verwendeten Brandstiftungsmaterials gesehen, die einen ganzen Lastwagen gefüllt haben würden.«[114] Wochen später dementiert Gempp die ihm zugeschriebenen Äußerungen.

Zwei Veröffentlichungen Gempps in den feuerwehrinternen »Bekanntmachungen« lösen seine Beurlaubung aus. Am 20.3.1933 läßt er das Abschiedsschreiben des wegen seiner SPD-Mitgliedschaft entlassen Stadtrats Ahrens abdrucken. »Ahrens verzichtete hier zwar auf jede politische Bemerkung und beschränkte sich darauf, den Angehörigen der Berliner Feuerwehr für die 'verständnisvolle Mitarbeit' zu danken, doch Ahrens war in den Augen der Nationalsozialisten ein 'Marxist' und Repräsentant des verhaßten Weimarer 'Systems'.«[115] Den Abdruck dieses Schreibens müssen die Nationalsozialisten als Provokation empfinden. Mit einer weiteren Bekanntmachung am selben Tag greift Gempp die »Bewegung« unverhohlen an, wenn er es auch vermeidet, sie namentlich zu nennen:

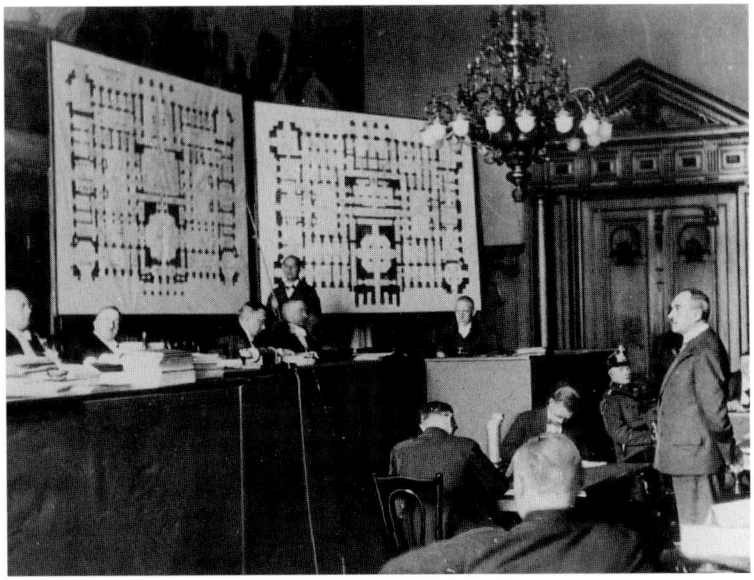

Der vom Dienst beurlaubte Oberbranddirektor Walther Gempp bei seiner Vernehmung als Zeuge im Gerichtsprozeß zum Reichstagsbrand, Oktober 1933

»Wenn die Feuerwehr ihren schweren aber auch schönen Beruf restlos erfüllen will, so muss ein starkes Band der Kameradschaft alle Beamten umschlingen. Das Leben in der engen Gemeinschaft auf einer Wache ist nur möglich, wenn Verträglichkeit herrscht; auf Feuer- und Unfallstelle können wir, wie letzthin wieder beim Brande des Reichstagsgebäudes, Erfolge nur dann erzielen, wenn einer sich auf den anderen verlassen kann und jeder einzelne bereit ist, sich für seinen gefährdeten Kollegen einzusetzen. Jeder muss eben seinen Eigennutz zurückstellen, um dem Gemeinwohle dienen zu können. Diese unerlässliche Kameradschaft wird gefährdet, wenn wie überall so auch bei uns bestehende Gegensätze überscharf betont werden. Die Möglichkeit hierfür liegt, wie die Erfahrung schon immer gezeigt hat, besonders bei der Erörterung religiöser und politischer Fragen vor. Ich ersuche daher alle Beamten, bei der Erörterung solcher Fragen auf den Wachen die nötige Zurückhaltung zu beobachten, oder sie möglichst ganz zu vermeiden. Ich verbiete auf den Wachen das Abhalten von politischen Versammlungen, das Halten politischer Propagandareden und jede Provokation politisch anders Denkender. Außerdienstliche Aushänge bedürfen der Genehmigung. Gegen jede Zuwiderhandlung werde ich unnachsichtlich einschreiten.«[116]

Das Schreiben trägt vor dem Namen »Gempp« das Kürzel »Vf.v.18.3.33« – es könnte bedeuten, daß Gempp das Schreiben schon am 18.3.33 diktiert hat und es der Nationalsozialistischen Beamtenarbeitsgemeinschaft schon vor der Veröffentlichung über interne Wege bekannt geworden war. Am 19.3.1933 richtet die nationalsozialistische Ortsgruppe »Markgraf« ein Schreiben an Göring, in dem es heißt, daß Oberbranddirektor Gempp »durchaus nicht das Vertrauen der Wehr und unserer Bewegung« besäße.

»Die bereits laufenden Anschuldigungen und Mißstände lassen eine weitere Dienstleistung des Oberbranddirektors unmöglich erscheinen und hat derselbe erklärt, zu 80% schon erledigt zu sein. Er war immer ein Gegner unserer Bewegung und hat auch öffentlich, anläßlich der Autoausstellung, seine Abneigung gegen unseren Reichskanzler zum Ausdruck gebracht.« Gempp solle, so das Schreiben, sofort entlassen und durch Branddirektor Wagner ersetzt werden: »W. ist als vollendeter Fachmann bekannt u. besitzt mit unseren Anhängern das vollste Vertrauen der gesamten Wehr. Als langj. Sympathisierender ist die Meldung als Pg. auf der Ortsgruppe erfolgt. Sein Sohn ist SA-Mann.«[117]

Wenige Tage später wird Gempp durch Staatskommissar Lippert vom Dienst beurlaubt. Um den Vorwurf zu klären, »in seinem Dienstbereich kommunistische Umtriebe geduldet«[118] zu haben, beantragt Gempp am 27.3.1933 die Einleitung eines Disziplinarverfahrens gegen sich selbst. Dieses Verfahren wird nicht eingeleitet, dafür ein anderes, »weil der Verdacht anderweitiger Verfehlungen gegen Gempp vorliegt.«[119] Am 20.3.1933 kritisiert ein Schreiben der Hauptprüfungsstelle beim Magistrat den Ankauf eines Personenwagens. Gempp hatte den Wagen von Stadtrat Ahrens gekauft, um ihn als Dienstwagen zu nutzen, und dafür angeblich nicht die erforderliche Genehmigung durch den Oberbürgermeister eingeholt. Da Gempp bereits einen Dienstwagen besäße, habe er gegen die »Grundsätze sparsamster Wirtschaftsführung« verstoßen. Dieser Vorwurf läßt sich bei näherer Prüfung nicht aufrecht erhalten: Branddirektor Wagner bestätigt, daß der alte Dienstwagen sehr reparaturanfällig gewesen sei.

Durch einen Erlaß des preußischen Ministerpräsidenten Göring wird Gempp zum 31.5. 1934 endgültig in den Ruhestand versetzt. Begründet wird dies mit § 6 des »Gesetzes zur Wiederherstellung des Berufsbeamtentums«. Ihm wird vorgeworfen, »marxistische Umtriebe mit Einschluß der von kommunistischer Seite betriebenen Hetz- und Wühlarbeit« bei der Feuerwehr »geduldet« und »geradezu gefördert« zu haben.[120] Für diese Anschuldigung mag schon ausgereicht haben, daß Gempp mit kommunistischen Betriebsratsmitgliedern der Feuerwehr dienstlich zusammengearbeitet hat.

Ab November 1933 wird gegen Gempp in einem Korruptionsverfahren ermittelt, das sich gegen den Direktor des Feuerlöschgeräteherstellers Minimax, Gunsenheimer, sowie eine Reihe von hohen Feuerwehrbeamten richtet. Erst im September 1937 wird der Prozeß eröffnet.

Der Vorwurf der Bestechlichkeit bezieht sich auf die allgemein bekannte Zusammenarbeit vieler Feuerwehrbeamter mit der Firma Minimax in der Erprobung und Verbesserung von Feuerlöschgeräten. Da Minimax in dieser Zeit im Besitz der wichtigsten Patente für Feuerlöschgeräte ist, fertigen Feuerwehrbeamte anhand ihrer Erkenntnisse Gutachten über einzelne Geräte und schreiben Artikel in der von Minimax kostenlos verteilten Fachzeitschrift »Feuer und Wasser«.[121] Das Gericht wirft den Beamten vor, überhöhte Honorare für diese Tätigkeit bezogen zu haben. Gempp hatte im Laufe von zehn Jahren 15.600 Reichsmark kassiert. »Außerdem hatte Gempp nicht alle Beiträge versteuert und seine, wie man heute sagt, 'Nebentätigkeiten' dem zuständigen Stadtrat Ahrens nur mündlich mitgeteilt. Im Kern ging es beim 'Fall' Gempp also um die 'Nebentätigkeit' eines Beamten, die zu Problemen führte und auch heute noch führt.«[122]

Gunsenheimer und sechzehn Feuerwehrbeamte, darunter durchaus angesehene und »national« eingestellte Feuerwehrführer, erhalten Gefängnis- und Zuchthausstrafen. Gempp wird am 1.7.1938 wegen schwerer passiver Bestechung und unlauteren Wettbewerbs zu zwei Jahren Zuchthaus verurteilt. Er legt Berufung ein. Am 2.5.1939 stirbt Walther Gempp in der Untersuchungshaft, vermutlich durch Selbstmord. Schon während der Ermittlungen hatten sich fünf hohe Feuerwehrbeamte, darunter die Leiter mehrerer Großstadtfeuerwehren, das Leben genommen, möglicherweise deshalb, weil bei Eintritt der Rechtskraft einer Verurteilung der Pensionsanspruch ihrer Familien verlorengegangen wäre.

Politische Säuberungen

Der neue Oberbranddirektor Wagner nennt der »Berliner Nachtausgabe« seine vier wichtigsten Programmpunkte: »Selbstverständlich ist die Führung in nationalsozialistischem Geiste. Dann erstrebe ich die Zusammenschweißung von Berufs- und Freiwilliger Feuerwehr. Meine dritte Aufgabe gehört in das Gebiet des Luftschutzes; es ist nämlich notwendig, durch systematische Ausbildung von Feuerwehrreserven unsere Abwehrkräfte für den Notfall zu erhöhen. Als vierten Punkt habe ich mir die Beseitigung eines Übelstandes vorgenommen, daß nämlich beim Löschen durchweg zuviel Wasserschaden angerichtet wird.«

Am 5.4.1933 löst Wagner den von der Beamtenschaft gewählten Vertrauensausschuß auf, da er »in seiner jetzigen Zusammensetzung keine Gewähr für gedeihliches Arbeiten auf nationaler Grundlage« bietet. Er läßt aber keinen neuen Vertrauensausschuß wählen, mit dem ein »gedeihliches Arbeiten auf nationaler Grundlage« möglich wäre, sondern ersetzt den Ausschuß durch einige Beamte, die ihm die NS-Beamtenarbeitsgemeinschaft vorschlägt.[123] Mit diesem Schritt kommt er nur einer allgemeinen Entwicklung zuvor: Am 1. Mai 1933 werden in ganz Deutschland die Gewerkschaften aufgelöst.

Kommunisten und aktive Sozialdemokraten werden aus dem Staatsdienst entlassen.[124] In den Wochen und Monaten nach dem Wahlsieg der NSDAP herrscht in der Berliner Feuerwehr – wie in anderen städtischen oder staatlichen Institutionen auch – ein Klima der Denunziation. Noch vor der Beurlaubung Gempps nimmt das Kritisieren und Diffamieren offensichtlich solche Ausmaße an, daß es sogar dem Preußischen Innenminister und Mitglied der Führungsspitze der NSDAP, Hermann Göring, zuviel wird. Göring gibt am 17.3.1933 ein Rundschreiben heraus, das Anfang April auch als Bekanntmachung der Berliner Feuerwehr allen Feuerwachen zugeht. Beschwerden über oder Anzeigen gegen Vorgesetzte würden zunehmend unmittelbar an ihn gerichtet, beklagt Göring. »Ein solches Verhalten ist für Beamte unmöglich und wird von mir auf keinen Fall geduldet werden... Vornehmlich von denjenigen Beamten, die sich zu den Kreisen rechnen, die hinter der Regierung des Reichskanzlers Adolf Hitler stehen, erwarte ich mit aller Bestimmtheit, dass sie diese meine Mahnung in besonderem Maße beherzigen und darüber hinaus der übrigen Beamtenschaft in Pflichttreue, Leistung und Disziplin als Vorbild dienen. Die Mitgliedschaft bei den nationalen Parteien gibt dem Betreffenden nicht mehr Rechte, sondern höchstens nur höhere Pflichten.«[125] Vielleicht haben die Denunzianten von nun an korrekt den Dienstweg eingehalten.

Nach dem Erlaß des Gesetzes über die Wiederherstellung des Berufsbeamtentums kann die Feuerwehr alle Beamten entlassen, die politisch mißliebig sind. Ein Ausschuß, gebildet von Parteimitgliedern der NSDAP, entscheidet über Zweifelsfälle. Ein absurdes Beispiel ist ein Schreiben von Mitgliedern der Feuerwache in der Keibelstraße vom März 1933, das die Entlassung verschiedener Kollegen verlangt: Ein Brandmeister wird als »radikaler Marxist« bezeichnet, weil er sich in der Silvesternacht 1931/32 »außerhalb aller Kameradschaft« gestellt habe, als »einer der Beamten spontan mit seiner Klarinette einen Choral«[126] spielte. Ein Oberfeuerwehrmann namens Lüdecke sei »als gefährlicher Marxist bekannt«, weil er früher auf der Wache Lichtenberg »kräftig die Internationale gesungen bzw. gespielt« habe. Außerdem habe Lüdecke auf einer Wache laut gerufen: »Prolet erwache! Hitler verrecke.«[127] Lüdecke wird entlassen.

Wie selbst langjährige und bewährte Feuerwehrmänner aufgrund von politischen Vorwürfen aus dem Dienst entfernt werden, zeigt das Beispiel des Vertrauensmannes A. Nach seiner Zwangsbeurlaubung wird der Oberfeuerwehrmann zu einer Anhörung vorgeladen und erhält Gelegenheit, zu den von Zeugen vorgebrachten Vorwürfen Stellung zu nehmen: »Ich bestreite ganz entschieden, jemals in gehässiger Weise gegen die nationale Bewegung oder deren Führer, Reichskanzler Adolf Hitler, aufgetreten zu sein. Soweit ich zu den politischen Tagesereignissen Stellung nahm, erfolgte dies in angemessener Form... Außerdem habe ich keine politischen Kurse besucht. Tatsache ist, daß ich einen zweiwöchigen Gewerkschaftskursus in Bernau absolviert habe. Dieser Kursus hat mit Politik auch nicht das mindeste zu tun. Es handelte sich um einen rein gewerkschaftlichen Kursus, der sich speziell auf das Gebiet der Feuerwehren erstreckte... Zum Beweis dafür, wie wenig ich mich als Mitglied der SPD betätigt habe, füge ich eine Einladung zu einer Versammlung bei, auf deren Rückseite mir der Ausschluß aus der Partei wegen Nichtbeteiligung angedroht wird... Ich erkläre bei dieser Gelegenheit nochmals, daß ich rückhaltlos für die nationale Erhebung, zu der ich das feste Vertrauen gefaßt habe, eintrete.«[128] Oberbranddirektor Wagner hat für das Stadtamt für Feuerlöschwesen Stellung zu der Vernehmung Albrechts sowie der Zeugen zu nehmen. Er hält die Aussagen der Belastungszeugen für »so allgemein gehalten«, daß sie die Entfernung aus dem Dienst nicht begründen können. »Zu bemängeln ist, daß auch nicht ein einziger Zeuge eine konkrete Angabe darüber machen kann, in welcher Weise sich Albrecht gegen die nationale Erhebung benommen hat.«[129] Gegen die Entlastungszeugen, so Wagner, sei nichts vorzubringen gewesen. Diese positive Stellungnahme seines obersten Chefs hilft A. jedoch nicht, er wird mit Beschluß vom 18.9.1933 entlassen.

A. will sich mit seiner Entlassung jedoch nicht abfinden. Am 8.3.1934 beantragt er seine Wiedereinstellung, legt seinem Gesuch Zeugnisse bei und benennt in der mündlichen Anhörung noch einmal zahlreiche Zeugen. »Ich muß es ablehnen, als ehemaliger Marxist bezeichnet zu werden und eine marxistische Einstellung an den Tag gelegt zu haben. Es wurde mir im Jahre 1929, als ich kurz vor meiner lebenslänglichen Anstellung stand, von interessierter Seite nahegelegt, der SPD beizutreten. Ich habe mich in keiner Weise für die Partei betätigt, so daß mir im Jahre 1932 der Ausschluß angedroht wurde. Ich verbleibe dabei, daß die gegen mich erhobenen Beschuldigungen persönlichen Rachegefühlen entsprungen sind... Wie ich bereits in meinem Schreiben vom 8. März 1934 angegeben habe, bin ich seit Aufhebung der Aufnahmesperre für die SA Mitglied des SA-Motorsturm und Mitglied der Deutschen Arbeitsfront.«

Der Antrag auf Wiedereinstellung hatte keinen Erfolg. Auch in anderen Fällen hält das Stadtamt für Feuerlöschwesen die erhobenen Beschuldigungen für unzutreffend, so im Verfahren gegen den Oberfeuerwehrmann B.: »Die gegen ihn erhobenen Vorwürfe beruhen nach dem Ergebnis der Zeugenvernehmung auf belanglosem Geschwätz.« Beinahe entschuldigend verweist man darauf, »daß die Anzeige vor Erlaß des Gesetzes zur Wiederherstellung des Berufsbeamtentums in der damaligen erregten Zeit erfolgte, und daß nach dem Gesetz und den dazu ergangenen Ausführungsbestimmungen nicht kleinlich verfahren werden soll.«

Auch wenn das Amt für Feuerlöschwesen sich hier für einige seiner Mitarbeiter eingesetzt hat, deutlich wird durch diese Dokumente, wie bedenkenlos Menschen denunziert wurden. Gewerkschaftliches Engagement reichte aus, um aus dem Dienst entlassen zu werden. Die Feuerwehr, in der Weimarer Republik unter Gempp und dem sozialdemokratischen Stadtrat Ahrens sicherlich zu einem Teil unter Einfluß der SPD, ist nun nationalsozialistisch dominiert. SPD-nahe Feuerwehrmänner gehen aus Angst um ihre berufliche Existenz in die »innere Emigration«.

Es läßt sich nicht beurteilen, in welchem Maß Oberbranddirektor Wagner direkte Weisungen »von oben« erhielt und welche Maßnahmen auf seine eigene Initiative zurückgingen. Bestimmte rechtliche Regelungen, zunehmend aber auch politisch motivierte Forderungen erhält er auf dem Dienstweg vom preußischen Innenministerium bzw. dem Magistrat und gibt sie schlicht innerhalb der Feuerwehr weiter.
Ein Beispiel ist die Bekanntmachung vom 1.4. 1933: Der Staatskommissar zur Wahrnehmung der Geschäfte des Bürgermeisters weist die »zentralen Dienststellen und Bezirksämter« an, »vom 1. April 1933 an ihren gesamten Einkauf ausschließlich bei solchen Firmen zu decken, die eine sichere Gewähr dafür geben, dass sie auf dem Boden der nationalen Regierung stehen. Das Berliner Beschaffungs-Amt wird in den nächsten Tagen ein Verzeichnis derjenigen Firmen herausgeben, deren Zulassungsverträge zur Zeit noch laufen, die aber aus triftigen Gründen durch Nichtinanspruchnahme ausgeschaltet weden sollen.«[130]

Auf Wagners persönliche Initiative scheinen Versuche zurückzugehen, der Feuerwehr einen stärker militärischen Charakter zu geben. »Es können, namentlich wenn man die Gefahren bei Luftangriffen mit in Rechnung zieht, Fälle eintreten, wo auch die Stärke der Berliner Berufsfeuerwehr nicht in gleicher Weise bei Katastrophen zur Geltung kommen kann wie bisher.« Man müsse dann »auch mit geringen Kräften« schnell operieren können, und dafür habe »die Truppe bis auf den letzten Mann fest in der Hand des jeweiligen Führers«[131] zu sein. »Alle nur denkbaren Organisationen« würden sich bemühen, ihren Angehörigen »eine exerziermässige Ausbildung zu vermitteln« – eine deutliche Beschreibung der gesellschaftlichen Entwicklung. Wagner hält es für »einfach unmöglich, wenn eine Truppe, von der jeder Bürger schon eine gewisse militärische Einstellung erwartet, in dieser Hinsicht versagt.«[132] Also wird das Fußexerzieren wieder vorgeschrieben.

Vor der Reichstagswahl im November 1933 haben sich alle diensthabenden Feuerwehrbeamten in den Wachen vor Rundfunkgeräten zu

Brand des Funkturms am 19. August 1935

versammeln, um eine Rede Adolf Hitlers zu hören. »Erstmals erscheint eine Dienstanweisung mit parteilichem Inhalt: 'Auf die Frage: Trittst Du für das Deutschland Adolf Hitlers ein?' gibt es für jeden Angehörigen der Berliner Feuerwehr nur eine Antwort: 'Ja. Am 12. November mit unserem Führer zum Siege. Heil Hitler. Wagner.'«[133]

1934 erhält die Feuerwehr neue Uniformen, die im Schnitt der Wehrmachtsuniform ähneln. Der Stahlhelm wird von der Wehrmacht übernommen, allerdings zunächst mit einem Kamm aus Metall. Eingestellt werden nur noch Bewerber, die Mitglieder der SA sind. Die Feuerwehr wird nach dem Gesetz über das Feuerlöschwesen, in dem sie als »Polizeiexekutive besonderer Art« bezeichnet wird, zur »Feuerlöschpolizei« und kümmert sich verstärkt um den Luftschutz. Hierfür ist besonders der Reichsluftschutzbund zuständig, der die Bevölkerung für ein Engagement in dieser Frage motivieren soll. Die Feuerlöschpolizei kooperiert mit dem Reichsluftschutzbund, führt Übungen durch, entrümpelt Dachböden, ermittelt Räume, die als Luftschutzbunker geeignet sind und bildet Interessierte aus den Luftschutzvereinen zu Hilfsfeuerwehrmännern aus.

Daß die Ausbildung dieser Hilfsfeuerwehrmänner nicht ausreichend ist, zeigt sich, als am 19.8.1935 während der Funkausstellung in der Halle 4 der Messehallen am Funkturm ein Brand ausbricht. Die Ausstellungswache der Berliner Feuerwehr, in derselben Halle untergebracht, tritt zwar sofort zur Bekämpfung des Feuers an und gibt erhöhten Alarm, aber die Halle ist nicht mehr zu retten. Die alarmierten Löschzüge können zudem nicht effektiv arbeiten, weil eine beträchtliche Anzahl von Personen aus dem Publikum, die zu Hilfsfeuerwehrmännern ausgebildet worden waren, Schläuche und Geräte von den Fahrzeugen reißen und zu löschen versuchen.

»Sie kümmern sich wenig um die Anordnungen der Feuerwehr, weil der Propagandaminister Goebbels die Absperrungs- und Sicherheitsmaßnahmen an sich gezogen hat.«[134]
Das Durcheinander auf der Einsatzstelle ist nicht nur ärgerlich, es gefährdet auch Personen, die aus dem von Flammen bedrohten Restaurant des Funkturms nicht mehr rechtzeitig evakuiert werden konnten. Die meisten Gäste hatten sich mit dem Fahrstuhl retten können, schließlich aber versagt er. Acht Personen stehen Todesangst aus. »Man hatte uns hier oben vergessen, die wir in einer riesigen Fackel von der Umwelt abgeschlossen waren... Schon brannte die hölzerne Täfelung des Restaurants. Nur eine Seite stand noch nicht in Flammen... Plötzlich standen wir alle an einem noch zugänglichen Fenster und schrien im Sprechchor durch die Nacht: 'Rettet uns! Rettet uns!'... Mein Nebenmann zupfte mich plötzlich am Ärmel. 'Sehen Sie', krächzte er, 'da unten – Feuerwehrmänner!' In der Stahlkonstruktion des Funkturms kletterten zwei Feuerwehrmänner mit Rauchmasken nach oben, die einen Schlauch hinter sich herschleppten... Würden es die beiden Männer schaffen? Ich schickte ein Stoßgebet zum Himmel.«[135] Sie schaffen es, das Feuer wird gelöscht. Damit ist eine Katastrophe vermieden worden, die – auf dem Funkturm, dem Berliner Wahrzeichen! – die Kompetenz der Feuerwehr stark in Frage gestellt hätte.

Am Vorabend der Eröffnung der Olympischen Spiele 1936 hat die Feuerlöschpolizei vor einer großen Menge Neugieriger ein Großfeuer zu bekämpfen: Das Kulissenhaus der Staatstheater in Berlin-Mitte brennt. Ministerpräsident Göring ist mit dem Polizeipräsidenten Graf Helldorf an der Brandstelle. Der Einsatzleiter der Feuerwehr gibt 18. Alarm, das heißt, er fordert 18 Löschzüge an. Schließlich gelingt es, das dritte Stockwerk des Gebäudes, das Gardinenhaus und den Westflügel vor den Flammen zu retten. Deutlich aber wird – und das vor zahlreichen ausländischen Zuschauern –, daß die Ausrüstung der Berliner Feuerlöschpolizei nicht mehr zeitgemäß ist. Wohl auch unter dem Gesichtspunkt der Vorbereitung auf die Gefahren eines Luftkrieges beschließt die Stadt, 2 Millionen Reichsmark für neue Fahrzeuge und Geräte bereitzustellen. Die Elektromobile und Dampfspritzen sollen endgültig ausgemustert werden. Ab 1937 beschafft die Feuerlöschpolizei 56 Kraftspritzen und 21 Kraftleitern der Firmen Daimler und Magirus. Eine Kraftspritze (KS 25) hat Platz für eine Löschgruppe auf zwei hinter der Fahrerbank liegenden Querbänken, Schubkästen für Geräte und eine Zumischanlage für Luftschaum. Auf dem Dach sind tragbare Leitern befestigt. Am Heck des Fahrzeugs befindet sich eine tragbare Schlauchhaspel (ein auf einem Kern aufgewickelter Schlauch, der mittels zweier Räder gerollt werden kann). Der Dieselmotor des Fahrzeuges (Leistung: 90-110 PS) treibt auch die Feuerlöschkreiselpumpe, die pro Minute 2.500 Liter Wasser liefern kann.

Zusätzlich zu diesen Fahrzeugen erhält die Feuerlöschpolizei vom Reichsluftfahrtministerium zahlreiche Fahrzeuge zugewiesen, die sie zunächst nur vorrätig zu halten und zu warten hat. Im »Bedarfsfall« sollen sie vom »Sicherheits- und Hilfsdienst« (SHD) eingesetzt werden.

Bis 1939 werden geliefert:
146 Motorspritzen mit je 2.500 Liter Förderleistung pro Minute
75 Motorspritzen mit je 1.500 l/min. Leistung
138 Motorspritzen mit je 800 l/min. Leistung
18 Tankspritzen mit je 2.500 Liter Fassungsvermögen
71 Schlauchwagen
6 Drehleitern
113 Personenwagen
143 Entgiftungswagen
168 Tragkraftspritzenanhänger.

Während sich die Feuerlöschpolizei im Einklang mit vielen anderen Organisationen und nicht zuletzt der Wehrmacht auf einen Krieg vorbereitet, ist die Front im Innern gegen politisch Andersdenkende und jüdische Mitbürger längst eröffnet. Zahlreiche Gesetze schränken die Lebensmöglichkeiten der Juden zunehmend ein.

Motorspritze und Mannschaft des Zugs 119 der 54. Bereitschaft des »Sicherheits- und Hilfsdienstes« (SHD)

Die »Reichskristallnacht«

Im November 1938 kommt es zu massiven Ausschreitungen gegen zahlreiche Synagogen, gegen Geschäfte und Wohnungen jüdischer Bürger. Was allgemein als spontane Aktion der deutschen Bevölkerung hingestellt wird, ist tatsächlich von der nationalsozialistischen Führung unter Einsatz vornehmlich von SA-Mannschaften und Mitgliedern der NSDAP sorgfältig vorbereitet worden. Beschämend für die Feuerlöschpolizei ist die Rolle, die ihr in der »Reichskristallnacht« zugedacht ist: Sie hat die in Brand gesteckten Synagogen nicht etwa zu löschen, sondern allenfalls sicherzustellen, daß nicht angrenzende Gebäude Schaden nehmen.

Der Anlaß, der den Ausbruch des »deutschen Volkszorns« nach außen hin legitimieren soll, ist das Attentat auf den Diplomaten Ernst vom Rath. Der erst siebzehnjährige Pole Herschel Grynszpan »hatte sich für das Leid seiner Familie rächen wollen, die wenige Tage zuvor von den Nazis aus Hannover an die polnische Grenze verschleppt worden war[136]. (...) Grynszpan war am 7. November in die Deutsche Botschaft in Paris eingedrungen und hatte Botschafter von Welczeck zu sprechen verlangt. Legationsrath vom Rath empfing ihn. Grynspan, der ihn wohl irrtümlich für den Botschafter hielt, schoß auf vom Rath und verletzte ihn schwer. Zwei Tage lang rang vom Rath mit dem Tode.«[137] Dann starb er.

Am 9.11.1938 schickt das Geheime Staatspolizeiamt (Gestapo) »an alle Stapo-Stellen und Stapoleitstellen« folgendes Fernschreiben:

»1. Es werden in kürzester Frist in ganz Deutschland Aktionen gegen Juden insbesondere gegen deren Synagogen stattfinden. Sie sind nicht zu stören. Jedoch ist im Benehmen mit der Ordnungspolizei sicherzustellen, daß Plünderungen und sonstige besondere Ausschreitungen unterbunden werden können. (...) 3. Es ist vorzubereiten die Festnahme von etwa 20-30.000 Juden im Reiche. Es sind auszuwählen vor allem vermögende Juden. Nähere Anordnungen ergehen noch im Laufe dieser Nacht. (...) Durch entsprechende Maßnahmen ist die Führung der Aktionen durch die Stapo auf jeden Fall sicherzustellen.«[138]

Jüdische Geschäfte mußten bereits seit einiger Zeit gekennzeichnet sein, insofern fällt es dem gewalttätigen Mob nicht schwer, geeignete Objekte zur Zerstörung zu finden. Zur besseren Vorbereitung der Aktionen werden aber auch entsprechende Unterlagen zur Verfügung gestellt: »Manchmal mußten kommunale Behörden, wie das Einwohnermeldeamt, oder halbstaatliche Dienststellen, wie Industrie- und Handelskammern, Verzeichnisse über jüdische Geschäfte oder Wohnungen den örtlichen Initiatoren des Pogroms zur Verfügung stellen, was diese bereitwillig taten oder sogar anboten. Eine andere häufige Form aktiver Beihilfe der staatlichen Funktionsträger bestand darin, die örtliche Feuerwehr an einer Löschung des Synagogenbrandes gehindert zu haben... Dementsprechend standen während des Brandes Feuerwehrmänner untätig herum oder bespritzten, eine Brandbekämpfung vortäuschend, nur die Grundmauern der brennenden Synagoge. Bei starkem Funkenflug oder auf den Protest der Anwohner hin besprühten sie die Nachbarhäuser, um sie vor dem Feuer zu schützen.«[139]

Zum Teil werden Feuerwehren vorab davon benachrichtigt, daß Synagogen brennen würden, zum Teil eilen sie nach einem Alarm zur Brandstelle und erfahren erst dort, daß sie nicht eingreifen sollen. In einigen Städten im »Reichsgebiet« muß die Feuerwehr sogar »Benzin aus ihren Beständen für die Inbrandsetzung der Synagogen hergeben. In einigen Fällen mußte sie die Brandstiftung sogar selbst durchführen.«[140]

Nur vereinzelt haben sich Bürgermeister oder Polizeiführer dagegen vewahrt, Synagogen in Brand setzen zu lassen – mit dem Hinweis darauf, daß angrenzende Gebäude dadurch in hohem Maße gefährdet seien. Wo gegen Brandstiftungen eingeschritten wird, ist in der Regel nicht bekannt, daß die Gestapo entsprechende Anweisungen erteilt hat. Von der Schöneberger

Feuerwache in der Feurigstraße beispielsweise rücken Löschzüge aus, um den Brand der Synagoge in der Babelsberger Straße zu löschen. Der spätere Brandoberamtsrat Rudolf Harder, 1938 siebzehn Jahre alt, wohnt damals bei seinem Vater, der als Heizer auf der Feuerwache arbeitet. Harder berichtet, SA-Männer hätten den löschenden Feuerwehrmännern die Schläuche durchschnitten, und es habe deshalb großen Ärger auf der Einsatzstelle gegeben: »Das kann eine Feuerwehr überhaupt nicht leiden, ein Schlauch ist ein 'Heiligtum' für jede Feuerwehr, und den Maßstab der Güte mißt man an der Güte des Schlauchmaterials.«[141] Die Kollegen hätten dann die Schläuche ausgewechselt und den Brand der Synagoge schließlich gelöscht. »Aber so gut wie zu Boden war sie.« Am Abend dann kommt es zu einer kuriosen Szene: Die SA-Abteilung, die die Feuerwehr am Löschen hindern wollte, spendiert ihr in deren Tagesraum Freibier von der nahegelegenen Brauerei.

Die Zerstörung der Synagoge in der Oranienburger Straße wird durch den Reviervorsteher des Polizeireviers am Hackeschen Markt verhindert. Der Grund dafür ist eine persönliche Begegnung: Der Reviervorsteher, Polizeiinspektor Wilhelm Krützfeld, läßt für seine Frau einen Mantel in dem Modegeschäft der jüdischen Familie Hirschberg fertigen. Der Polizeiinspektor bemerkt das Verdienstkreuz aus dem Ersten Weltkrieg, das Herr Hirschberg trägt, und die Männer finden heraus, daß sie in Frankreich im selben Frontabschnitt gekämpft hatten. Polizeiinspektor Krützfeld warnt nicht nur Hirschberg vor der am 10.11.1938 geplanten Verhaftung, er marschiert am 9.11. auch mit einem Polizeitrupp zur Synagoge in der Oranienburger Straße. Dort hat gerade ein Trupp SA-Männer das Gebäude in Brand gesetzt. Krützfeld weist die SA-Männer darauf hin, daß die Synagoge denkmalgeschützt ist, untersagt weiteres Feuerlegen und alarmiert die Feuerlöschpolizei, die das im Trausaal entstandene Feuer auch unverzüglich löscht.[142]

Eine Ausnahme. Überall in Deutschland werden jüdische Geschäfte und Wohnungen zerstört, die Polizei hält sich zurück, ist oft gar nicht vor Ort. »Die Polizeibeamten der einzelnen Reviere wurden zwar alarmiert, mußten aber auf den Wachen verbleiben, selbst wenn sie den Lärm der zu Bruch gehenden Schaufensterscheiben hören konnten... Dort, wo Polizeibeamte am Tatort anwesend waren, fiel sofort ihre Untätigkeit auf... Wurden die Beamten von 'Ariern' oder Juden auf die Ausschreitungen angesprochen, reagierten sie zum Teil resigniert. Sie zuckten die Achsel oder erklärten mit ärgerlichem Widerwillen in der Stimme: 'Wir passen hier nur auf die Feuerwehr auf.'«[143]

In Berlin brennt auch die Synagoge in der Fasanenstraße. Der dort beschäftigte Oberkantor Davidsohn wendet sich an die untätige Feuerlöschpolizei. »'Warum spritzen Sie nicht', ruft er dem Feuerwehrhauptmann zu, der mit seinen Leuten mit leeren Schläuchen dasteht. 'Was wollen Sie denn hier?' erwidert dieser. 'Sie werden hier nur totgeschlagen.' 'Ich war hier an dieser Synagoge 27 Jahre lang tätig.' 'Tut mir leid, aber ich kann Ihnen nicht helfen, wir sind nur hier, um die Nebenhäuser zu schützen.'... Dann werden die Tore des Gebetshauses eingeschlagen, die Orgel mit 78 klingenden Registern über die Brüstung geworfen... SA- und SS-Männer kommen mit Kanistern an und übergießen alles, was aus Holz ist, mit Benzin, so daß nun auch das Innere der Synagoge lichterloh brennt.«[144]

»In der Nacht vom 9. zum 10. November gingen die meisten der noch bestehenden 400 Synagogen in Flammen auf... Fast einhundert jüdische Menschen sind in dieser Nacht umgebracht worden, 30.000 wohlhabende Juden verschleppte man in die Konzentrationslager... 7.500 jüdische Geschäfte wurden während des Pogroms demoliert – viel mehr kann es damals auch nicht mehr gegeben haben.«[145]

Der ehemalige Oberbranddirektor Walther Gempp sitzt zu dieser Zeit im Zuchthaus. Seine Frau, Milly Gempp, hat berichtet, daß er mit großer Erregung auf die Nachricht von den Synagogenbränden reagierte. »Erst nach der 'Kristallnacht', als die Synagogen unter Aufsicht der Feuerwehr abbrannten, sah Gempp seinen

Brand der Synagoge in der Fasanenstraße 1938

schon in der Nacht des Reichstagsbrandes aufgekommenen Verdacht bestätigt, nämlich daß man seinerzeit nicht das Ablöschen, sondern das Abbrennen des Reichstages von ihm erwartet hatte.«[146]

1939 wird die Berliner Feuerlöschpolizei in Feuerschutzpolizei umbenannt. Sie untersteht nun dem Chef der Ordnungspolizei, dem General der SS Kurt Daluege und damit auch dem Reichsführer SS und Chef der deutschen Polizei, Heinrich Himmler.

Die Feuerschutzpolizei im Zweiten Weltkrieg

Mit Beginn des Krieges am 1.9.1939 werden die als Ergänzungskräfte für den Sicherheits- und Hilfsdienst (SHD) vorgesehenen Luftschutzdienstpflichtigen eingezogen und dem Feuerlösch-, dem Bergungs- und dem Entgiftungsdienst der Feuerschutzpolizei sowie anderen Diensten zugewiesen. In Berlin sind das etwa 7.000 Männer. In allen Einheiten läßt man erfahrene Feuerwehrbeamte mit Angehörigen der Freiwilligen Feuerwehren und den Dienstpflichtigen des SHD zusammenarbeiten; so sollen die »Neulinge« die fehlende Erfahrung rasch aufholen. Als auch viele Männer der Freiwilligen Feuerwehren zum Kriegsdienst eingezogen werden, greift man auf die Hitler-Jugend zurück, um die personellen Lücken wenigstens einigermaßen zu füllen. Schon 1939 werden die ersten Gruppen in einwöchigen Lehrgängen ausgebildet. Als »Feuerwehrscharen der Hitler-Jugend« sind sie bald an der Ablöschung von Feuern nach Fliegerangriffen beteiligt. 700.000 Hitler-Jungen durchlaufen die entsprechenden Kurse.[147]

Angehörige der Hitler-Jugend werden an einer Tragkraftspritze ausgebildet

Im ersten Kriegsjahr erlebt Berlin nur wenige Bombenangriffe, die verhältnismäßig geringen Schaden anrichten, doch die für den Luftschutz zuständigen Organisationen stellen sich auf härtere Angriffe ein. Bei Fliegeralarm geht mit der Durchgabe des Stichwortes »Luftgefahr 15« die Einsatzführung auf die Schutzpolizei über. Den Grenzen der Bezirke entsprechend hat man 22 »Abschnitte« geschaffen, deren Führungsstäbe bei »Luftgefahr 15« (voraussichtlich 15 Minuten bis zum Eintreffen der feindlichen Flugzeuge über dem Stadtgebiet) jeweils für ihren Abschnitt die Einsatzleitung übernehmen. Die Feuerschutzpolizei stellt für jeden dieser Stäbe einen Beamten als sogenannten »Fachführer«. Der Führungsstab eines Abschnitts nimmt die Schadensmeldungen entgegen und organisiert den Einsatz der verfügbaren Löscheinheiten. Kleinere Feuer in Wohnhäusern hat der Selbstschutz zu löschen, das heißt, die Hausbewohner und ihr Luftschutzwart setzen Kübelspritze, Wassereimer, Sand und Schaumlöschapparate ein. Einheiten der Feuerlösch- und Entgiftungszüge sollen nur dann beansprucht werden, wenn das Feuer nicht mit vor Ort vorhandenen Mitteln zu löschen ist. Zu melden sind solche Brände über die Telefonnummer 02 an die Nachrichtenzentrale.

Die Arbeitszeit bei der Feuerschutzpolizei wird drastisch erhöht. Die Mannschaften sind fast durchgängig auf ihren Wachen, innerhalb von 48 Stunden haben sie lediglich 12 Stunden Freizeit. Bei Fliegeralarm melden sich die Dienstfreien auf der nächstgelegenen Wache.

Kommandeur Wagner und Offiziere der Berliner Feuerschutzpolizei

1940 erfolgen weitere Angleichungen der Feuerwehr an Polizei und Militär. Im März erhalten die Angehörigen der Feuerschutzpolizei die grünen Polizeiuniformen, zur Unterscheidung dienen lediglich schwarze Stulpen und rote Paspelierung. Die bisher roten Feuerwehrfahrzeuge werden polizeigrün lackiert, erhalten Polizeisirenen und statt des Rotlichts das Blaulicht. Dienstgrade werden von der Polizei übernommen und entsprechen den militärischen. Der Oberbranddirektor wird nun als Generalmajor bezeichnet, die Branddirektoren sind Oberste, die Feuerwehrmänner Oberwachtmeister oder Meister. Im Zuge dieser Umorganisierung wird der größte Teil der Feuerschutzpolizei in den SHD integriert. SHD und Feuerschutzpolizei leisten nun gemeinsam den »Feuerlösch- und Entgiftungsdienst«.
Mit dem Feuerschutzpolizeiregiment »Sachsen« wird 1940 eine neue »Polizeitruppengattung« geschaffen, um an der Front bzw. deren Hinterland Großbrände zu löschen. Das Feuerschutzpolizeiregiment besteht größtenteils aus eingezogenen Angehörigen der Feuerschutzpolizei, der Freiwilligen Feuerwehren und der Polizeireserve. Insgesamt werden in den Kriegsjahren sechs Feuerschutzpolizeiregimenter gebildet. Im Feuerwehrregiment Nr. 3 »Ostpreußen« beispielsweise dienen ostpreußische Feuerwehrmänner, ältere Jahrgänge aus den Feuerwehrscharen der Hitler-Jugend und Männer der Freiwilligen Feuerwehren aus dem gesamten Reich. Beteiligt sind auch sogenannte »Volksdeutsche«, Deutschstämmige aus den baltischen Staaten, »die im Rahmen der gewaltigen Umsiedlungsaktionen dem Rufe unseres Führers Adolf Hitler zur Heimkehr in das deutsche Vaterland gefolgt waren.«[148]

Das Feuerschutzpolizeiregiment »Sachsen« ist zunächst nur für den Einsatz in Deutschland vorgesehen, rückt jedoch bald auch nach Holland und Frankreich aus. In der Regel hat es Brände zu löschen, die von abrückenden Truppen des Gegners entfacht worden waren oder die infolge von feindlichen Luftangriffen entstanden.

Die Zeitschrift »Deutscher Feuerschutz« veröffentlicht gern und ausführlich Artikel über die größeren Einsätze des Regiments. In diesen Artikeln geht es unter anderem um brennende Schiffe, aus denen Männer Granaten herausholen, oder um brennende unterirdische Tanklager an der Atlantikküste. »Unvergeßliche ruhmvolle Stationen heldenhaften Einsatzes für

Amtliche Zeitschrift für das gesamte Feuerlöschwesen

Deutscher Feuerschutz

5. Jahrgang / Nummer 14 — Berlin, 17. Juli 1941

Herausgegeben im Auftrage des Reichsführers SS und Chefs der Deutschen Polizei im Reichsministerium des Innern

„Selbstlos, pflichtbewußt und hart!"

General Daluege an das neue Feuerschutzpolizei-Regiment / Die kriegsmäßigen Leistungen der jüngsten Polizeitruppengattung

die Rettung von Mensch und Gut« beschreibt die Zeitschrift zum Beispiel, als ein Brennstofflager in einer kleinen französischen Stadt von der Ortsfeuerwehr nicht gelöscht werden kann, da diese »nicht mit genügender Sachkenntnis und Schneid dem Mineralölbrand zu Leibe« geht. »Da rasen die grünen Wagen mit Männern in graugrüner Uniform, mit dunklem Kragen und roten Spiegeln heran. Schnell haben sich die Offiziere orientiert und schon wird gehandelt. Es werden Schlauchleitungen verlegt, es wird Wasser gepumpt, und mit Kraftspritzen und Schaumlöschgeräten wird der Brand unter tapferstem Einsatz der Männer in einer halben Stunde gelöscht. Die Bevölkerung staunt und ist voll Bewunderung für die unerschrockenen Deutschen.«[149] Die Leser werden aufgerufen, sich freiwillig für ein Feuerschutzpolizeiregiment zu melden.

Feuerwehrregimenter werden auch in Polen, der Sowjetunion und in Rumänien eingesetzt, wo man eine verstärkte Angriffstätigkeit der Amerikaner und Engländer auf die kriegswichtige Erdölindustrie erwartet. 1943, als die Luftangriffe auf Berlin heftiger werden, beordert die Wehrmacht einige Abteilungen des Regiments »Ostpreußen« nach Berlin. Im Sommer 1943 erfolgt eine Umorganisierung der Regimenter in selbständige Feuerschutzpolizeiabteilungen.[150]

Der Flammenwerfer, die Erfindung des Leipziger Branddirektors Reddemann, ist »auch in diesem Kriege eine der wirksamsten Waffen des deutschen Heeres... Die aus der Feuerwehr hervorgegangene Waffe fährt im Zweiten Weltkrieg fort, in ihrer stolzen Geschichte ein Ruhmesblatt an das andere zu reihen.«[151] Daß Feuerwehrmänner auch Bedenken gegen den Einsatz dieser Waffe haben, läßt die einleitende Bemerkung eines Artikels in der Zeitschrift »Deutscher Feuerschutz« im Jahre 1939 vermuten: »Wenn der Zweck eines Flammenwerfers auch vollständig dem zuwider läuft, was wir Feuerwehrmänner mit unserer eigentlichen Tätigkeit erreichen wollen, so dürfte die nachstehende Schilderung des Entstehens des im Weltkrieg 1914/18 verwendeten Flammenwerfers doch nicht allzusehr über den Rahmen dieser Zeitschrift hinausgehen.«[152] Selbständige Flammenwerfertruppen gibt es im Zweiten Weltkrieg zunächst nicht, die Waffe wird von regulären Einheiten bei Stoßtruppunternehmen eingesetzt. Auch bei der Niederschlagung des Aufstandes im besetzten Warschau 1944 sind Flammenwerfer verwendet worden.

In den ersten Tagen des Aufstandes der polnischen Heimatarmee gegen die deutschen Besatzer werden zwei Bereitschaften der Feuerschutzpolizeiabteilung 7 aus Berlin-Köpenick mit ihren Fahrzeugen in einem Schnellkurs an Flammenwerfern ausgebildet. Aufständische wie Zivilisten sterben im Feuer – „Banditen braten" nennt man das im Wehrmachtsjargon. Einige Feuerwehrmänner müssen aus den Stoßtrupps genommen und zurück nach Deutschland gebracht werden. Sie stehen unter Schock.

Feuerlöschdienst im Bombenkrieg

Fast genau ein Jahr nach Kriegsbeginn erlebt Berlin den ersten schweren Luftangriff. Von September bis November 1940 fliegen die Bomber die Stadt bereits in jeder zweiten Nacht an. Wenn während der Löscharbeiten ein weiterer Angriff erfolgt, müssen die Einsatzkräfte zumindest für einige Zeit Schutz in den Luftschutzkellern suchen.

1941 setzt die englische Luftwaffe erstmals viermotorige Flugzeuge ein, die eine größere Last Bomben transportieren können. Die Angriffe erfolgen nun seltener, richten aber größeren Schaden an. Die Feuerschutzpolizei stellt weitere Fahrzeuge und Mannschaften in Dienst, sie reaktiviert Beamte, die sich schon im Ruhestand befinden. Während man früher mit Löschzügen operierte, wird nun die »Bereitschaft« zur taktischen Einheit. Sie besteht aus drei Löschzügen und einem Entgiftungszug (jeder Zug wiederum aus zwei Fahrzeugen) sowie einigen Versorgungswagen und Drehleitern.

Die allgemeine Materialknappheit macht sich auch beim Feuerlöschdienst bemerkbar. Daß es kaum noch Dienstkleidung gibt, ist zwar unangenehm, kann aber verschmerzt werden, etliche Männer fangen an, Pullover und Strümpfe zu stricken. Der Mangel an Treibstoff verursacht größere Probleme. Allgemeine Dienstfahrten dürfen nur noch mit öffentlichen Verkehrsmitteln oder mit dem Fahrrad erfolgen. Man baut sogar einzelne Fahrzeuge so um, daß sie durch Holzgas oder Braunkohlevergasung angetrieben werden. Mit Reifenkarten wird die Abnutzung der schwer ersetzbaren Reifen überwacht. Ende 1941 wird eine Anordnung erlassen, nach der Offiziere und Unterführer der Feuer-

Am Morgen nach einem Bombenangriff

schutzpolizei Handfeuerwaffen zu tragen haben. Die Ausbildung beginnt auf dem Schießplatz in der Jungfernheide.

1942 greifen die Bomberflotten der Alliierten Berlin neunmal an. Neue Angriffstaktiken werden an anderen Städten erprobt. Im Mai des Jahres werfen erstmals 1.000 Bomber ihre Last auf Köln. Berlin versucht sich auf ähnliche Angriffe einzustellen, unter anderem durch eine Staffelung der Löschkräfte im Umland. In einem 15 km großen »Gürtel« um Berlin werden Zonen eingerichtet, deren Freiwillige Feuerwehren sich nachts jeweils zur Hälfte alarmbereit halten müssen. Bei einem Bombenangriff sammeln sich die Züge an bestimmten Plätzen und fahren dann als Bereitschaft zu ihrer Einsatzleitstelle. Dort erfahren sie ihre Einsatzorte. Durch diese Maßnahme sind die Kräfte der Freiwilligen Feuerwehren schneller verfügbar.

Die Bombenangriffe im Jahr 1943 und die durch sie bewirkten Zerstörungen übersteigen alles bisher Gekannte. In der Nacht vom 30.5. zum 31.5.1943 fliegen englische Bomber einen Großangriff auf Wuppertal und setzen dabei Phosphorbrandbomben ein. Die Brände wachsen schnell zusammen und verursachen einen Feuersturm. Am 25.7.1943 beginnt eine Serie von Luftangriffen auf Hamburg: Neun Angriffe innerhalb von wenigen Nächten zerstören die Stadt in bis dahin unvorstellbarem Ausmaß. Die Feuerlöschkräfte haben nicht genügend Zeit, die Brände zu löschen, es entstehen Flächenbrände und in der Folge wiederum Feuerstürme.

Der damalige Generalinspekteur der Feuerschutzpolizei Hans Rumpf schildert die Wirkungen eines Feuersturms in Leipzig: »Die einzelnen Feuerherde schließen sich zusammen, die erhitzte Atmosphäre schießt wie in einem Riesenkamin nach oben, die längs des Erdbodens angesaugte und nachstürzende Frischluft erzeugt einen Orkan, der wiederum auf weithin die kleineren Brände anfacht und in seinen Bann zieht. Die Wirkung der heißen Luftsäule einer solchen Riesenfackel über einer brennenden Stadt wurde von den Fliegern bis in 4.000 Meter Höhe als stürmisch und unangenehm empfunden... An der Peripherie seines Wirkungsbereichs herrschen die Verhältnisse eines schweren Sturmes: Die Planen von Lastkraftwagen fliegen davon... Es kracht und splittert und prasselt auch von den vom Feuer noch verschonten Gebäuden und Straßenfronten herab, weil die auf 150 kg je qm berechnete Standfestigkeit der Gebäudeteile nicht mehr standhält, ein Zeichen, daß eine Sturmstärke von 120 km/Std. überschritten ist... Weiter drinnen ist der Aufenthalt außerhalb schützender Gebäude nur mit Lebensgefahr möglich. Starke Bäume brechen mit splitterndem Stamm zur Erde, jüngere werden wie Gerten an den Boden gepreßt... Ich erlebe es, wie Feuerwehrmänner bei dem Versuch, sich aufzurichten, zu Boden geworfen und davongewirbelt werden, bis sie mit gebrochenen Gliedern irgendwo im Windschatten liegen bleiben. Wir haben empfindliche Verluste, auch Tote... Der Maschinist eines Löschfahrzeuges wird vor meinen Augen ausgehoben und über das hohe Fahrzeug hinweg auf das Pflaster geschleudert; er stirbt mit Schädelbruch noch in derselben Nacht.«[153]

Auch in Berlin herrscht Angst vor Feuerstürmen. Die Stadtverwaltung fordert alle, die nicht für kriegswichtige Produktionen gebraucht oder in anderen wichtigen Funktionen tätig sind, auf, Berlin zu verlassen. Das tun über eine Million Menschen. Im Herbst 1943 erlebt Berlin wieder eine Serie von Großangriffen – fast jede Nacht steigert sich die Zahl der Bomber und damit auch der Bombenlast. »Schwarzmachen« lautet jetzt die Parole, das bedeutet, daß alles daran gesetzt wird, bis zur nächsten Nacht, bis zum nächsten Angriff die Brände für den Gegner zumindest unsichtbar zu machen. Um alle Kräfte sofort zur Verfügung zu haben, läßt man die Bereitschaften aus dem Umland nun nicht mehr am Stadtrand warten, sie werden im Stadtgebiet stationiert.

Seit dem Frühjahr 1943 hat die gesamte Polizei, und als Teil von ihr auch die Feuerschutzpolizei, Übungen zur Ausbildung als Infanterie abzuleisten. Die Mannschaften lernen das Schießen mit Karabinern und üben die klassischen Angriffs- und Verteidigungsaktionen der Infanterie. Alle Angehörigen der Feuerschutzpolizei

sind seit dem Sommer verpflichtet, Handfeuerwaffen zu tragen. Diese Entwicklung hin zu einer militärischen Organisation sieht der Kommandeur der Feuerschutzpolizei mit Sorge. Generalmajor Wagner äußert in internen Gesprächen, daß er die Bewaffnung und den eventuellen Einsatz der Feuerwehr als Infanterie für nicht vertretbar hält. Am 1.11.1943 wird Wagner beurlaubt und zum Jahresende nach 36-jähriger Dienstzeit, im Alter von 63 Jahren, in den Ruhestand versetzt. Der Generalmajor der Polizei, Dipl. Ing. Walter Goldbach aus dem Reichsministerium des Inneren, wird zu seinem Nachfolger ernannt.

Im November 1943 wird Berlin mehrmals von starken Bomberverbänden angegriffen. Sprengbomben zerstören die Dächer, die nachfolgenden Brandbomben schlagen in die offenen Dachböden und lassen in kürzester Zeit Häuser in Flammen aufgehen. Sprengbomben mit Langzeitzünder detonieren, während Mannschaften löschen. Die Fahrzeuge der Feuerschutzpolizei kommen wegen der Trümmer und Bombenkrater auf den Straßen schlecht voran und werden immer wieder zu Umwegen gezwungen.

Zu Beginn der Luftangriffe konnten die verfügbaren Einheiten noch gezielt eingesetzt werden. Es galt zwar, vorrangig die sogenannten »kriegswichtigen« Objekte zu löschen, es gelang aber auch, »zivile« Objekte vor der Zerstörung zu retten. Ende 1943 wird die Unterscheidung in »kriegswichtig« und »zivil« fast sinnlos. Straßenzüge brennen, es besteht die Gefahr, daß ganze Stadtteile zum Flammenmeer werden. Die Bereitschaften des Feuerlösch- und Entgiftungsdienstes versuchen, zusammenhängende Abwehrfronten zu bilden, um so die weitere Ausbreitung des Feuers zu verhindern und es durch massive Vorstöße zu

Schießausbildung einer Einheit des Sicherheits- und Hilfsdienstes auf der Feuerwache Urban

Deutscher Feuerschutz

Amtliche Zeitschrift für das gesamte Feuerlöschwesen

Herausgegeben des Reichsführers ϟϟ und im Auftrage Chefs der deutschen Polizei

8. Jahrgang / Nummer 8

Berlin, den 20. April 1944

Der Führer

Aus besonders stürmischen Zeitläuften heraus richten sich in diesen Tagen wieder unsere Blicke auf den Führer. Es gibt nun, in diesem weit vorgeschrittenen fünften Kriegsjahr, wohl keinen mehr in unserem Volk, der nicht teilhätte an den großen körperlichen Anspannungen und Entbehrungen, der nicht unmittelbar oder mittelbar auch an dem Leid des Krieges mittrüge. Kaum je sind an die leiblichen und seelischen Kräfte des Volkes und des einzelnen Deutschen so hohe Anforderungen gestellt worden wie in diesen letzten Monaten. Der Begriff des totalen Krieges hat sich jedem von uns in seinem ganzen Ernst aufgetan.

Aber der Geburtstag des Führers ist für uns alle doch auf ganz bestimmte Weise ein festlicher Tag geblieben. Nicht daß wir daheim auch nur für Stunden die Arbeit hinlegten, um uns in großen Feiern zu vereinigen, noch weniger daß wir, draußen oder drinnen, an solchem Tage vor dem ernsten Anrufe der Zeit geschützt wären, gewiß nicht. Gerade darum aber und gerade unter der Last unserer Kriegserlebnisse klingt im Innern eines jeden von uns, wenn wir des Geburtstages gedenken, um so heller die Stimme eines Vertrauens auf, das — wir stellen nur eine Tatsache fest — schon viele „Berge" versetzt hat und deren noch mehr versetzen wird. Man tut nicht zuviel, wenn man von einem Wunder spricht, das sich in unserem sonst so zweifelsüchtigen Volke begeben hat, — in diesem Volk der Deutschen, deren großer Vorzug die Fähigkeit zum selbständigen Denken und Fühlen ist und denen doch ihr leidenschaftlicher Hang, eine gewonnene Erkenntnis gegen jede andere, auch die des Freundes oder Bruders, trotzig durchzusetzen und zu verteidigen, ihnen so oft im Laufe der Geschichte zum Verhängnis wurde. In dem Vertrauen zu seinem Führer ist dieses ganze deutsche Volk in allen seinen Stämmen und Schichten zum erstenmal wahrhaftig einig, und eben im Gedenken dieses Geburtstages wird es sich dieser Einigkeit auch voll bewußt.

Wunder lassen sich deuten, aber nicht zergliedern oder enträtseln. Es ist auch in diesem Falle nichts erklärt, wenn wir uns sagen, daß hier das Genie einer säkularen Persönlichkeit ein ganzes Volk zur Gefolg-

85

teilen. Die Wasserversorgung reicht allerdings für solche Einsätze oft nicht aus. Um eine Bresche in die Flammenfront zu schlagen, werden brennende Häuser nicht mehr gelöscht, sondern gesprengt. Die Explosion läßt das brennende Gebäude in sich zusammenfallen, das Feuer wird durch die Trümmer und den Explosionsdruck erstickt.

Am 22.11.1943 greifen über 600 Bomber Berlin an. Die Feuerwache Moabit in der Turmstraße wird vollständig zerstört, 8 Männer verlieren dabei ihr Leben. Als in der nächsten Nacht wiederum mehrere hundert Bomber Berlin anfliegen, weist der Feuerschein ihnen schon von weitem den Weg – diesmal war es nicht gelungen, die Stadt rechtzeitig »schwarz zu machen«. Über 1.300 Tonnen Bomben werden über Berlin abgeworfen. Drei Nächte später folgt die nächste Bombardierung. Bei diesen Angriffen innerhalb weniger Tage kommen etwa 1.500 Personen um, 13.000 werden verletzt, 2.500 verschüttet. Die obdachlos Gewordenen zählt niemand mehr.

Die durch das Ausmaß der Zerstörungen überlastete Feuerschutzpolizei wird durch die Einziehung wehrfähiger Männer an die Front weiter geschwächt. Jugendliche der Feuerwehrscharen der Hitler-Jugend und pensionierte Feuerwehrleute können sie nicht gleichwertig ersetzen. Um die entstandenen Lücken zu schließen, werden nun auch Frauen beschäftigt, vor allem im Nachrichtenwesen und in der Versorgung der Bereitschaften, vereinzelt aber auch im Löschdienst. »Da kein Zweifel darüber besteht, daß die Kriegsentscheidung an der Front fällt, muß die Heimat mit dem verbleibenden Menschenmaterial auskommen... Was im einzelnen Fall an Zahl fehlt, kann oft durch Einsatzbereitschaft, Dienstfreudigkeit und Können ersetzt werden.«[154]

1944 will Heinrich Himmler, der »Reichsführer SS« und Chef der deutschen Polizei, SS und Polizei miteinander verschmelzen. Die schon beschlossene Maßnahme wird wieder rückgängig gemacht, das Oberkommando der Wehrmacht verfügt jedoch, daß die uniformierten Angehörigen der Polizei den Status von Kriegsteilnehmern erhalten. Das heißt, daß die Polizei – und als Teil von ihr die Feuerschutzpolizei – damit rechnen muß, militärisch eingesetzt zu werden.

Zunächst werden die Reihen der Feuerschutzpolizei und des SHD langsam ausgedünnt. »Um die Jahreswende mußte ein Flammenwerfer-Bataillon aus 5 Kompanien zu je 125 Mann aufgestellt und ausgebildet werden, das nach der Einschließung bis zuletzt an der Nordfront der Stadtverteidigung mitgekämpft hat. Ende Januar mußten 45 Schlauchwagen mit Besatzung abgegeben werden, um ortsfeste Flakgeschütze für die Oderfront beweglich zu machen und dann dort dem Munitionstransport zu dienen.«[155]

Im November 1944 erlebt Berlin schwere Angriffe, deren Wirkung nur deswegen nicht so verheerend ist wie im Jahr zuvor, weil große Teile der Stadt schon zerstört sind: Bomben auf Ruinen schichten nur die Trümmer um. Aber am 3. Februar 1945 trifft Berlin der wohl schlimmste Bombenangriff des gesamten Krieges. Rund 1.000 amerikanische Flugzeuge werfen die Last von 2.200 Tonnen Bomben vor allem auf die südliche Innenstadt. 20.000 bis 25.000 Tote, so schätzt man, hat allein dieser Angriff gefordert. Übertroffen wird dieses Bombardement nur von dem auf Dresden im gleichen Monat: Die von Flüchtlingen überfüllte Stadt wird fast vollständig vernichtet, über 30.000 Menschen kommen um.

Am 19. April 1945 nimmt russische Artillerie Berlin unter Beschuß. Die militärische Niederlage Hitler-Deutschlands ist nur noch eine Frage von Tagen, aber die Reichskanzlei verkündet Durchhalteparolen. »Auf Befehl des Polizeipräsidenten mußten alle Feuerwachen und Stützpunkte des Feuerlöschdienstes zur Verteidigung eingerichtet werden. Obwohl ohne Waffen, wurden sie in das Verteidigungssystem des Straßen- und Häuserkampfes einbezogen. Schließlich erhielten sie noch eine Anzahl alter Beutegewehre mit je 5 Schuß Munition. Auch waren jetzt laufend Arbeitskommandos zu stellen, um Verteidigungsanlagen zu errichten oder durch Fällen von Bäumen im Tiergarten eine Startbahn für Flugzeuge zu schaffen.«[156]

Die Führung der Feuerschutzpolizei plant, vor dem Schließen des Belagerungsringes um die Stadt einen Teil der Mannschaften und Fahrzeuge nach Westen auszulagern, um sie andernorts einsetzen zu können. Teile der Gruppen Nord und Ost erhalten am 22.4.1945 von Generalmajor Goldbach den Befehl, nach Nauen abzurücken, wo sie weitere Marschbefehle Richtung Schleswig-Holstein erhalten. »Hunderte von Feuerlöschfahrzeugen der Werk- und der Militärfeuerwehren haben am selben Tage über das zum Nadelöhr gewordene Nauen Berlin verlassen, was zu weiteren Gerüchten in der Stadt... führt. Andere Einheiten des FE-Dienstes wollen ebenfalls nach Westen und beginnen, sich auch ohne Befehl abzusetzen.«[157] Etwa hundert Fahrzeuge gelangen nach Schleswig-Holstein, andere werden an einer Sperre der Wehrmacht beschossen und müssen umkehren.

Das Abrücken eines Teils der Feuerwehr wird Goldbach zum Verhängnis. Ein Standgericht unter Vorsitz des damaligen Polizeipräsidenten verurteilt ihn wegen defaitistischer Haltung zum Tode. Am 26.4.1945 erscheint auf der Hauptfeuerwache ein Polizeikommando und eröffnet Goldbach Anklage und Urteil; angeblich ist er von dem Kommando aufgefordert worden, sich zu erschießen. Es fällt ein Schuß, das Kommando schleppt den am Kopf verletzten Goldbach in sein Fahrzeug. Im Gebäude des Polizeigruppenkommandos am Kaiserdamm wird Goldbach erschossen.

Die sowjetische Armee erobert Berlin. Viele Stadtviertel und Straßen sind hart umkämpft, andere fallen fast kampflos. In der Schöneberger Feuerwache haben sich Mannschaften von zahlreichen anderen Wachen versammelt, ihre Fahrzeuge stehen in den umliegenden Straßen. Die Männer hatten gehofft, nach Westen abrücken zu können, und sitzen nun dichtgedrängt, zum Teil mit ihren Frauen, im Keller. Als die Rote Armee das Gelände der Feuerwache besetzt, geht einer mit einer weißen Fahne auf den Hof. Daraufhin lassen die russischen Soldaten alle Männer antreten und führen sie in Gefangenschaft. Einem einzigen, Rudolf Harder, gelingt es, unbemerkt in ein Fahrzeug zu springen und sich im Fußraum zu verstecken.

Während sich die Besatzungen mehrerer Feuerwachen den anrückenden Soldaten ergeben, kämpfen andere bis zum Schluß gegen den übermächtigen Gegner. Vier Tage lang verteidigen sich die Hauptwache und die Wache Hafenplatz. Die Wache Wittenau wird von ihrer Besatzung selbst in Brand gesteckt. Berlin kapituliert am 2. Mai 1945. Ein nicht geringer Teil der Männer des Feuerlösch- und Entgiftungsdienstes ist noch in den letzten Tagen ums Leben gekommen, viele werden gefangengenommen, ein Großteil der Fahrzeuge ist zerstört oder wird von der sowjetischen Armee beschlagnahmt und in Richtung Osten abgezogen.

Wiederaufbau und Spaltung

Schon in den ersten Tagen nach Kriegsende sammeln sich auf den Feuerwachen Männer, die der Gefangennahme durch die sowjetische Armee entgangen sind. Es gibt kein Wasser, keinen Strom, kein Gas, kein Heizmaterial, die fahrbereiten Fahrzeuge werden zum großen Teil von der sowjetischen Besatzungsmacht beschlagnahmt. Viele Wachen sind durch Kriegseinwirkung beschädigt. Die Männer beginnen, ihre Wachen notdürftig herzurichten und suchen nach Fahrzeugen und Löschgeräten, die sich reparieren lassen.

Rudolf Harder, eigentlich kein Feuerwehrmann, aber bei seinem Vater auf der Schöneberger Feuerwache in der Feurigstraße wohnhaft, hat sich als einziger der Gefangennahme der auf der Feuerwache versammelten Männer entziehen können. In den Tagen nach dem 27.4.1945 finden sich noch sechs Männer auf der Feuerwache ein. Harders Schilderung der ersten Wochen ist typisch für die Situation, wie sie insgesamt bestand:

»Ein Kollege sagte, am Bahnhof Kolonnenstraße steht eine alte angebrannte Drehleiter, wollen wir uns die doch mal ansehen. Da sind wir sieben Mann hin, haben sie geschoben, bis zur Kolonnenbrücke, von da an ging's bergab die Feurigstraße runter, die Bremse funktionierte auch, so ging's bis auf den Hof. Dieses Fahrzeug haben wir dann in Ordnung gebracht, unter Schwierigkeiten. Im Tank war drin eine Schippe Sand, eine Eierhandgranate und eine verbogene Suppenkelle. Ich mußte den Tank ausbauen, saubermachen und wieder einbauen, jeder hat eine Aufgabe gehabt, und so kriegten wir sie wieder in Gang. Mit der Handkurbel starteten wir sie, die Batterie war leer. Ein Kollege ging gleich in die Schmiede und hat eine Anhängerkupplung geschmiedet, ein Tragkraftspritzenanhänger kam hinten dran, so daß wir im Mai schon mit dem Fahrzeug

Handkarren mit Löschgeräten im Mai 1945

durch Schöneberg fuhren und löschen konnten. Die Männer, die aus Zufall hierherkamen – ich habe mich dazugesellt als Mitbewohner von einer der Dienstwohnungen –, denen haben wir gesagt, wir müssen was machen! Wir wollen ja wieder Arbeit haben, und Lebensmittelkarten gibt es dann ja auch! Lebensmittelkarten Klasse II kriegte die Feuerwehr zu der Zeit. Und es hat keiner gesagt, ihr müßt – wir haben ganz alleine angefangen. Es gab kein Geld, es gab nichts, aber wir haben Feuerwehr gemacht.

Und jeder, der neu dazukam – am Anfang kam ja kaum einer –, dem haben wir gesagt, komm her, morgen früh bist du wieder hier, und dann machen wir durch. Wir waren ja Tag und Nacht hier, abwechselnd, weil wir ja Angst hatten, daß einer hier einbricht und uns das Auto klaut. Einmal war es schon weg gewesen, es war schon bis zur Kolonnenbrücke hochgefahren, ein Russe hatte es mit einem LKW abgeschleppt, und ich bin in Strümpfen hinterhergerannt und habe es zum Halten gekriegt – die wollten uns unsere Drehleiter mopsen!«[158]

Etwa hundert Männer sammeln sich so auf den Berliner Feuerwachen. In der ersten Zeit gehen die Männer in Zivil zur Brandbekämpfung. Fahrzeuge sind rar, oft sind die einzigen Löschgeräte Eimer, Kannen und Luftschutzhandspritzen, die mit einem Handkarren transportiert werden. Weiße Armbinden, auf denen das Wort »Feuerwehr« auf deutsch und russisch steht, sind die einzige Kennzeichnung.

Ende Mai 1945 wird festgelegt, daß die Feuerwehr als städtischer Betrieb neu einzurichten sei. Damit bekommt sie wieder den Status einer kommunalen Einrichtung, den sie in ihrer langen Geschichte immer angestrebt, aber nur für ein paar Jahre in der Weimarer Republik erreicht hatte. Feuerwehrmänner sollen nun nicht mehr Beamte, sondern städtische Angestellte sein.

Der frühere Brandmeister und Ortsverbandsvorsitzende des Verbandes Deutscher Berufsfeuerwehrmänner, Karl Feierabend, hatte seit seiner Entlassung durch die Nationalsozialisten im Lebensmittelgeschäft seiner Frau gearbeitet. »In dieser Zeit versorgte Feierabend mehrere in der Illegalität arbeitende Kommunisten und Sozialdemokraten sowie Fremdarbeiter im Gaswerk Dimitroffstraße mit Lebensmitteln und Geld und mußte dabei z.T. über Deckadressen vorgehen.«[159]

Am 24.5.1945 wird Feierabend vom neugebildeten Magistrat kommissarisch mit dem Aufbau und der Leitung des Zentralamtes der Feuerwehr sowie der Wiederherstellung der Wasserversorgung beauftragt und zum Branddirektor ernannt, mit der endgültigen Ernennung Ende 1945 wird er Oberbranddirektor. Er beginnt selbstbewußt seine neue Tätigkeit und beantragt schon am 28.5.1945 über den Magistrat die Entlassung der sich in russischer Kriegsgefangenschaft befindenden »jüngeren antifaschistischen befähigten Feuerwehrbeamten«.[160] Feierabend bittet, darauf hinzuwirken, daß acht von der sowjetischen Armee besetzte Feuerwachen geräumt werden. Wichtig ist ihm, daß seine Mannschaften umgehend mit Uniformen ausgestattet werden – auch aus »ehemaligen Heeresbeständen oder solchen der Polizei«. »Diese müßten dann dunkelblau gefärbt werden.«[161]

Feierabend gliedert die Feuerwehr wieder in fünf Abteilungen. Alle Bezirke erhalten Brandschutzämter, die auf Feuerwachen untergebracht sind. Von den 38 bei Kriegsausbruch bestehenden Wachen der Berufsfeuerwehr sind bei Kriegsende sechs unbenutzbar, von den 51 Wachen der Freiwilligen Feuerwehr sind drei total zerstört, nur zwölf sind unbeschädigt.

Anfang Juli 1945 hat die Berliner Feuerwehr folgende Struktur:

Zentralamt Keibelstr. 26-28	Gesamtleitung Komm. Branddirektor Feierabend
Inspektion Keibelstr. 26-28	Vertretung d. Branddirektors Inspektor Wokoeck
Abteilung I Keibelstr. 26-28	Personal, Organisation, Statistik Oberbrandingenieur Klein Personalleiter Gehlmann

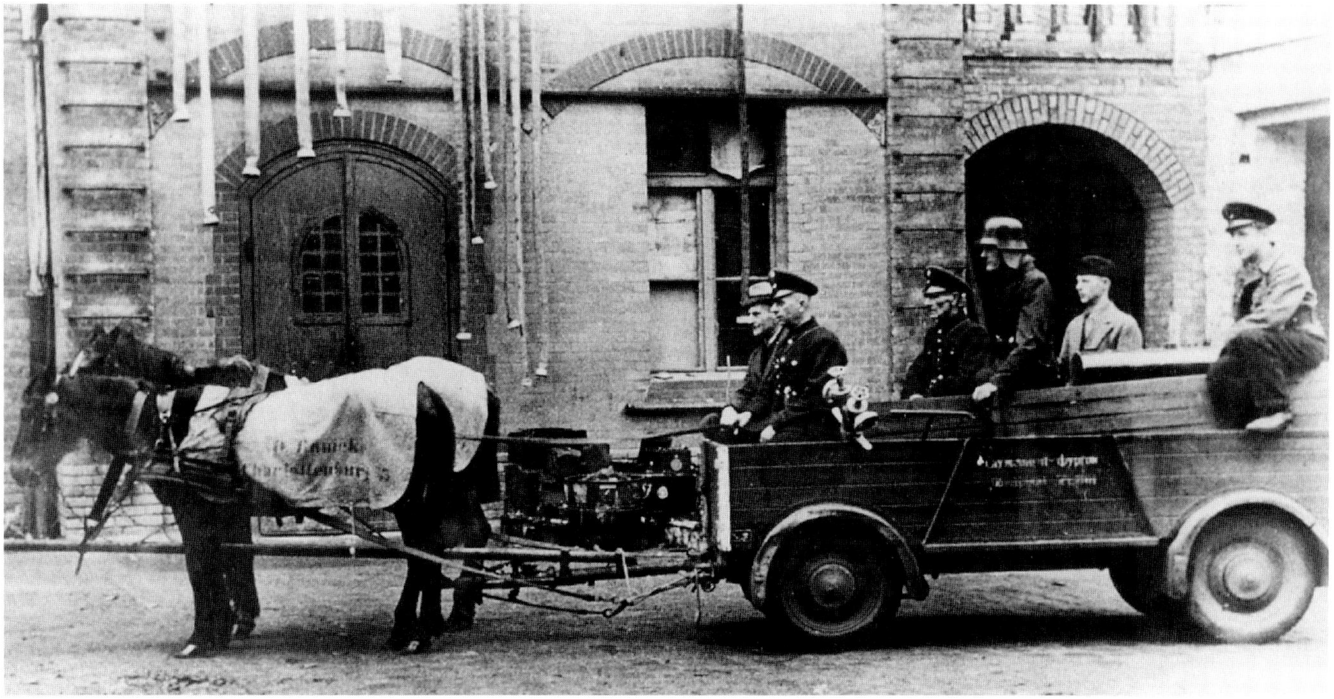

Pferdebespannter Feuerwehrkarren, 1945

Abteilung II Keibelstr. 26-28	Vorbeugender Brandschutz und Bauvorhaben Oberbrandingenieur Meister
Abteilung III Jagowstr. 31-34	Kraftfahrwesen, Wasserversorgung, Sonderlöschwesen Oberbrandingenieur Marks
Abteilung IV Feurigstr. 59	Nachrichtenwesen Verwaltungsangestellter Engel
Abteilung V Keibelstr. 26-28	Verwaltung und Zentralbekleidungskammer Verwaltungsangestellter Raebiger

Wie in diesen ersten Wochen nach dem Krieg gelöscht wird, veranschaulicht Karl Feierabend aus der Erinnerung: »Das erste Feuer war ein Kellerbrand. Telefonische Verbindung gab es damals noch gar nicht. Verstärkung war nicht zu bekommen. Und so waren wir nur fünf Feuerwehrleute. Einige beherzte Männer konnten wir noch gewinnen, und ein Löschtrupp von 20 Mann Stärke war bald zusammen. Mit Luftschutzhandspritzen gingen wir dem Feuer zu Leibe. Auf einer Länge von 50 Meter und einer Breite von 10 Meter wogte ein wildes Flammenmeer. Ein Sprengwagen der Straßenreinigung war unser ganzer Stolz. Hydranten gab es nicht, und so mußten wir aus diesem Wagen das Wasser nehmen. Es kam natürlich ohne jeden Druck, und das Löschen war eine schwere Plackerei. Trotzdem aber haben wir es geschafft. Die wertvollen Wohnräume, an denen wir weiß Gott heute nicht reich sind, blieben erhalten.«[162]

Gesucht, besonders in den Unterkünften der früheren Luftschutzkräfte, wird nach brauchbaren Schläuchen und reparierbaren Geräten und Fahrzeugen. Tatsächlich finden sich einige, die aufgrund einer Beschädigung nicht von den Russen abtransportiert worden sind. Die Werkstatt der Technischen Abteilung in der Jagowstraße hat Krieg und Demontagen relativ gut überstanden, die Gebäude und Werkzeugmaschinen sind zum größten Teil erhalten geblieben. Die beschädigten Fahrzeuge können hier repariert werden. Mitunter schleppt man auch anscheinend herrenlos herumstehende Fahrzeuge in die Werkstätten, um sie für Feuerwehrzwecke umzubauen oder auszuschlachten.

Kraftstoff ist weiterhin knapp. Einige Wachen verfügen über geringe Reserven; wenn Benzin zugeteilt wird, holen es Feuerwehrleute mit Fahrrädern ab. Die Zuteilungen reichen bei weitem nicht aus, und so besinnt man sich auf die bewährten Pferdefuhrwerke und kutschiert Mannschaften und Tragkraftspritzen zum Einsatzort. Im Vergleich zum Handkarren, den man selber ziehen muß, immerhin ein Fortschritt. Außerdem gelingt es, zwei Elektrofahrzeuge aus alter Zeit wieder fahrbereit zu machen. Reifen fehlen, aber Schläuche gibt es überraschenderweise genügend.

Eingestellt werden nur noch Männer, die nicht Mitglieder der NSDAP oder anderer nazistischer Organisationen waren. Ab und zu kommt es noch vor, daß ein Feuerwehrmann »aus Versehen« den »Deutschen Gruß« benutzt – Feierabend, so wird überliefert, habe darauf sehr heftig reagiert. Frühere Feuerwehroffiziere haben auch dann keine große Chance auf Wiedereinstellung, wenn sie nicht in der NSDAP gewesen sind. So muß beispielsweise der frühere Hauptmann der Feuerschutzpolizei, Heinz Hoene, später Landesbranddirektor, mehrere Jahre in einem anderen Beruf tätig sein, bis er wieder von der Feuerwehr eingestellt werden kann. Diejenigen, die im Dritten Reich als NSDAP-Mitglieder in führenden Positionen für die Feuerschutzpolizei tätig waren, haben Schlimmeres zu befürchten. Sie werden verhaftet und haben Gerichtsprozesse zu erwarten. Der frühere Oberbranddirektor – korrekter: Generalmajor der Feuerschutzpolizei und Kommandeur – Wagner wird in einer Laubenkolonie verhaftet. 1946 stirbt er in sowjetischer Haft in Sachsenhausen.

Zwar beschäftigt die Feuerwehr im Juni 1945 schon wieder 420 Personen (die von der sowjetischen Besatzungsmacht festgelegte Zahl), dazu kommen fünf Freiwillige Feuerwehren mit zusammen 75 Personen – für Berlin jedoch reicht das nicht aus. Die Stadt liegt in Trümmern. An vielen Stellen ist die Kanalisation, das Wasserrohrnetz zerstört. Hydranten und Brunnen müssen erst in mühsamer Arbeit, ohne ausreichende technische Hilfsmittel, freigelegt werden. Wenn Ruinen ausgebrannter Häuser gesprengt werden, kommt es vor, daß das Wassernetz weiter beschädigt wird. Ein paar hundert Männer, psychisch und physisch erschöpft durch die immensen Belastungen der Kriegszeit, schaffen unter schwierigsten Bedingungen die Voraussetzungen, daß überhaupt gelöscht werden kann.

Angesichts der harten Arbeit und langen Dienstschichten ist auch die Lebensmittelration für »allgemeine Arbeitskräfte«, die die Feuerwehrmänner auf ihre Lebensmittelkarte II erhalten, nicht ausreichend. Der Oberbranddirektor genehmigt daher den Anbau von Kartoffeln und Gemüse auf allen verwendbaren Flächen der Wachgrundstücke. Für die Düngung werden Pferdeäpfel gesammelt.

Am 2.7.1945 beginnt der Einzug der westlichen Besatzungstruppen, Berlin wird in vier Sektoren geteilt. Langsam verbessert sich das telefonische und telegrafische Nachrichtensystem: Ende August verfügt die Berliner Feuerwehr über die stolze Zahl von 29 Fernsprechhauptanschlüssen. Mit dem Wiederbezug der alten Hauptwache können immerhin die Dienststellen der dort untergebrachten Abteilungen telefonisch miteinander verbunden werden.

Im Herbst 1945 verbessert sich die Ausstattung der Feuerwehr wesentlich. Etliche liegengebliebene Fahrzeuge werden aus dem Umland nach Berlin gebracht, außerdem sind die Besatzungen mit ihren Fahrzeugen zurückgekehrt, die kurz vor der Einschließung Berlins nach Schleswig-Holstein abgerückt waren. Die Kommandantur des britischen Sektors ordnet allerdings an, daß diese Fahrzeuge im eigenen Sektor stationiert werden. Immerhin dürfen die Fahrzeuge auch zu Bränden außerhalb des britischen Sektors ausrücken. Im Dezember 1945 sind bereits 28 Berufsfeuerwachen in Betrieb. Dazu kommen Dutzende von Freiwiligen Feuerwehren, die sich überall dort gründen, wo Industrie- und Wohngebiete zu weit entfernt von der nächsten Feuerwache liegen. Insgesamt 128 Fahrzeuge sind wieder einsetzbar, sie erhalten die rote Lackierung und die Aufschrift »Feuerwehr Berlin«. Motorhaube und vordere

Kotflügel müssen allerdings auf Anordnung der Alliierten gelb gestrichen werden, um sie von allen Zivil- und Militärfahrzeugen der Besatzungsmächte zu unterscheiden.

Daß trotz dieser enormen Aufbauleistung der Feuerwehr noch vieles im argen liegt, beweist ein Großbrand am 8. Februar 1947 in der Gaststätte Loebel. Mehrere Faktoren lassen ihn zur Katastrophe werden: Die brandtechnisch völlig mangelhafte Einrichtung der Gaststätte, die noch anfällige Ausrüstung der Feuerwehr, das nach dem verheerenden Krieg noch nicht wieder hergestellte Straßennetz und das kopflose Verhalten vieler Gäste.

In der Gaststätte Loebel in Berlin-Hakenfelde findet ein Kostümfest statt. Man feiert Fasching, und das inzwischen schon gute Verhältnis zur britischen Besatzungsmacht zeigt sich auch darin, daß etliche Gäste englische Soldaten sind. Es ist sehr kalt in diesem Februar, die Temperatur liegt bei minus 25 Grad, und die Kanonenöfen der Gaststätte müssen stark geheizt werden. Trotzdem sind die 750 Gäste guter Stimmung. Das Haus ist eingeschossig, im wesentlichen aus Holz gebaut, und auch die Wände und die Decken sind mit Holz verkleidet.

Gegen 22 Uhr 45 erlischt plötzlich das Licht, und Feuer bricht aus. Die Menschen drängen schnell ins Freie. Neben dem Hauptausgang liegt die Garderobe, und viele Gäste versuchen noch, ihre Mäntel mitzunehmen. Einige, die schon durch die Notausgänge hinausgelangt sind, versuchen, durch den Haupteingang wieder hereinzukommen, um die Mäntel zu holen. Als die Decke einstürzt, begräbt sie eine große Anzahl von Besuchern unter sich.

Brand in der Gaststätte Loebel in Hakenfelde am 8. Februar 1947

Bis die Feuerwehr auf der Brandstelle eintrifft, vergeht wertvolle Zeit – zu viel Zeit. Man versucht, die Feuerwehr telefonisch zu alarmieren, aber die früher in ganz Berlin geltende Notrufnummer ist noch nicht wieder in Betrieb, also muß die Nummer aus dem Telefonbuch herausgesucht werden. Der eintreffende Löschzug ist mit seinen beiden Fahrzeugen dem Brand nicht gewachsen und alarmiert weitere Löschzüge. Es dauert 40 Minuten, bis diese den Brandort erreichen. »Das späte Erscheinen der nachalarmierten Löschzüge beruht darauf, daß die Fahrzeuge bei großer Kälte in unbeheizten Hallen stehen – selbst Kälteschutzdecken sind nicht vorhanden – und die Motoren wegen des nur regenerierten Motorenöls erst warmlaufen müssen, weil sie sonst während der Fahrt unbrauchbar würden.

Darüber hinaus ist das Löschfahrzeug des Zuges 18 von der Wache Spandau nach dem Einbiegen in die Neuendorfer Straße mit Motorschaden liegengeblieben, und die Mannschaft muß die Schläuche auf die Leiter umladen und mit der Leiter weiterfahren. Die Fahrzeuge der weiter entfernt liegenden Wachen müssen wegen zerstörter Brücken große Umwege machen und dabei sowohl die alliierten Vorfahrtsrechte als auch die Höchstgeschwindigkeit von 40 km/h einhalten.«[163] Nach mehreren Hydranten muß wegen des Schnees auch noch gesucht werden. Als der Brand unter Kontrolle ist, werden 80 Tote geborgen, sie liegen an der Garderobe übereinander. 150 zum Teil schwerverletzte Personen müssen in Krankenhäusern und, als deren Kapazität erschöpft ist, in Privatquartieren untergebracht werden.

Die Presse diskutiert heftig die Ursachen des Unglücks. Die Zeitung »Der Abend« schreibt: »Britische Soldaten, die sich aus dem brennenden Tanzsaal in Hakenfelde retten konnten, haben erkärt, daß die Deutschen unverständlicherweise zur Garderobe eilten, statt durch die Fenster zu entkommen. Das mag in normalen Zeiten unverständlich sein, und auch Deutsche würden dann wohl nicht so dumm sein, Todesgefahr auf sich zu nehmen, um einen Mantel zu retten. Die geradezu furchtbare Armut der Berliner ist aber wohl nie deutlicher geworden als in dieser Schreckensnacht in Hakenfelde, wo die von Panik besessenen Mädchen und Männer in ihren Flitterkostümen doch noch mehr Angst um ihre Garderobe als um ihr Leben hatten.«[164]

Erschrecken muß das so sehr verspätete Eintreffen der Feuerwehr. Daß die Motoren der Fahrzeuge aufgrund ihres schlechten Motoröls und der unbeheizten Fahrzeughallen erst warmlaufen mußten, kann etliche der Gäste das Leben gekostet haben. Als Konsequenz aus diesem Unglück verzichten die Besatzungsmächte nun auf das generelle Vorfahrtsrecht für ihre zivilen Fahrzeuge. Außerdem kann nun wieder die einheitliche Notrufnummer 02 eingeführt werden.

Die Blockade Westberlins

Schon bald prallen die gegensätzlichen politischen Vorstellungen in den vier Besatzungszonen der Stadt aufeinander. In den Westzonen wird die D-Mark als generelles Zahlungsmittel eingeführt, in der Ostzone legt sich man sich auf die Reichsmark mit Spezialkupon fest. In Berlin ergibt sich ein merkwürdig gemischtes Währungssystem: Während im östlichen Teil Berlins nur mit der Reichsmark bezahlt wird, sind im westlichen beide Zahlungsmittel möglich. Die Feuerwehrmänner werden in östlicher Währung entlohnt, aber die im Westen Wohnenden dürfen 25% ihres Gehalts in die D-Mark West eintauschen.

Als der Westen auf seiner finanzpolitischen Linie beharrt, verhängt die russische Besatzungsmacht die totale Blockade über die Westsektoren der Stadt. Ab dem 20. Juni 1948 dürfen keine für Berlin bestimmten Waren mehr durch die sowjetische Zone transportiert werden. Auch der Strom für den westlichen Teil Berlins wird abgeschaltet.

Schon ab dem 24. Juni 1948 organisieren die westlichen Alliierten die »Luftbrücke«. Eine wachsende Zahl von Flugzeugen bringt hauptsächlich Lebensmittel in die Stadt. Der Flughafen Tegel entsteht in dieser Zeit, auch der Flughafen Gatow, die Berliner Feuerwehr übernimmt für sie den Brandschutz.

Die Blockade Westberlins ist nur der Auftakt zu zahlreichen weiteren Abgrenzungen. Zwangsläufig spaltet sich die Stadtverwaltung, schon am 28.7.1948 setzen die drei Westsektoren einen für ihren Bereich zuständigen Polizeipräsidenten ein. Am 30.11.1948 wird für den sowjetisch besetzten Sektor in Berlin ein neuer Oberbürgermeister bestimmt. Bei der Feuerwehr deutet sich eine ähnliche Entwicklung an. Sinnigerweise sind es die Feuerwehr-Fahrzeuge, die Anlaß zu Auseinandersetzungen geben.

Schon am 26.6.1943, also sechs Tage nach Beginn der Blockade, ordnet die amerikanische Besatzungsmacht gegenüber Oberbranddirektor Feierabend an, daß keine Fahrzeuge mehr aus dem amerikanischen in den sowjetischen Sektor »umzustellen« seien. Die Franzosen und die Briten schließen sich dem an. Vier Tage später untersagt die sowjetische Besatzungsmacht ihrerseits die Verlegung von Fahrzeugen und Material in die westlichen Sektoren. Zwei Lastwagen aus dem britischen Sektor, die zur Reparatur gerade in der Wache Weißensee sind, sollen nicht zurückgegeben werden.

Am 20. November 1948 wird Oberbranddirektor Feierabend vom Polizeipräsidenten des Ostsektors angerufen: Laut Informationen der Wachen Weißensee und Karlshorst habe man im Westsektor die Absicht, einen großen Alarm vorzutäuschen, um die daraufhin anrückenden Feuerwehrfahrzeuge des Ostsektors unter Kontrolle zu bringen. (Ein Verdacht, der umgekehrt auch in den Westsektoren besteht.) Als Urheber dieses Plans verdächtige man Branddirektor Lipstreu sowie Oberbrandingenieur Marks, der gerade im Begriff sei, in eine Dienstwohnung in den Westsektoren zu ziehen; Lipstreu und Marks würden verhaftet. Um die Angelegenheit zu klären, begibt sich Feierabend zur Feuerwache Weißensee. Brandinspektor Lüdecke von der Feuerwache Weißensee teilt noch am selben Nachmittag allen Wachen des Ostsektors telefonisch mit, daß sie polizeilich besetzt würden.

Care-Pakete werden von der Westberliner Feuerwehr verteilt

Am Abend erfährt Brandinspektor Wissel, Delegierter des Branddienstes und Vorsitzender des Betriebsrats, auf der Hauptfeuerwache von den Verhaftungen und der polizeilichen Besetzung der Ostwachen. Feierabend ist für Wissell nicht zu erreichen. Wissell bittet daraufhin die Polizei um Schutz für die Hauptfeuerwache, er fürchtet die »Gefahr, daß nicht autorisierte Männer Schwierigkeiten für den Brandschutz in den Westsektoren machen würden bzw. daß sie die Fahrzeuge und Geräte in den Ostsektor schaffen würden.«[165] Der umgehend ebenfalls informierte Feuerwehr-Beauftragte der amerikanischen Militärregierung weist Wissell an, die Sicherung des Feuerschutzes für die westlichen Sektoren zu übernehmen. Noch in derselben Nacht gibt Wissell allen Feuerwachen des westlichen Sektors per Telegramm bekannt: »Habe ab sofort im Auftrage der westlichen Militärregierungen die kommissarische Leitung der Feuerwehr übernommen. Alle Anordnungen der bisher leitenden Angestellte bedürfen meiner persönlichen Genehmigung.«

Feuermelde-empfangsanlage mit dem Siemens-Typendrucker-System, 1950

Außerdem dürften die Feuerwehrfahrzeuge der westlichen Sektoren die Grenzlinie zum sowjetischen Sektor bzw. zur sowjetisch besetzten Zone überqueren.

Als Oberbranddirektor Feierabend nachts seine Wohnung im französischen Sektor betritt, wird er von französischer Gendarmerie verhaftet. Aber schon am Tag darauf – offenbar hat es entsprechende Absprachen zwischen Vertretern der Besatzungsmächte gegeben – werden alle Verhafteten entlassen. Feierabend tritt sein Amt wieder an.

Der Konflikt ist deshalb noch nicht bereinigt. Die im Osten beschlagnahmten Feuerwehrfahrzeuge werden nicht freigegeben, Brandinspektor Lüdecke von der Wache Weißensee weigert sich, die Weisungskompetenz Feierabends anzuerkennen. Letzten Endes setzt sich Feierabend durch, die Feuerwehr allerdings bleibt gespalten – Branddirektor Lipstreu wird mit der kommissarischen Leitung der Westberliner Feuerwehr beauftragt.

Es gibt nun zwei Magistrate in Berlin, Mitarbeiter ordnen sich je nach politischer Haltung einer der beiden Verwaltungen zu. Bis zum Februar 1949 geben 49 Beschäftigte der Feuerwehr auf Westwachen ihren Dienst im blockierten Teil Berlins auf und melden sich auf der Wache Weißensee, während sich 77 Beschäftigte aus dem Ostsektor auf der Hauptwache in der Lindenstraße zum Dienstantritt melden. Im Laufe der folgenden Jahre jedoch kommen mehr und mehr Feuerwehrmänner in den Westen.

Zwei Feuerwehren in der geteilten Stadt

Westberlin hält der Blockade stand. Die beiden Feuerwehren der Stadt müssen sich autonom strukturieren. Das ist für die Ostberliner Feuerwehr schwieriger als für die Westberliner, liegen doch alle zentralen Nachrichten- und Vesorgungsdienste in den Westsektoren. Die

Feuerwache Weißensee beherbergt nun das Zentralamt der Feuerwehr des Ostsektors.

Der Morsekreis wird 1949 im Ostsektor unterbrochen, es gibt nun einen westlichen und einen östlichen Morsekreis. Das interne Fernsprechnetz wird ebenfalls getrennt, die West-Feuerwehr muß um Berlin-Mitte herum neue Kabel führen, um beispielsweise Wedding mit Kreuzberg verbinden zu können. Auch die Kabelnetze für die Feuermelder müssen verändert werden, die Ausrückbezirke der Feuerwachen sind nicht mit den Bezirksgrenzen identisch, und so haben noch eine Zeitlang östliche Wachen Feuermelder auf westlichem Gebiet in ihrem Netz. Wenn ein Feuermelder aus einem Gebiet betätigt wird, in das die alarmierte Feuerwache nicht mehr ausrücken darf, informiert sie die nächste zuständige Feuerwache über Telefon.

Die Personalakten der Berliner Feuerwehrmänner lagern im Hauptpersonalamt am Molkenmarkt und sind der Westberliner Feuerwehr nicht mehr zugänglich. Also muß sie (die sich bald darauf in »Hauptamt der Feuerwehr« umbenennt, um Verwechslungen mit dem »Zentralamt der Feuerwehr« in Ostberlin zu vermeiden) komplett neue Akten anlegen. So wird auf technischem wie auf bürokratischem Weg die Spaltung der Berliner Feuerwehr umgesetzt. Nach wie vor ist der Wohnort eines Feuerwehrmannes aber unabhängig von seinem Dienstort – viele arbeiten im Westen und wohnen im Osten und umgekehrt. Allerdings wechseln manche ganz auf die westliche Seite, wenn sie politische Schwierigkeiten auf ihrer Wache bekommen. Branddirektor Lipstreu hat schließlich mehr Beschäftigte als Planstellen und muß versuchen, durch Umstellungen Entlassungen zu vermeiden.

Am 8. Mai 1949 gründet sich mit der Annahme des Grundgesetzes die Bundesrepublik Deutschland, Westberlin erhält den Status einer »selbständigen politischen Einheit«. Am Tag darauf teilt die russische Besatzungsmacht mit, daß sie zum 12.5.1949 die Blockade auf-

Psycho-technischer Einstellungstest 1950

heben werde. Am 7.10.1949 erfolgt die Gründung der Deutschen Demokratischen Republik. Die Feuerwehr der DDR wird 1950 als Hauptabteilung Feuerwehr dem Minister des Inneren unterstellt, »kaderpolitisch« untersteht sie den Führungsgremien der Volkspolizei. Der Eid, den die Angehörigen des »Organs« Feuerwehr nun leisten, bezieht sich ausdrücklich auf die sozialistische Gesellschaftsform:

»ICH SCHWÖRE,
meinem sozialistischen Vaterland, der Deutschen Demokratischen Republik, und ihrer Regierung allzeit treu ergeben zu sein, Dienst- und Staatsgeheimnisse zu wahren und die Gesetze und Weisungen genau einzuhalten. Ich werde unentwegt danach streben, gewissenhaft, ehrlich, mutig, diszipliniert und wachsam meine Dienstpflichten zu erfüllen.

ICH SCHWÖRE,
daß ich, ohne meine Kräfte zu schonen, auch unter Einsatz meines Lebens, die sozialistische Gesellschafts-, Staats- und Rechtsordnung, das sozialistische Eigentum, die Persönlichkeit, die Rechte und das persönliche Eigentum der Bürger vor verbrecherischen Anschlägen schützen werde.
Sollte ich dennoch diesen meinen feierlichen Eid brechen, so möge mich die Strafe der Gesetze unserer Republik treffen.«

Die Einbeziehung in die Volkspolizei bedeutet, daß die Feuerwehr der DDR ein »bewaffnetes Organ« ist. Der Telegrafist in der Feuermeldezentrale einer Feuerwache ist mit einer Pistole bewaffnet. Auch Posten, die nach einem Streifenplan nachts die »Objektsicherung« übernehmen, sind mit einer Pistole und einem Gummiknüppel ausgerüstet. Die Feuerwehrmänner absolvieren eine Waffen- und Schießausbildung. Im Wachgebäude befindet sich eine Waffenkammer, in der außer Pistolen auch Maschinenpistolen und Maschinengewehre in einer Anzahl lagern, daß der gesamte Personalbestand damit ausgerüstet werden kann.[166]

Alle persönlichen Beziehungen zwischen den Angehörigen der beiden Feuerwehren brechen ab: Von östlicher Seite wird darauf bestanden, daß keinerlei Kontakte zu Verwandten oder Bekannten im Westen gepflegt werden. Später wird man von Bewerbern für den Dienst bei der Feuerwehr als entscheidendes Kriterium fordern, daß keinerlei Kontakte, auch nicht über Dritte, zu Verwandten oder anderen bekannten Personen im NSW (nichtsozialistisches Wirtschaftsgebiet) bestehen.

Am 8. November 1949 wird die Leitung der Westberliner Feuerwehr Ludwig Wissell übertragen. Er wird damit zum Oberbranddirektor ernannt. Wissell wird zugetraut, die schwierige Umorganisation der Feuerwehr nach ihrer Spaltung zu bewältigten. Er selbst sieht seine wichtigsten Aufgaben darin, den Funkfernsprechverkehr einzuführen, den Fahrzeugbestand zu modernisieren und die neu entstehenden Wohngebiete besser in den Brandschutz einzubeziehen.

Die Versorgung der Stadt mit Lebensmitteln und Gütern des täglichen Bedarfs kommt nach dem Ende der Blockade schnell wieder in Gang. Es gibt wieder Reifen und Öl für die Fahrzeuge, die Feuerwehrmänner erhalten neue Dienstkleidung, einheitliche Helme mit Kamm und Nackenleder werden eingeführt. Etwa 90% der Feuerwehrmänner im Westen gehören dem neuen Gesamtverband der öffentlichen Betriebe und Verwaltungen sowie des Transports an. Dieser Verband fordert ein abgeschwächtes Beamtenrecht für die Feuerwehr. Im Widerspruch dazu steht der Kommunalverband der Beamten, Angestellten und Arbeiter der Stadt Berlin (Komba), der für die Wiedereinführung des Beamtenrechts eintritt. Die Positionen lassen sich nicht vereinheitlichen, also schließt sich der Komba dem Deutschen Beamtenbund an, während der Gesamtverband 1950 Teil der ÖTV und damit auch des Deutschen Gewerkschaftsbundes wird.

Da Westberlin offiziell eine selbständige politische Einheit ist, gelten Bundesgesetze nicht automatisch und in gleichem Maße wie in anderen Städten des Bundesgebiets. Das Abgeordnetenhaus muß vielmehr die Übernahme von Gesetzen der Bundesrepublik beschließen. Im Mai 1951 wird so auch die Übernahme des

Bei der Gymnastik, Wache Feurigstraße 1955

Bundesgesetzes zur Regelung der Rechtsverhältnisse der unter Artikel 131 des Grundgesetzes fallenden Personen beschlossen.

Damit ist es möglich, eine Reihe von ehemaligen Feuerwehrmännern wieder einzustellen, die nach dem Krieg aufgrund ihrer früheren Mitgliedschaft in NS-Organisationen nicht mehr beschäftigt werden durften. Die Haltung gegenüber diesen Wiedereinstellungen ist innerhalb der Feuerwehr unterschiedlich. Ein Teil der Männer begrüßt die Wiederkehr der alten Kollegen, andere befürchten Spannungen: Mit Sicherheit seien alte Nazis unter den »Hunderteinundreißigern«, wie sie intern genannt werden.
Die Wiedereinstellung dieser Personen sowie von Heimkehrern aus der Kriegsgefangenschaft und von Feuerwehrmännern aus dem Ostsektor blockiert die Einstellung junger Kollegen für Jahre. Alle Planstellen sind besetzt. Das führt zu einer Überalterung der Feuerwehr: 1954 beträgt das Durchschnittsalter der Beschäftigten der Westberliner Feuerwehr 47 Jahre. Die Einführung der Altersgrenze von 60 Jahren für Feuerwehrmänner hat allerdings eine Reihe von Pensionierungen zur Folge, so daß 1955 wieder 60 jüngere Kollegen eingestellt werden können.

1950 gelingt es Oberbranddirektor Wissell, die Genehmigung der drei westlichen Alliierten für die Errichtung eines Sprechfunksystems zu erhalten. Wieder ist es die Firma Siemens, die die angemessene Technik entwickelt. Bei der Größe Berlins ist eine Sendeanlage mit einer Leistung von 100 Watt notwendig, die auf dem Funkturm installiert wird. Zwei stationäre Empfangsanlagen auf der Wache Mariendorf und auf der Hauptwache kommen hinzu, im Jahr darauf folgt eine Empfangsanlage in Hermsdorf. 1951 erhalten Löschfahrzeuge von fünf Westberliner Bezirken Funkgeräte. 1953 wird auch die Hauptfeuerwache in der Lindenstraße mit einer ortsfesten Sendeanlage ausgestattet. Die ersten Fahrzeugsender haben eine Sendeleistung von 10 Watt bei einer Reichweite von 10 bis 15 Kilometer. »Friedrich« lautet der erste Funkrufname, später wird er sinnigerweise in »Florian« geändert. Ab Mai 1954 verfügt auch die Ostberliner Feuerwehr über »Funksprechstellen« und Funkanlagen in ihren Fahrzeugen.

Auch das Feuermeldesystem wird Anfang der fünfziger Jahre überholt. In Westberlin sind 1949 elf Feuermeldesysteme in Betrieb, die auf unterschiedliche Weise Feueralarm auslösen, vom Zeigerapparatsystem über Morsesysteme bis hin zu vier verschiedenen Siemens-Systemen. Die Feuerwehr führt nun ein zwölftes ein, die neu entwickelten Siemens-Einheits-Feuermelde-Anlagen (SEFm-Anlagen), die nach und nach die anderen ersetzen sollen. Kurz nach der Einführung des Sprechfunkverkehrs bricht am 21.10.1950 ein Großbrand im Fernmeldezeugamt in Berlin-Tempelhof aus. Das Fernmeldezeugamt ist ein fünfstockiges Lagerhaus von 100 Metern Länge und 25 Metern Breite. Der Alarm erfolgt relativ spät; zwar wird der Nachtportier von einem Passanten mit den Worten »Bei Euch brennt et!« auf den Brand aufmerksam gemacht, aber er nimmt den Hinweis nicht ernst. Da es öfter vorkommt, daß einer der zahlreichen Angestellten vergißt, das Licht auszumachen, glaubt der Nachtportier, der Passant habe den Schein einer Lampe für Feuer gehalten.

Als der erste Zug der Feuerwehr am Gebäude eintrifft, dringen schon dichte Rauchschwaden aus offenstehenden Fenstern des 4. Stocks. Nur mit schwerem Atemschutzgerät können die Angriffstrupps über die nördliche und die südliche Treppe vordringen, und als sie endlich die brennende Lagerhalle im vierten Stock erreichen, finden sie einen beträchtlich ausgeweiteten Brand vor. In zahlreichen und nur durch schmale Gänge getrennten Regalen lagern hauptsäch-

Löschgruppenfahrzeug (LF 15)
Der Aufbau ist in Mischbauweise (Holzskelett mit Stahlblechverkleidung) ausgeführt. Auf dem Dach befinden sich Leitern, am Heck eine Schlauchhaspel. Die Feuerlöschkreiselpumpe liefert 1.500 Liter pro Minute und verfügt über einen Saugstutzen sowie auf jeder Fahrzeugseite zwei Druckstutzen. Ein 75 PS starker Dieselmotor, entweder luftgekühlt (Hersteller Magirus) oder wassergekühlt (Hersteller Daimler-Benz) treibt das LF 15 an. Als Besatzung vorgesehen sind neun Mann. Das LF 15 wird allgemein verwendet von 1949 bis 1967.

Drehleiter (DL 22)
Die Leiter besteht aus vier Teilen, die auf eine Höhe von 22 Meter ausgeschoben werden können, entweder aus Stahlhohlprofilen (Hersteller Magirus) oder aus offenen Winkelprofilen (Hersteller Metz), die Sprossen sind mit Gummi beschlagen. Alle Leiterbewegungen erfolgen mechanisch vom Fahrzeugmotor über das Leitergetriebe, übertragen von Stahlseilen oder Gliederketten.

Die Drehleitern verfügen über 75 bis 90 PS starke Dieselmotoren, entweder luftgekühlt (Hersteller Magirus) oder wassergekühlt (Hersteller Daimler-Benz). Die Besatzung besteht aus zwei Mann. Die DL 22 wird allgemein verwendet von 1949 bis 1968.

Tanklöschfahrzeug (TLF 15)
Das TLF 15 verfügt über einen 2.400 Liter Wasser fassenden Tank. Über zwei Schnellangriffseinrichtungen kann Wasser aus dem Tank abgegeben werden. Der Tank wird über Hydranten wieder gefüllt. Die Feuerlöschkreiselpumpe liefert 1.500 Liter Wasser pro Minute und verfügt über zwei Saugstutzen sowie auf jeder Seite zwei Druckstutzen. In Schubkästen sind Lösch-, Aufräum-, Beleuchtungs- und Hilfeleistungsgeräte untergebracht.
Der Fahrzeugantrieb erfolgt über einen 90 PS Dieselmotor. Die Besatzung besteht aus sechs Mann. Das TLF 15 wird allgemein verwendet von 1953 bis 1971.

lich Telefonapparate. Immer neue Regale werden von den Flammen erfaßt, ohne daß die Feuerwehrmänner in den Raum vordringen können. Oberbranddirektor Wissell, der persönlich den Einsatz leitet, läßt über die Funkanlage seines Kommandowagens zunächst 5. und dann 10. Alarm geben. Insgesamt 10 Löschzüge also sind bald vor Ort und greifen das Feuer über Drehleitern durch die Fenster an. Probleme bereitet außerdem ein Wasserrohrbruch am Sachsendamm unter dem S-Bahnhof Schöneberg. Zwei weitere angeforderte Löschzüge müssen über eine längere Strecke eine zusätzliche Wasserversorgung aufbauen.

Das Feuer frißt sich durch die Decke des vierten Stocks und bringt sie zum Einsturz, der dritte Stock droht in Flammen aufzugehen. Mit Hilfe eines B-Rohres und 19 C-Rohren[167] können die Mannschaften das Feuer nach mehreren Stunden unter Kontrolle bringen. Der Schaden beläuft sich auf etwa 1 Million DM, eine für die damalige Zeit sehr große Summe.

Hundertjähriges Jubiläum in Westberlin

Das Großereignis des Jahres 1951 ist für die Berliner Feuerwehr ihr hundertjähriges Jubiläum. In Westberlin wird es mit einer Festwoche vom 24.-30. Juni gefeiert. Bei einem Festakt mit Vertretern des Senats, Abgeordneten, alliierten Verbindungsoffizieren, in- und ausländischen Fachleuten aus Feuerwehren, Versicherungen und Industrie würdigt man die Verdienste der Berliner Feuerwehr. Bundespräsident Heuss läßt seine Glückwünsche übermitteln.

Die Erinnerung an den Krieg, an Notzeiten, Blockade und Spaltung der Stadt prägt die Denkschrift »Hundert Jahre Berliner Feuerwehr«, die die Westberliner Feuerwehr zum Jubiläum herausgibt: »Die noch vorhandenen Kräfte aber schufen unter Selbstaufopferung

Angehörige der Feuerwache Schillerpark basteln Modelle einer Dampfdruckspritze und einer Drehturmleiter (1900) für die Ausstellung anläßlich des hundertjährigen Jubiläums

Übergabe der neuen Nachrichtenzentrale in der Hauptwache durch die Firma Siemens an Oberbranddirektor Wissell am 6. September 1953

aus dem 'Nichts' mit primitivsten Geräten das Fundament für den heute vollzogenen Aufbau und trugen als Feuerwehrmänner in den kritischen Stunden mit dazu bei, die am Rande des Abgrundes stehende Berliner Bevölkerung vor dem völligen Versinken ins Chaos zu bewahren. Die nicht in Gefangenschaft geratenen 'Führer' der Feuerwehr hatten sich abgesetzt und überließen den Trümmerhaufen den Männern, die von untenauf kommend hier wie in den folgenden schweren Jahren bewiesen, daß Berufsehre und fachliches Können die Grundpfeiler jeden Fortschritts sind.

Das eine totalitäre System war beseitigt, ein anderes hatte zunächst die Leitung der Feuerwehr in der Hand. Es erwuchs für die Betriebsräte und Gewerkschaftsfunktionäre die nicht leichte Aufgabe, neben dem Aufbau das Abgleiten in einen östlichen, ferngelenkten Totalitarismus zu verhindern... Ein Ruhmesblatt in der Geschichte der Berliner Feuerwehr gebührt aber den Männern, die zu der Zeit der allgemeinen Auflösung und des Wirrwarrs nach 1945 und später bei der Spaltung der Feuerwehr in Ost und West, sowie während der Hungerblockade bewiesen haben, daß der ärmste Sohn wie so oft in der deutschen Geschichte auch der Treueste war.«[168]

Für die Ausstellung »100 Jahre Berliner Feuerwehr« im Schöneberger Rathaus haben Feuerwehrmänner zahlreiche Modelle von Fahrzeugen und technischen Geräten gebastelt. 25.000 Menschen besuchen die Ausstellung. Viele der historischen Fahrzeugtypen kann man auch bei mehreren Umzügen durch die Stadt sehen. Die Wachen dürfen besichtigt werden, man zeigt Filme, hält Vorträge, gibt einen großen Ball in den Festsälen am Funkturm. Auch die aktuellen Fahrzeuge der Westberliner Feuerwehr stoßen auf großes Interesse, insbesondere der ab 1951 festgelegte Zwei-Fahrzeug-Zug aus Löschgruppenfahrzeug und Drehleiter. 1953 kann die Feuerwehr die ersten Exemplare eines neu entwickelten Fahrzeugtyps in Dienst stellen: Das Tanklöschfahrzeug (TLF 15)

Eine neue Nachrichtenzentrale wird am 7.9. 1953 in der Hauptwache in Betrieb genommen. Die verschiedenen Dienste wie Notruf, Fernschreiber und Funk sind in durch Glaswände getrennten Räumen untergebracht. Als neue zentrale Notrufnummer dient ab 1954 die dreistellige Ziffer 112 anstelle der bislang gültigen Ziffer 02, weil die Post die 0 als Vorwahlnummer für Ferngespräche benötigt. 1955 erhalten alle Feuerwachen Streifenfernschreiber, mit denen sie ab 1956 durch die Hauptwache alarmiert werden können. Durch Fernschreiber können jetzt 420 Buchstaben pro Minute übertragen werden – ein großer Fortschritt gegenüber der Alarmierung durch das Morsesystem, das nur die Übermittlung von maximal 90 Zeichen pro Minute zuließ.

Zehnjähriges Jubiläum der Ostberliner Feuerwehr

Erst 1952 erfolgt die Eingliederung der Ostberliner Feuerwehr in die Volkspolizei, bis zu diesem Zeitpunkt hatte die Staatsführung der DDR aufgrund des Vier-Mächte-Statuts der Stadt Berlin diese Maßnahme ausgesetzt. Im Zusammenhang mit der Eingliederung wird die Feuerwehr angewiesen, die Gewerkschaftsarbeit einzustellen. Dies stößt auf den Widerspruch von Feuerwehrchef Feierabend, der Zeit seines Lebens aktiver Gewerkschafter war. »Feierabend war gegen diese Zwangsruhe, wodurch er sich in der Führung des Polizeipräsidiums der Volkspolizei Berlin unbeliebt machte und er sein Amt als Feuerwehrchef schon 1952 noch vor seiner Berentung an Ernst Ettrich abtreten mußte.«[169] 1955 tritt Feierabend – seit 1947 aufgrund von bei einem Brand erlittenen Verletzungen schwerbeschädigt – in den Ruhestand.

Das zehnjährige Jubiläum ihrer Feuerwehr feiert die DDR im Jahre 1955 und bezieht sich dabei auf den 1. Juli 1945, den Tag der Gründung der Deutschen Volkspolizei. In der Zeitschrift »Unser Brandschutz« hält der Leiter der Hauptabteilung Feuerwehr, Hans Börner, Rückschau auf die schwierige Anfangszeit kurz nach dem Kriege und erklärt die stolzen Erfolge bei der Brandbekämpfung mit dem politischen Bewußtsein aller Mannschaften: »Die Offiziere der Feuerwehr von heute sind aus den Reihen der besten, fortschrittlichsten Feuerwehrleute des Jahres 1945 hervorgegangen; sie widmen sich der Heranbildung neuer, kampfgestählter Kader. Ihre ersten Lehrer waren Sowjetsoldaten und Antifaschisten, die sie lehrten, sich auf die Partei der Arbeiterklasse zu orientieren und die sie zugleich mit den ersten Handgriffen eines Feuerwehrmanns vertraut machten... Die Partei der Arbeiterklasse erzog die Feuerwehrleute zu politisch denkenden und handelnden Menschen.«[170] Die »jungen Genossen«, so Börner, haben es leichter als »die Aktivisten der ersten Stunde. Für Einsatz, Ausbildung und Unterricht steht ihnen alles zur Verfügung, was sie brauchen. Im Bücherschrank stehen die Werke unserer Klassiker, Marx, Engels, Lenin und Stalin, sowie Feuerwehr-Fachbücher aus der Sowjetunion für sie bereit. Sie brauchen sich nicht mehr um die Beschaffung von Fahrzeug und Gerät zu sorgen, sie können sich voll und ganz auf die Aneignung der politischen und fachlichen Kenntnisse eines Feuerwehrmannes konzentrieren.«[171] Technisch sei die Feuerwehr der DDR auf neuestem Stand: »Wir können mit vollem Recht behaupten, daß unsere Fahrzeuge und Geräte dank der schöpferischen Initiative unserer Werktätigen der gleichartigen westdeutschen Produktion überlegen sind.«[172]

Börner verweist auf die »bewährten Löschfahrzeuge 15 auf H3A und TLF 15 auf G 5, Schlauchwagen H3A, und in Kürze wird das hart erprobte, hervorragend bewährte TLF 15 auf H3A zum Einsatz gelangen.« Auch in ihrer Ausrüstung sind laut Börner die »erstklassigen neuen Fahrzeuge« den in der Bundesrepublik hergestellten voraus: »In einer westdeutschen Feuerwehrzeitschrift wurde kürzlich mitgeteilt, daß zur Zeit ein Blau-Blinklicht erprobt wird, das die neueste Errungenschaft sei. Es ist jedoch Tatsache, daß solch ein nach den Seiten leuchtendes Blau-Blinklicht in der Deutschen Demokratischen Republik bereits seit 1 $^1/_2$ Jahren an allen fabrikneuen Fahrzeugen angebracht wird.«[173] Zusammenfassend gibt Börner seiner Gewißheit Ausdruck, daß die heranzubildenden »neuen Menschen..., die stolz darauf sind, Angehörige der Feuerwehr zu sein«, die »allseitige Bereitschaft« in der Bevölkerung wecken, »für die Arbeiter-und-Bauern-Macht alles zu geben und unsere Republik, wenn erforderlich, mit der Waffe in der Hand zu verteidigen.«

Mit der Eingliederung in die Volkspolizei werden die Berufsfeuerwachen in »Kommandos Feuerwehr« umbenannt, die der Abteilung F der Volkspolizeiinspektion der jeweiligen Stadtbezirke unterstehen, die Abteilung F wiederum ist der Abteilung F des Polizeipräsidiums und damit dem Ministerium des Inneren unterstellt, bei dem eine »Hauptabteilung F« angesiedelt ist. »Vom Zeitpunkt der Eingliederung in die Volkspolizei an gab es für die damalige Berufsfeuerwehr in Ost-Berlin praktisch keine dauerhafte eigenständige Entwicklung mehr. Für die Freiwilligen Feuerwehren galt dies nicht im selben Maße. Sie blieben Einrichtungen der Gemeinde, was in Ost-Berlin dazu führte, daß sie den Stadtbezirken zugeordnet und von dort aus geführt, ausgestattet und verwaltet wurden. Die Ausbildung und die Einsatzführung erfolgte über zentrale Stellen durch das Organ Feuerwehr, die Ausbildung auch in Eigenausbildung durch die Wehren.« [174] 1950 erhält die Feuerwehr der DDR die Aufgabe, regelmäßig Brandschutzkontrollen in allen Betrieben, Einrichtungen, Schulen, Heimen, Verkaufsstellen usw. durchzuführen, was mit dem vorhandenen Personal nicht zu leisten ist. So werden in den den Kontrollen unterzogenen Einrichtungen Brandschutzverantwortliche und Brandschutzhelfer ernannt, die von den Feuerwehren geschult und geprüft werden.

Auch Frauen sind später in den »Kommandos« der Berufsfeuerwachen, in den Fernmeldezentralen und in der Versorgung und Verwaltung beschäftigt. In den Freiwilligen Feuerwehren sind sie bei den Brandschutzkontrollen der Betriebe, Schulen, Heime, Verkaufsstellen usw. tätig, engagieren sich aber zunehmend auch in der Feuerbekämpfung. Die Zeitschrift »Unser Brandschutz« läßt eine »Kameradin« schildern, wie bei den Frauen der Freiwilligen Feuerwehr der Wunsch ausgelöst wurde, »'die Technik besser kennenzulernen und mit ihr umzugehen. Mit ganz einfachen Handgriffen begannen wir. Beispielsweise versuchten wir es mit dem Kuppeln der Saugschläuche. Öfter als bisher sahen wir bei der Ausbildung unserer Kameraden zu.' 'Hinzu kam dann', ergänzt Oberfeuerwehrmann Christa Risch, 'daß mit Zunahme des kooperativen Zusammenschlusses unserer LPG die Männer am Tage immer seltener erreichbar waren. Sie arbeiteten fast alle in der Genossenschaft. In der Erntezeit sind sie meist auf Feldern, die weit von unserem Dorf entfernt sind.'«[175] Beschrieben wird, daß die Frauen durch die intensive Ausbildung in der Lage waren, ein Glutnest in einem Futterspeicher rechtzeitig zu löschen.

Zur Zeit des »Kalten Krieges« wird Westberlin immer mehr vom Umland abgekapselt. Wer auf den Autobahnen ins Bundesgebiet fahren möchte, hat nun eine Gebühr zu bezahlen. Am 1.7.1952 wird das Passierscheinsystem für Besuche der Bewohner der Westsektoren eingerichtet – allerdings werden zunächst keine ausgegeben. Wie verhängnisvoll sich die Spaltung der Stadt bei Unglücken in Grenznähe auswirken kann, zeigt ein Schiffsunglück am 5. Juli 1951.

Am Vormittag dieses Tages gerät ein Ausflugsdampfer mit 127 Kindern sowie einigen Begleitpersonen auf der Spree infolge einer Kraftstoffexplosion in Brand. Die alarmierte Feuerwehr Niederschöneweide kann nicht den direkten Weg zur Unglücksstelle nehmen, sondern ist gezwungen, große Umwege zu fahren. »Die im Westberliner Bezirk Kreuzberg gelegene Feuerwache Reichenberg hätte über die vorhandene Schillingbrücke am heutigen Hauptbahnhof als nächstgelegene Wache helfen können. Jedoch war diese Brücke zwar befahrbar, aber wegen der politischen Lage im Grenzbereich gesperrt. Außerdem war wegen der politischen Lage ein Ersuchen um nachbarschaftliche Löschhilfe an die Westberliner Feuerwehr erst gar nicht in Erwägung gezogen worden... Da von Treptower Seite wegen der großen Entfernung vom Ufer ein Einsatz der Feuerwehr unmöglich war, mußte die Niederschöneweidener Feuerwehr nach Alt-Stralau über die Treskowbrücke umdirigiert werden. Durch den amerikanischen Sektor wäre der Weg zwar kürzer gewesen, jedoch war er der Ostberliner Feuerwehr ja nicht erlaubt.« [176]

Ausgelaufenes Benzin setzt einen Teil der Wasseroberfläche in der Nähe des Schiffes in Brand. Die Mannschaften des Feuerlöschbootes »Köpenick« und dreier Boote der Volkspolizei, Taucher der Feuerwehr und zahlreiche Helfer versuchen, im Wasser treibende Kinder zu bergen. 29 Kinder und zwei Erzieherinnen sterben, sie verbrannten oder ertranken in der Spree.

Die Unzufriedenheit mit den wirtschaftlichen Entwicklungen in der DDR führt im Juni 1953 zu massiven Protestaktionen. Unter anderem demonstrieren Ostberliner Arbeiter für die Rücknahme der zuvor erhöhten Leistungsnormen. Es kommt zu Zusammenstößen mit der Volkspolizei, Panzer fahren auf. Die zur Bergung von Verletzten in den Osten gerufene Westberliner Feuerwehr hat an den Sektorengrenzen zu halten; mehr als von dort aus Verletzte in Krankenhäuser zu transportieren, ist ihr nicht möglich.

Der Transport von Verletzten nimmt auch im Westberliner Feuerwehralltag immer mehr zu. Seit 1946 verfügt die Feuerwehr zu diesem Zweck über Schnellhilfewagen, seit 1951 über Sanitätswagen, die aus Lastwagen umgebaut werden. 1954 läßt Wissell sechs Unfallwagen des Rettungsamts auf verschiedenen Feuerwachen stationieren, doch diese Maßnahme ist nicht ausreichend. Also beschafft die Feuerwehr selbst solche Wagen. Ab 1955 sind dies Krankentransportfahrzeuge des Volkswagenwerks.Welchen Gefahren Feuerwehrmänner selbst ausgesetzt sind, verdeutlicht ein Kellerbrand in einem Gebäude der Firma Lorenz AG in Tempelhof im April 1953.

Auf dem Gelände sind etwa 5.000 Flüchtlinge untergebracht, im Keller unter dem Hof befindet sich eine städtische Lehrwerkstatt sowie eine Holztrocknungsanlage. Die Feuerwehr rückt mit mehreren Löschzügen an und bemerkt gelben, beißenden Rauch, der aus einem Entlüftungsrohr abzieht und durch die Ritzen der Kellertür dringt. Als der Angriffstrupp beginnt, die Tür mit Beilen einzuschlagen, gibt es eine Explosion von großer Wucht. Später vermutet man, daß sich Schwelgase gebildet hatten, die sich durch die eindringende Frischluft entzündeten. Die Stahlbetondecke hebt sich, Pfeiler und Wände brechen, und die teilweise herabstürzende Decke begräbt die Feuerwehrmänner auf der Kellertreppe. Die Druckwelle ist so stark, daß sie sogar Feuerwehrmänner im Hof umwirft, einige erleiden Knochenbrüche, Gehirnerschütterungen und Verbrennungen. Die Bergung der Verschütteten ist äußerst schwierig, weil weitere Teile der zerstörten Kellerdecke einzubrechen drohen. Nach vier Stunden sind alle unter den Trümmern hervorgeholt. Einen Oberfeuerwehrmann kann man nur noch tot bergen, zwei Männer sterben kurz nach ihrer Einlieferung ins Krankenhaus, zehn Männer sind schwer verletzt.

Die Trauerfeier für die Verstorbenen findet in der Feuerwache Mariendorf statt. Viele Menschen nehmen teil, zum Schluß ertönt der »Letzte Alarm«, anschließend werden die Särge auf Drehleitern unter Begleitung mehrerer Feuerwehrfahrzeuge zu den Friedhöfen überführt.

Neue Technik für die wachsende Stadt

Der neue Westberliner Oberbranddirektor Dr. Friedrich Kaufhold, der sein Amt am 1.7.1957 nach der Pensionierung von Ludwig Wissell antritt, hat bereits von 1936 bis 1941 für die Berliner Feuerwehr gearbeitet, anschließend war er Ausbildungsoffizier und Leiter der technisch-wissenschaftlichen Abteilung an der Reichsfeuerwehrschule in Eberswalde, seit 1946 leitete er die nordrhein-westfälische Landesfeuerwehrschule in Warendorf.

Als Kaufhold die Westberliner Feuerwehr übernimmt, hat die Teilstadt einen Großteil ihrer Souveränität zurückgewonnen. Die alliierten Beauftragten für das Feuerlöschwesen sind abberufen worden, die Feuerwehr ist handlungsfähiger geworden als im ersten Jahrzehnt nach dem Krieg. Für Kaufhold geht es nun darum, die Struktur der Feuerwehr den Bedingungen der Teilstadt anzupassen und die technische Ausrüstung zu modernisieren.

Kaufholds Vorgänger Wissell hatte eine Reihe von Freiwilligen Feuerwehren schließen lassen, weil er sie in einer modernen Großstadt für nicht mehr zeitgemäß hielt. Durch die Einrichtung neuer Berufsfeuerwehrwachen anstelle der Freiwilligen Feuerwehren ist die Personalstärke der Wachen und damit auch der Löschzüge gesenkt worden. Da Kaufhold anstrebt, den Löschzug in der Regel mit vier Fahrzeugen ausrücken zu lassen (die Personenrettung soll mit einem Unfallwagen durchgeführt werden), versucht er, die Bewilligung neuer Stellen durchzusetzen. Als Bundesnorm für den Löschzug gelten ein Zugführer und 18 Männer.

Fahrzeug-Ausrücke-Tableau in der Nachrichtenzentrale der Westberliner Feuerwehr, 1960

Innerhalb von acht Jahren werden zwar 713 neue Stellen bewilligt. Eine Besatzung von 18 Mann für den Löschzug ist aber trotzdem nicht realisierbar, denn erstmals seit 1918 wird die

Die Löschzugbesatzung im Vergleich Westberlin – Bundesgebiet

Löschzug	Westberlin	Bundesnorm
Leitung	1 Zugführer	1 Zugführer
1 Löschfahrzeug	1 + 7	1 + 8
1 Tanklösch fahrzeug	1 + 4	1 + 5
1 Drehleiter	1 + 1	1 + 2
1 Unfallwagen	1 + 1	–
Gesamt	1 + 4 + 13	1 + 3 + 15
also	1 Zugführer und 17 Mann	1 Zugführer und 18 Mann

Löschgruppenfahrzeug (LF 16)

Die Karosserie ist in Leichtstahlbauweise konstruiert. Ein Wassertank faßt 800 Liter und verfügt über eine Schnellangriffseinrichtung. Die im Heck eingebaute einstufige Feuerlöschkreiselpumpe fördert 1.600 Liter pro Minute. Das LF 16 ist mit einem A-Saugstutzen sowie auf jeder Seite zwei B-Druckstutzen ausgerüstet. Der wassergekühlte Dieselmotor hat eine Stärke von 150 PS, die Besatzung besteht aus maximal neun Mann. Das LF 16 wird von 1964 bis 1984 allgemein verwendet.

Drehleiter (DL 30)

Die vierteilige Stahlleiter kann bis zu einer Höhe von 30 Metern ausgeschoben werden. Sie ist gefertigt aus offenen Winkelprofilen (Hersteller Metz) oder aus geschlossenen Profilen (Hersteller Magirus).
Seit 1965 ist die DL 30 mit einem elektrischen Generator mit einer Leistung von 7,5 kVA ausgestattet, der vom Fahrzeugmotor angetrieben wird. Seit 1968 ist ein Rettungskorb am oberen Ende der Leiter angebracht. Zum Teil verfügen die Drehleitern über eine Kranausrüstung und drei Halogenscheinwerfer. Der Fahrzeugmotor bewirkt über Ölmotoren hydraulisch alle Leiterbewegungen.

Arbeitszeit von 84 Stunden pro Woche verkürzt. 1957 werden zwei Ausgleichstage auf 8 Wochen gewährt, so ergibt sich (bei gleicher Schichtlänge) eine Arbeitszeit von 78 Stunden in der Woche. Erst 1964 folgt eine weitere Verkürzung auf 72, 1967 dann auf 68 Stunden in der Woche. Um Personal zu sparen, wird die Auflösung von Freiwilligen Feuerwehren gestoppt. Kaufhold strebt zwar weiterhin die Errichtung neuer Berufsfeuerwehrwachen an, sieht aber die Tätigkeit Freiwilliger Feuerwehren als wichtige Ergänzung des professionellen Brandschutzes. Für den Bau neuer und die Modernisierung alter Wachen wird mit dem Senat ein langfristiges Bauprogramm vereinbart, das von 1960 bis 1967 in jedem Jahr den Bau einer neuen Feuerwache und die Modernisierung zweier alter Wachen ermöglicht.

Technische Fortschritte werden bei den Fahrzeugen erzielt: Seit 1961 werden neue Drehleitern mit hydraulischer Betätigung und ab 1964 neue Löschgruppenfahrzeuge mit verstärkter Pumpenleistung beschafft. Die neuen Kunststoffschläuche haben verglichen mit den bisher verwendeten aus Naturfaser (Ramie/Hanf) mehrere Vorteile: Sie stocken und faulen nicht mehr und halten höherem Druck stand.

Der Bau der Berliner Mauer

Am 13. August 1961 werden alle Straßen Berlins, die vom Ostteil in den Westteil führen, von Volkspolizei und Militär abgesperrt. Unmittelbar darauf beginnen Bauarbeiter und Soldaten mit der Errichtung von Mauern und Stacheldrahtabsperrungen. Panzer fahren auf beiden Seiten auf, tagelang ist eine militärische Konfrontation nicht ausgeschlossen. Die Ostberliner Feuerwehr wird neben Baukolonnen und Armeeeinheiten bei Erd- und Bauarbeiten eingesetzt. In einem Schreiben an den Präsidenten der Volkspolizei Berlin dankt der Kommandeur der Grenztruppen der DDR »den Feuerwehrleuten für ihren feindseitigen Einsatz« und hebt deren »Beitrag zur Sicherung der Staatsgrenze der DDR in Berlin« hervor.[177] Auch Mannschaften der Feuerwehrschule Heyrothsberge werden für einen Monat nach Berlin verlegt, um beim Mauerbau mit eingesetzt werden zu können. Spontan entschließen sich viele Bewohner Ostberlins, die Flucht in den Westen zu wagen, und versuchen, die noch nicht lückenlose Absperrung zu überwinden. Sie schwimmen durch Flüsse, kriechen durch provisorische Stacheldrahtsperren, klettern über Mauern, wo immer das möglich ist. In dieser Situation hat die Westberliner Feuerwehr eine Reihe von ungewöhnlichen Einsätzen zu fahren. Fast selbstverständlich wird sie alarmiert, wenn es gilt, Menschen bei ihren Fluchtversuchen vor Schaden zu bewahren. Die Einsätze finden unter Bedingungen statt, auf die niemand vorbereitet ist – die Feuerwehrmänner geraten in Konfrontationen mit der Ostberliner Polizei und müssen in kürzester Zeit entscheiden, ob sie den Fluchtwilligen helfen können und wann ein Einsatz zu risikoreich ist.

In der Bernauer Straße im Wedding und in der Harzer Straße in Neukölln bilden die Hausfassaden die Grenze, Straße und Bürgersteig liegen bereits auf westlichem Gebiet. In Fenstern und auf Dächern stehen Hausbewohner und andere Personen, die fliehen wollen, und machen durch Winken und Rufen auf sich aufmerksam. Manchmal werfen sie Zettel auf die Straße, auf denen sie ankündigen, um eine bestimmte Uhrzeit aus dem Fenster springen oder sich abseilen zu wollen. Einsatzkräfte der Feuerwehr versuchen zu helfen, indem sie Sprungtücher spannen. Vor den Kameras der Weltpresse spielen sich erschütternde Szenen ab: Ältere Menschen können ihre Sprunghaltung nicht kontrollieren und ziehen sich Verletzungen zu, besonders dann, wenn sie aus großer Höhe springen. Kleine Kinder werden von ihren Eltern in die Sprungtücher geworfen. Um Verletzungen bei Sprüngen aus oberen Stockwerken oder vom Dach zu vermeiden, wird noch ein Sprungpolster unter das Sprungtuch gelegt.

Bergung eines von Volkspolizisten erschossenen Flüchtlings, 27. August 1961

Sprungtucheinsatz bei Flucht aus einem Haus in der Bernauer Straße, 1961

Die Ostberliner Volkspolizei versucht, die Fluchtversuche zu verhindern, indem sie in die Wohnungen eindringt oder aus Nebenfenstern mit schußbereiter Waffe die Fluchtwilligen zur Rückkehr ins Haus auffordert. Tatsächlich wird auch geschossen – in einigen Fällen auch von der Westberliner Polizei. Der Bericht eines Zugführers der Westberliner Feuerwehr von einem Einsatz im Oktober 1961: »Als wir an der Bernauer Straße eintrafen, begann gerade das Feuergefecht. Wir sprangen sofort aus den Fahrzeugen und rannten mit dem Sprungtuch und dem Luftpolster zur Einsatzstelle. In der Dämmerung sah ich oben auf dem Dach etliche Menschen und zwei am Schneefang, die dauernd ihren Standort wechselten... Um aus dem Schußwinkel zu kommen, stellte ich mich mitten auf die Fahrbahn. Durch das Geschrei der Bevölkerung und das Knallen der Schüsse wurden meine Kommandos von den Kollegen am Sprungtuch nicht gehört, und ich mußte näher an die Bordkante herangehen. Nun konnte ich aber das Geschehen auf dem Dach nicht mehr beobachten und war auf Zurufe... angewiesen.«[178]

Die Feuerwehrfahrzeuge fahren zu solchen Einsätzen bald ohne Alarmsignal, sie werden außer Sichtweite geparkt, bis der Moment des Einsatzes gekommen ist. Ärger gibt es, wenn der Flüchtende erst einmal seinen Fernseher, seine Matratze oder andere Besitztümer ins Sprungtuch wirft, bevor er springt. Aber viele retten nur das, was sie am Leibe tragen. Insgesamt verlaufen die Sprünge – sogar aus großer Höhe – glimpflich. Ein zusammenfassender Bericht vom April 1962: »So sprang z.B. ein Kind aus ca. 22 Metern ins Tuch ohne merkliche Verletzungen und nur mit Schockwirkung. Durch den Aufprall wurden kurzfristige Atemschwierigkeiten hervorgerufen... Unfälle am Tuch waren selten. Es kam nur zu Unfällen, wenn die springende Person nicht in die Mite des Tuches sprang und mit einem ausgestreckten Körperteil einen Sprungtuchhaltenden traf. Eine weitere Unfallgefahr für Springende und Sprungtuchhaltende war die schnelle und unkontrollierte Folge der Absprünge. So hatte z.B. eine gesprungene Person das Tuch noch nicht verlassen, als schon ein Kleinkind hinterhergeworfen wurde.«[179]

Oft sammeln sich zahlreiche Passanten am Einsatzort, die durch Rufen und Sprechchöre die Arbeit der Westberliner Feuerwehr erschweren und auch diejenigen, die springen wollen, nervös machen. In einigen Fällen verfehlen Flüchtende das Sprungtuch und stürzen zu Tode. Dramatisch verläuft die Flucht einer alten Frau aus einem Haus in der Bernauer Straße. Sie läßt sich aus einem Fenster im ersten Stock herab, ein Mann klettert ihr von unten entgegen, um ihr zu helfen. Im Fenster erscheint ein Volkspolizist, packt die Frau am Handgelenk und will sie wieder in den Raum hineinziehen. Der Mann unten umklammert den Fuß der Frau. So zerren beide an ihr, hunderte von beobachtenden Menschen schreien in höchster Aufregung, bis der Volkspolizist aufgibt und die Frau ins Sprungtuch der Feuerwehr fällt.

Diese Einsätze der Westberliner Feuerwehr werden von Ostberliner Seite gestört, so gut es geht. Wasserwerfer fahren auf. Von den Häusern werden Farbbeutel auf die Sprungtücher geworfen. Einsatzkräfte werden falsch alarmiert und vor Ort nur von Volkspolizisten erwartet. Es gibt aber keine Verletzungen von Feuerwehrmännern bei Schußwechseln. Als im April 1962 eine vorläufige Bilanz gezogen wird – die Grenzanlagen sind inzwischen besser ausgebaut und verhindern die Flucht in den Westen –, erhalten 31 Beamte der Westberliner Feuerwehr den Verdienstorden der Bundesrepublik Deutschland für ihre Einsätze an der Mauer.

Die Westberliner Feuerwehr muß sich den Gegebenheiten der geteilten Stadt anpassen. Die Hauptfeuerwache ist sinnvollerweise besser im Zentrum des Westberliner Stadtgebiets angesiedelt als direkt an der Mauer. Der Senat beschließt, die geplante Berufsfeuerwehrwache in Charlottenburg-Nord um eine neue Hauptwache zu ergänzen. Das Baugelände liegt in der Nähe der Stadtautobahn am Nikolaus-Groß-Weg. Am 19.11.1963 zieht der bisherige Zug 8 von der Wache Lietzow in die neue Hauptfeuerwache und erhält nun die Nummer 1. Die alte Hauptwache heißt jetzt Wache Linden. Bis Ende 1967 sind die Abteilungen I, II, III und V in die neuen Verwaltungsgebäude auf dem Gelände der neuen Hauptwache eingezogen. Anfang 1968 wird sie feierlich eröffnet.

Das Funknetz der Westberliner Feuerwehr kann weiter ausgebaut werden. Drei Frequenzen stehen zur Verfügung, die für die Löschfahrzeuge, für die Unfallwagen und für Großeinsätze reserviert sind. Bis 1967 können alle Einsatzfahrzeuge mit Funk ausgerüstet werden. Schon 1962 ist eine drahtgebundene Zentralalarmierungsanlage eingeführt worden, die bald alle Wachen erreicht, mit ihr können verschiedene Wachen zur gleichen Zeit auch zu verschiedenen Einsätzen alarmiert werden. Noch sind allerdings die oft weiter entfernt liegenden Freiwilligen Feuerwehren an diese drahtgebundene Anlage nicht angeschlossen.

Auch die Feuermelder auf den Straßen werden verbessert, indem man sie mit einer Sprechverbindung ausrüstet. So kann der Alarmierende der Wache schildern, welche Hilfe an welchem Ort benötigt wird, die Wache kann dann gezielt die entsprechenden Fahrzeuge einsetzen. Da die Installierung von Feuermeldern relativ kostenaufwendig ist, läßt die Westberliner Feuerwehr einen münzfreien Notruf in einer Reihe von Telefonzellen installieren. Zunächst hat man in den Zellen jeweils zwei Groschen deponiert, die von Hilfesuchenden zum Anruf genutzt werden sollen – ein unpraktikables System. Man entwickelt daraufhin ein Vorschaltgerät, das per Hebel in Betrieb genommen wird. 1966 ist die Entwicklung serienreif und wird in den ersten 23 Telefonzellen installiert. Als gemeinsame Notrufeinrichtung von Feuerwehr und Polizei ist sie inzwischen im gesamten Bundesgebiet zu finden.

Integration des Rettungsamtes

Mit Erreichen der Altersgrenze geht Dr. Kaufhold am 31.1.1968 in Pension. Sein Nachfolger für kurze Zeit – er liegt im Alter nur etwa zweieinhalb Jahre unter der Altersgrenze – wird Branddirektor Dipl.-Ing. Heinz Hoene. Von 1941 bis 1945 arbeitete er – unterbrochen duch eine Abordnung zum Feuerschutzpolizeiregiment »Sachsen« – bei der Berliner Feuerschutzpolizei, zuletzt im Range eines Hauptmanns. Als ehemaliger Offizier der Feuerschutzpolizei war Hoene nach dem Krieg nicht wieder eingestellt werden. Aber schon 1948, früher als alle anderen ehemaligen Offiziere, trat er wieder in den Dienst der Feuerwehr. Hoene war nicht Mitglied der NSDAP gewesen und ließ sich auf die Auflage ein, erneut eine Feuerwehrausbildung zu durchlaufen.

Hoenes wichtigste Ziele sind die Eingliederung des bisher selbständigen Rettungsamts, die Vereinbarung eines neuen Bauprogramms für Feuerwachen mit dem Senat und die technische Modernisierung. Das Rettungsamt hatte bisher seine Aufgaben mit einem Personal von 133 Zivilbeschäftigten durchgeführt, beim Krankentransport war es auf die Amtshilfe der Berliner Feuerwehr angewiesen. Nicht zuletzt durch einen Einsatz bei einem U-Bahn-Zusammenstoß in der Nähe des Bahnhof Zoo am 30.6.1965 wird deutlich, daß die Feuerwehr diese Amtshilfe in Zeiten großer Beanspruchung nicht mehr zu leisten vermag. Das Rettungsamt beantragt daraufhin eine Personalvermehrung, der Senat nimmt diesen Antrag zum Anlaß, eine generelle Begutachtung der Arbeit und der Struktur des Rettungsamtes durch eine Wirtschaftsprüfungsgesellschaft vornehmen zu lassen.

Das Gutachten plädiert für die Eingliederung des Rettungsamtes in die Westberliner Feuerwehr: Die Feuerwehr verfügt über ein flächendeckendes Netz von Wachen, so daß die schnellstmögliche Hilfe für Personen in Not gewährleistet ist. Der Berliner Senat folgt mit seinem Beschluß vom November 1968 dieser Argumentation. Man erwartet von der Übernahme des Rettungsdienstes durch die Feuerwehr auch die Einsparung von Kosten.

Nach der Übernahme wird ein Teil der Beschäftigten des Rettungsamts in Fortbildungen für den Dienst als Feuerwehrmann qualifiziert, andere werden in der Verwaltung bzw. in anderen, ihren Fähigkeiten entsprechenden Tätigkeiten eingesetzt. Die Fahrzeuge des ehemaligen Rettungsamts werden auf die Feuerwachen verteilt. Bei der Abteilung I der Westberliner Feuerwehr richtet man ein neues Referat Medizinalwesen ein, das von der bisherigen Leiterin des Rettungsamtes übernommen wird.

Was die geplanten neuen Feuerwachen betrifft, kann Hoene mit dem Berliner Senat einen »Gesamtplan für die baulichen Modernisierungs- und Erneuerungsmaßnahmen bei der Berliner Feuerwehr« vereinbaren, der den Bau von zwei neuen Wachen pro Jahr vorsieht. Unter seinem Vorgänger Kaufhold waren von 1958 bis 1968 sechs neue Wachen in Dienst gestellt worden. Bei der Beschaffung neuer Fahrzeuge werden verstärkt Erfordernisse des Katastrophenschutzes berücksichtigt. Die Feuerwehr erhält eine Reihe von Spezialfahrzeugen wie Generatorwagen, Tanklastzug, Kranwagen, Laderaupe, Rüstwagen und Ölsaugwagen. Im Personalbereich gibt es eine Reihe von Stellenneubewertungen, so wird Hoene 1969 zum Landesbranddirektor ernannt, ihm untergeordnet sind nun die Leitenden Branddirektoren. Neu geschaffen wird der Rang des Brandhauptmeisters. 1971 erfolgt eine Arbeitszeitverkürzung bei den Einsatzkräften. Nach wie vor wechseln zwar Dienst und Freizeit im Rhythmus von 24 Stunden, aber innerhalb eines Zeitraums von acht Wochen werden nun sieben dienstfreie Ausgleichstage gewährt. Umgerechnet entspricht dies einer Wochenarbeitszeit von 63 Stunden.

Feuerwehr und Katastrophenschutz

Am 30.11.1970 tritt Hoene mit Erreichen der Altersgrenze in den Ruhestand. Der bisherige Branddirektor Kurt-Werner Seidel wird am 1.3.1971 zum Landesbranddirektor ernannt. Seidel hatte Physik studiert und war vor seinem Eintritt in die Feuerwehr in der Industrie tätig. Er will sich besonders auf den Ausbau des Rettungsdienstes konzentrieren, der immer höhere Einsatzzahlen aufweist, und durch den Aufbau einer elektronischen Datenverarbeitungsanlage die Alarmierung der Einsatzkräfte verbessern. Das Aufgabenspektrum der Feuerwehr erweitert sich 1970 mit dem Beschluß der Senatsverwaltung für Inneres, die Feuerwehr zur Führungsbehörde im Katastrophen-Hilfsdienst zu bestimmen. Stäbe für den Einsatz der verschiedenen Fachdienste wie Brandschutz, Bergung und Instandsetzung, ABC-Schutz (Schutz vor den Gefahren atomarer, biologischer oder chemischer Stoffe) und Warndienst werden aufgebaut.

Überlegungen zur Verbesserung des Katastrophenschutzes sind auch maßgeblich bei der Neugründung einer Reihe von Freiwilligen Feuerwehren, die bei Berufsfeuerwehrwachen angesiedelt werden. Diese Freiwilligen Feuerwehren sollen die Einsatzkräfte der Berufsfeuerwehr bei längeren Großeinsätzen oder eben im Katastrophenfall unterstützen. Um die Berufsfeuerwehr auch bei der Bewältigung von alltäglichen Einsätzen zu entlasten, ist einer Reihe von Freiwilligen Feuerwehren in den Außenbezirken ein eigener »Ausrückebezirk« zugewiesen. Alle Einsätze in diesem genau abgegrenzten Ausrückebezirk erledigt die Freiwillige Feuerwehr, wenn sie mit den ihr zur Verfügung stehenden Mitteln zu bewältigen sind. Eine systematische Grundausbildung der Angehörigen der Freiwilligen Feuerwehren und ein Lehrgang in Erster Hilfe gewährleisten die Qualifikation dieser Einsatzkräfte. Durch breit angelegte Werbemaßnahmen gelingt es der Westberliner Feuerwehr, mehrere hundert Personen für den Dienst in einer Freiwilligen Feuerwehr zu interessieren. Innerhalb von drei Jahren können so sieben neue Freiwillige Feuerwehren bei Berufsfeuerwehrwachen gegründet werden.

Ab 1971 werden zwei Fahrzeugtypen beschafft, die bis Mitte der achtziger Jahre die Standard-Einsatzfahrzeuge bleiben: Das Löschgruppenfahrzeug LF 16 und das Tanklöschfahrzeug TLF 16.

Daß die Feuerwehr in der Lage sein muß, sich auf ganz unterschiedliche Einsätze taktisch und technisch einzustellen, verdeutlichen ein Feuer und eine Explosion im Jahre 1973. Am 28.2.1973 gerät eine etwa 1.000 Quadratmeter große Mehrzweckhalle in Brand, die gerade in einem zweigeschossigen Gebäude, angelehnt an ein fünfgeschossiges errichtet wird. Dieses wiederum grenzt an das 22 Stock hohe Europacenter. Das Dach der Halle besteht aus Stahlblechen, die mit Polystyrolschaumstoff und drei Schichten Dachpappe belegt sind. Beim Eintreffen der Feuerwehr brennt ein Teil der obersten Dachpappenlage unter ungeheurer Qualmentwicklung. Fast schlagartig breitet sich das Feuer über das gesamte Hallendach aus, durch eine offene Verbindung zum fünfgeschossigen Gebäude wird auch dieses vom Feuer erfaßt. Bedroht ist nun auch das Europacenter. Fünf Löschzüge können nach zwei Stunden unter Einsatz von 16 C-Rohren das Feuer unter Kontrolle bringen. Der entstandene Brandschaden in Höhe von 5 Millionen DM führt zu einer intensiven Berichterstattung in den Medien. Landesbranddirektor Seidel wird vom Ausschuß des Abgeordnetenhauses für Sicherheit und Ordnung vorgeladen und begründet das Vorgehen der Feuerwehr: Aufgrund des in den Gebäuden verwendeten Baumaterials und fehlender baulicher Vorkehrungen sei die Brandausbreitung nicht zu verhindern gewesen.

Löschgruppenfahrzeug LF 16
Aufbau der Karosserie durch Fa. Bachert in Mischbauweise aus Stahl und Aluminium, Rollläden, Wassertank mit 800 Litern Inhalt, Schnellangriffseinrichtung auf der rechten Seite. Das von der Firma MAN gebaute Fahrgestell ist auf ein zulässiges Gesamtgewicht von 11,6 Tonnen ausgelegt. Die am Heck eingebaute zweistufige Feuerlöschkreiselpumpe liefert bis zu 2500 Liter pro Minute und verfügt über einen A-Sauganschluß sowie auf jeder Seite zwei B-Druckstutzen. Der Fahrzeugantrieb erfolgt durch einen wassergekühlten 160-PS-Dieselmotor. Die Besatzung beträgt neun Mann nach Norm, tatsächlich sechs Mann.

Tanklöschfahrzeug TLF 16
Aufbau der Karosserie durch Fa.Bachert in Mischbauweise aus Stahl und Aluminium, Rollläden, Wassertank mit 2400 Litern Inhalt, Schnellangriffseinrichtung auf der rechten Seite. Fahrgestell der Fa. MAN, Pumpe und Fahrzeugantrieb wie beim LF 16.
Besatzung: Sechs Mann nach Norm, tatsächlich drei Mann.[181]

Brand im Europacenter am 28. Februar 1973

Konnten die Feuerwehrmänner bei diesem Brand hochentwickelte Löschtechnik einsetzen, so sind sie bei einem nach einer Gasexplosion teilweise eingestürzten Mietshaus auf einfachere Werkzeuge angewiesen: Stützbalken, Spitzhacken und Schaufeln. Am frühen Nachmittag des 20.11.1973 kommt es infolge eines Selbstmords in der Soldiner Straße zu einer Gasexplosion. Das zweite, dritte und vierte Geschoß des Quergebäudes stürzen ein. Unter den Trümmern, die auch die Decke des ersten Geschoßes einzudrücken drohen, liegt eine unbekannte Zahl von Personen. Die Besatzungen von insgesamt acht Löschzügen versuchen, in höchster Eile die verschütteten Menschen zu bergen. Man hört die Schreie eines Kindes. Während ein Teil der Mannschaften die Decken des ersten Geschoßes abstützt, dringen andere in die Trümmer ein, ständig gefährdet durch möglicherweise nachrutschende und einstürzende Mauern.

Die Bergungsversuche gestalten sich äußerst schwierig, da es nicht möglich ist, technische Hilfsgeräte in Stellung zu bringen. Man schiebt eine zehn Meter lange Leiter in die Nähe des Kindes, von ihr aus versucht ein Arzt, es zu beruhigen. Vom Nachbarhaus aus wird die Brandwand durchbrochen, um besser an die Verschütteten heranzukommen.

Schließlich gelingt es, den Jungen zu befreien, auch die Mutter des Kindes kann lebend gerettet werden. Für vier Hausbewohner jedoch kommt jede Hilfe zu spät.

Zu einem Katastropheneinsatz bisher ungekannter Dimension rückt die Berliner Feuerwehr im August 1975 aus. Die Waldbrandkatastrophe in Niedersachsen droht den vor Ort eingesetzten Einheiten außer Kontrolle zu geraten, sie nehmen daraufhin das Hilfsangebot der Berliner Feuerwehr an.

Ganz Deutschland leidet im August 1975 unter einer andauernden Hitzewelle. Am 8. August bricht in einem Wald-, Heide- und Moorgebiet im Landkreis Gifhorn aus ungeklärter Ursache ein Brand aus, der sich schnell über größere Flächen ausbreitet. »Der Wind hatte die Flammen am Freitagabend auch über eine Landstraße und den im Bau befindlichen Elbe-Seiten-Kanal getrieben. Das Feuer drang auf 300 Meter Breite in die Moorflächen bei Neudorf-Platendorf ein... Begünstigt wird die Ausbreitung des Brandes durch das nach dem Orkan 1972 zurückgebliebene Bruchholz in den Gifhorner Wäldern, in dem die Flammen reiche Nahrung finden.«[181] Bald entstehen auch in der Nähe der Ortschaft Gorleben und bei Eschede im Kreis Celle Flächenbrände. Obwohl alle verfügbaren Löschmannschaften der Umgebung im Einsatz sind, unterstützt von Soldaten der Bundeswehr und des Bundesgrenzschutzes sowie Einheiten des Technischen Hilfswerks, gelingt es in den ersten Tagen nicht einmal, die Ausbreitung der Brände zu verhindern. Am vierten Tag stehen über 60 Quadratkilometer der Wald-, Heide- und Moorlandschaft in Flammen. 1.000 Menschen werden vorsorglich aus ihren Häusern evakuiert. Frankreich stellt vier speziell für Feuerlöschzwecke konstruierte Flugzeuge vom Typ »Canadair« zur Verfügung. Am Steinhuder Meer tanken sie jeweils mehrere Tonnen Wasser auf und laden sie dann in ständigen Einsätzen über den brennenden Gebieten ab. An den Löscharbeiten beteiligen sich 9.000 Helfer.

Die Brandbekämpfung in den unwegsamen Wald- und Moorgebieten ist äußerst schwierig. Ein Gifhorner Brandmeister erleidet einen tödlichen Herzanfall. »Im Brandgebiet von Leiferde/Meinersen kamen am Sonntagnachmittag fünf Feuerwehrmänner einer Wolfsburger Bereitschaft, die mit fünf weiteren von einer 'Flammenwalze' eingeschlossen waren, ums Leben. Die fünf Überlebenden hatten sich im letzten Augenblick aus dem Flammenmeer retten können. Die Toten wurden unweit des ausgebrannten Löschfahrzeugs gefunden.«[182]

Die Westberliner Feuerwehr hat schon seit dem zweiten Tag des Brandes mehrfach ihre

Waldbrand-katastrophe in Niedersachsen, August 1975

Hilfe angeboten, wird aber erst am späten Nachmittag des 13.8.1975 angefordert. Gegen Mitternacht verlassen 121 Mann auf acht Tanklöschfahrzeugen mit Tragkraftspritzenanhängern, drei Schlauchwagen, einem Kommandowagen, vier Einsatzleitwagen und acht Versorgungsfahrzeugen unter Führung des Leitenden Branddirektors Beyer die Stadt. Gegen 7 Uhr morgens trifft die Kolonne bei der zentralen Einsatzstelle in Oldendorf ein und übernimmt einen Geländebereich von etwa 12 Quadratkilometern. Für diesen Abschnitt werden Beyer die bereits tätigen Freiwilligen Feuerwehren Fallingbostel und Diepholz sowie Einheiten der Bundeswehr, des Bundesgrenzschutzes und des Technischen Hilfswerks unterstellt. Beyer hat nun die Verantwortung für Einsatzkräfte, die nur zum Teil in der Feuerbekämpfung geschult sind, hinzu kommt, daß die Berliner Feuerwehr mit Wald- und Moorbränden dieser Dimension keine Erfahrung hat. Die Unterstützung durch Hubschrauber, die die Einsatzleitstellen über Funk ständig über die Entwicklung der Lage informieren, erweist sich bald als lebensrettend. »Zahlreiche Helfer und Feuerwehrleute in dem Gebiet waren vorübergehend von den Flammen eingeschlossen, konnten aber gerettet werden. So wurden 50 Bundeswehrsoldaten von einer Lichtung ausgeflogen, die von Flammen umgeben war. Eine große Gruppe von Feuerwehrleuten, die in einem brennenden Waldgebiet wegen der Rauchentwicklung die Orientierung verloren hatte, wurde aus der Luft aus der Gefahrenzone herausgelotst.«[183]

Insgesamt 12.000 Helfer sind jetzt im Einsatz. Bergungspanzer ziehen eine 20 Kilometer lange und bis zu 100 Meter breite Schneise durch den Wald, die von den wasserabwerfenden Flugzeugen ständig feucht gehalten wird, um dem Brand Einhalt zu gebieten. Am 15.8.75 können die Einsatzkräfte das Feuer entscheidend zurückdrängen, zwei Tage später ist die Lage soweit unter Kontrolle, daß die Berliner Einheiten ihren Abschnitt an niedersächsische Kräfte übergeben können und nach Berlin zurückkehren.

Im Herbst des Jahres schließt die Berliner Feuerwehr ein Abkommen mit den Grenzorganen der DDR, das Rettungsmaßnahmen auf einem bestimmten Abschnitt der Spree ermöglicht. Die Spree gehört in Kreuzberg auf einer Länge von 2 Kilometern zum Territorium der DDR. Offiziell verläuft die Grenze hier entlang des Westufers, Grenzabsperrungen sind aber erst auf dem Ostufer errichtet, das Westufer ist also für die Westberliner Bevölkerung zugänglich. Immer wieder kommt es vor, daß Kinder ins Wasser fallen. Da es keine Alarmierungsmöglichkeiten zur östlichen Seite hin gibt, verstreicht Zeit, bis die Grenztruppen überhaupt aufmerksam werden und mit ihren Motorbooten die Unglücksstellen erreichen. Von Westberliner Seite aus darf niemand zur Rettung ins Wasser springen, auch nicht die meist rasch alarmierte Westberliner Feuerwehr, weil die Truppen der DDR dies als Grenzverletzung betrachten. Von 1972 bis 1975 ertrinken so vier Kinder. Nach jahrelangen Verhandlungen wird nun endlich eine Vereinbarung getroffen, die es der Westberliner Feuerwehr ermöglicht, vom westlichen Ufer aus gefährdete Personen aus dem Wasser zu retten. Ab dem Frühjahr 1976 läßt die Feuerwehr entlang dem Ufer sogenannte »Rettungssäulen« (Wasserunfallmelder) aufstellen, mit denen bei Alarm auch die östlichen Grenzorgane informiert werden. Seitdem gibt es keine Behinderungen bei Rettungsmaßnahmen mehr.

125 Jahre

1976 wird die Berliner Feuerwehr 125 Jahre alt. Am 18. Juni findet in Westberlin ein Festakt statt, an dem neben dem Regierenden Bürgermeister Schütz zahlreiche Politiker und die Leitungen vieler Feuerwehren aus dem gesamten Bundesgebiet teilnehmen. Die Robertstrasse in Wannsee, an der eine Feuerwache gelegen ist, wird zur Erinnerung an den ersten Branddirektor der Stadt in »Scabellstraße« umbenannt. Am 19. Juni fährt ein großer Fahrzeugkorso mit historischen Feuerwehrfahrzeugen durch die Stadt, und am Nachmittag erleben rund 50.000 Berliner und auswärtige Gäste ein Fest auf dem Gelände der Hauptfeuerwache am Nikolaus-Groß-Weg.

1976 erfolgt auch eine neuerliche Umorganisation der Westberliner Feuerwehr: Neben den bestehenden vier Abteilungen und der Abteilung Allgemeine Verwaltung wird für den Ausbildungsbereich die Abteilung V gebildet. Brandschutz wird außerdem durch eine Reihe von Betriebsfeuerwehren gewährleistet, die große Firmen und Industriebetriebe auf ihrem Gelände unterhalten. Wenn Betriebe bereit sind, die Angehörigen ihrer Werksfeuerwehr bei der Berliner Feuerwehr ausbilden und prüfen zu lassen, können diese Einrichtungen gemäß einer Werkfeuerwehrverordnung als Feuerwehren anerkannt werden, wie schon 1921 die von der Firma Siemens gegründete Werksfeuerwehr.

Anerkannte Werksfeuerwehren

Anerkennung	Betrieb	Art
1979	GASAG	Berufsfeuerwehr
1981	Schering	Berufskräfte mit Freiwilligen
1983	Ford-Werke	Berufskräfte mit Freiwilligen

Die Flughäfen Tegel, Tempelhof und Gatow verfügen ebenfalls über Feuerwehren. Sie arbeiten mit deutschem Personal, aber unter der Verwaltung der jeweiligen Besatzungsmacht.

Für die Mannschaften und den höheren Dienst der Berliner Feuerwehr sind seit Anfang der siebziger Jahre eine Reihe neuer Dienstränge geschaffen worden.

Der Stand im Jahre 1976:
Einsatzpersonal

1	Landesbranddirektor
3	Leitende Branddirektoren
6	Branddirektoren
11	Oberbrandräte
1	Brandrat
9	Brandoberamtsräte
32	Brandamtsräte
58	Brandamtmänner
65	Brandoberinspektoren
24	Brandinspektoren
813	Hauptbrandmeister
791	Oberbrandmeister
561	Brandmeister
94	Oberfeuerwehrmänner
20	Feuerwehrmänner
2489	Personen

Der Löschzug wird Mitte der siebziger Jahre nur noch mit einem Zugführer und 14 Mann besetzt. Sie bilden am Einsatzort zwei Angriffstrupps, einen Wassertrupp, einen Schlauchtrupp und einen Rettungstrupp.

Etwa 70% der Einsätze der Westberliner Feuerwehr gelten mittlerweile nicht Bränden oder technischen Hilfeleistungen, sondern Krankentransporten und der Versorgung und dem Transport hilfloser Personen. Die Feuerwehr verfügt über 94 Krankentransportwagen, »Rettungswagen« genannt. Aufgrund der guten Erfahrungen mit einem ersten Notarztwagen, in dem ein Arzt mitfährt, werden bis 1986 fünf weitere beschafft. Die Notarztwagen sind bei Krankenhäusern stationiert und werden von der Leitstelle der Berliner Feuerwehr alarmiert.

Verschiedene Untersuchungen zu Umfang und Kosten des Rettungswesens führen 1983 zu die Feuerwehr entlastenden Veränderungen. 5 Rettungswagen des Roten Kreuzes (DRK) und des Malteser-Hilfsdiensts (MH) werden mit ihren Mannschaften auf verschiedenen Feuerwachen stationiert und ersetzen solche der Feuerwehr. Somit wird zumindest ein geringer Teil der Rettungseinsätze von den gemeinnüt-

Die Brandschutzabschnitte verfügen über folgende Feuerwachen:

Nord
(Edinburger Str. 7)

Berufsfeuerwachen
41 Wedding
42 Schillerpark
44 Wittenau
51 Tegel
52 Hermsdorf
Freiwillige Feuerwehren
81 Lübars
82 Frohnau
83 Heiligensee
84 Tegelort
44 Wittenau
52 Hermsdorf
West (Triftstr. 8-9)

Berufsfeuerwachen
1 Hauptfeuerwache
17 Spandau-Nord
18 Spandau-Süd
Freiwillige Feuerwehren
85 Staaken
86 Gatow
87 Kladow
117 Spandau-Nord

Südwest (Kronprinzessinnenweg 20)

Berufsfeuerwachen
14 Steglitz
15 Lichterfelde
19 Zehlendorf
20 Wannsee
Freiwillige Feuerwehren
115 Lichterfelde

Ost (Feurigstr. 58)
Berufsfeuerwachen

5 Urban
12 Schöneberg
21 Reichenberg
24 Tempelhof
Freiwillige Feuerwehren
112 Schöneberg

Süd-Ost (Rudower Str. 126-130)

Berufsfeuerwachen
22 Neukölln
23 Marienfelde
25 Mariendorf
27 Buckow
Freiwillige Feuerwehren
88 Lichtenrade
89 Rudow
125 Mariendorf

Mitte
(Suarezstr. 9-10)
Berufsfeuerwachen

7 Moabit
9 Ranke
10 Suarez
11 Wilmersdorf
16 Grunewald
Freiwillige Feuerwehren
110 Suarez

Historischer Fahrzeugkorso anläßlich des 125-jährigen Jubiläums am 19. Juni 1976

zigen Sanitätsorganisationen ausgeführt. In der Folge übernehmen DRK und MH sowie die Johanniter Unfallhilfe den gesamten Krankentransport in eigener Verantwortung. Unter einer zentralen Telefonnummer ist eine Leitstelle der Santitätsorganisationen zu erreichen, die die Transporte koordiniert. Durch diese Maßnahmen verringern sich die Einsatzzahlen der Westberliner Feuerwehr von 168.987 im Jahre 1980 über 145.390 (1983) auf schließlich 134.638 im Jahre 1984.

1980 kann die Arbeitszeit für die Besatzungen einiger Feuerwachen, die durch Einsätze stark belastet sind, reduziert werden. Der Senat beschließt, unterschiedliche lange Schichten einzuführen. Die Wachen mit hohen Einsatzzahlen sollen nun in 12-Stunden-Schichten arbeiten, nach jeder Schicht sind 36 Stunden dienstfrei. Die Mannschaften kommen so auf eine Arbeitszeit von durchschnittlich 42 Stunden pro Woche (zuzüglich 2 Std./Woche Dienstsport). Jeweils um 7 Uhr 30 und um 19 Uhr 30 erfolgt die Ablösung. Die weniger belasteten Wachen bleiben bei der 24-Stunden-Schicht und arbeiten 56 Stunden pro Woche. Das Gehalt bleibt in beiden Fällen gleich. Die 42-Stunden-Woche gilt zunächst für die Feuerwachen Suarez, Schöneberg und Neukölln, 1981 folgt die Wache Wedding und 1982 Kreuzberg. Um eine Wache auch bei überdurchschnittlichen Ausfällen beispielsweise durch Krankheit oder Unfall einsatzfähig zu erhalten, führt man ab September 1983 den morgendlichen Personalausgleich zwischen den Wachen eines Abschnitts ein.

Parallel zur Anpassung der Dienstzeiten an die unterschiedlich intensive Belastung der Feuerwachen verlaufen Planungen zu einer Umgestaltung der Feuerwehrfahrzeuge. Die bisher verwendeten Löschgruppenfahrzeuge (LF) und

Lösch-Hilfeleistungs-Fahrzeug LHF 16 CD

Aufbau der Karosserie durch Fa. Bachert in Mischbauweise aus Stahl und Aluminium, Rolläden, im Mannschaftsraum zwei Atemschutzgeräte als Rückenlehne untergebracht; Wassertank mit 1600 Litern Inhalt, Schnellangriffseinrichtung mit 57 Meter formbeständigem Schlauch mit Nebelpistolenrohr für Wasser und bei Einsatz eines Schaumstrahlrohrs auch für Mittelschaum; Wasser/-Schaumwerfer auf dem Mannschaftskabinendach, 400 Liter Schaummittelbehälter, Zumischanlage als Pumpenvormischanlage, tragbarer Generator 8 kVA, Beleuchtungsanlage für die Einsatzstelle, dreiteilige Schiebleiter aus Metall, vierteilige Steckleiter aus Metall.

Beladung: 1 Satz Hebekissen, Motorsäge, Motortrennschleifer, 4 Autogleiter mit Sicherungsbügeln, Ziehgabel, Absaugeinrichtung für Kraftstoff, Tauchpumpe TP 15/l, Hydrospreizer, Hydroschneidgerät, Motorpumpenaggregat, Werkzeugkasten »Tür öffnen«, Schnellbandagen, Sauerstoffinhalationsgerät, Sauerstoffflasche 2,6 l.

Fahrgestell der Fa. Daimler-Benz mit einem zulässigen Gesamtgewicht von 13,3 t. Am Heck eingebaute Pumpe, Allradantrieb.

Pumpe als Feuerlöschkreiselpumpe mit einem A-Sauganschluß, drei absperrbaren B-Druckanschlüssen, einem absperrbaren B-Druckanschluß für den Wasser/Schaumwerfer und einem Anschluß für die Schnellangriffseinrichtung.
Die Besatzung besteht aus 6 Mann. Das LHF 16 CD wird seit 1985 eingesetzt.

Tanklöschfahrzeuge (TLF) sind für die immer zahlreicher werdenden technischen Hilfeleistungen unzureichend ausgerüstet. Während das LF wenigstens einige Werkzeuge an Bord hat, verfügt das TLF »nicht einmal über einen Schraubenzieher«, wie Landesbranddirektor Seidel anmerkt. Ist das LF zu einem Einsatz der technischen Hilfeleistung ausgerückt, muß bei einem Löscheinsatz derselben Wache oft ein Löschgruppenfahrzeug einer anderen angefordert werden, will man nicht ohne tragbare Leitern und Sprungtuch am Brandort antreten. »Das TLF blieb also weiterhin das Fahrzeug, als das es eingeführt wurde, nämlich die fahrbare Wassertonne. Als dann noch das Löschgruppenfahrzeug mehr Wasser im Tank mitführen konnte und eine 60 Meter lange Schnellangriffseinrichtung mit formbeständigem Schlauch erhielt, machte sich der Gedanke breiter, den Löschzug statt mit einem LF und einem TLF... mit zwei gleichartigen Löschfahrzeugen auszustatten, die sowohl Brände bekämpfen als auch technische Hilfe leisten könnten.«[184] Branddirektor Milcke erarbeitet ein Konzept für das neue Fahrzeug, das die umfangreiche Bestückung mit technischem Gerät vorsieht. 1983 werden die ersten neun Fahrzeuge mit der Bezeichnung Lösch-Hilfeleistungs-Fahrzeuge (LHF 16) in Dienst gestellt. Ein Jahr später ändert man noch einmal die Karosserie: Die Fahrerkabine wird nach vorn gezogen und nach unten gelegt, dadurch ist das schnelle Aussteigen für die Mannschaft sicherer. Ein Großteil der Geräte kann nun leichter entladen werden. Links sind die Geräte und Einrichtungen zur Brandbekämpfung untergebracht, rechts die zu technischer Hilfeleistung. Die Feuerwehr bezeichnet dieses tiefergelegte Fahrzeug als LHF 16 CD.

Brennende Barrikaden

Seit Mitte der sechziger Jahre hat sich in Westberlin wie in anderen Großstädten auch eine politische Bewegung entwickelt, die überkommene Autoritäten sowie die Politik des »kapitalistischen Staates« insgesamt in Frage stellt. Als Rudi Dutschke, einer der Sprecher der Studentenbewegung, im April 1968 durch ein Attentat schwer verletzt wird, ziehen Zehntausende von Demonstranten zum Springer-Verlag in die Kochstraße. Etwa ein Dutzend der Auslieferfahrzeuge des Verlags werden in Brand gesteckt. Als die Feuerwehr eintrifft, versuchen einzelne Demonstranten, ihr die Schläuche zu entreißen. »Genossen, solidarisiert euch mit unserem Kampf!« lautet eine Aufforderung. Mühsam, unter Polizeischutz, können die brennenden Fahrzeuge gelöscht werden.

Ungleich schwerer werden die Einsätze der Westberliner Feuerwehr in den erbitterten Straßenkämpfen der achtziger Jahre. Eine vielfältige links-alternative Szene nimmt die kritischen Impulse der Studentenbewegung auf. Die Wohnungspolitik der Stadt ist das Thema, an dem sich die politische Auseinandersetzung radikalisiert. Zahlreiche Initiativen, oft unterstützt von engagierten Architekten und Stadtplanern, hatten die herrschende Stadtsanierungspraxis kritisiert – ohne großen Erfolg. Altbauten werden in großer Zahl abgerissen und durch Neubauten mit teuren Mieten ersetzt. Um die behördliche Abrißgenehmigung zu erhalten, werden Häuser entmietet und dem Verfall preisgegeben. Während Zehntausende nach Wohnungen mit bezahlbaren Mieten suchen, stehen Ende 1980 etwa 800 Häuser in Westberlin leer.

Eine der ersten Hausbesetzungen, die auf diese Misere hinweisen soll, findet bemerkenswerterweise in einer gerade von der Feuerwehr geräumten Wache statt. Die Wache Reichenberg in Kreuzberg zieht in einen modernen Wachenbau in der Wiener Straße um. 40 Tage lang halten junge Leute das von der Substanz her noch gute, aber für Feuerwehrzwecke nicht mehr ausreichende alte Gebäude besetzt. Sie wollen es zu einem Stadtteilzentrum ausbauen. Die Wache wird schließlich von der Polizei geräumt und kurz darauf abgerissen.

Der von SPD und FDP getragene Senat reagiert auf die 1980 zunehmenden Hausbesetzungen zunächst moderat. Zu offensichtlich sind die Versäumnisse in der Berliner Sanierungspolitik,

Teile der Bevölkerung äußern zudem Sympathie mit den Zielen der Hausbesetzerbewegung. Besetzte Häuser werden allerdings dann geräumt, wenn die Staatsanwaltschaft eine »Gefährdung der öffentlichen Sicherheit und Ordnung« annimmt, und wenn der Eigentümer eine Abrißgenehmigung und die Genehmigung konkreter Baumaßnahmen vorweisen kann. Die Besetzerszene und ihre Sympathisanten reagieren mit Demonstrationen, in deren Verlauf es immer öfter zu gewaltsamen Ausschreitungen kommt. Die Situation eskaliert.

Aus den vorgezogenen Neuwahlen zum Abgeordnetenhaus im Mai 1981 geht die CDU als stärkste Partei hervor. Der neue Innensenator Heinrich Lummer setzt vermehrt Räumungen besetzter Häuser durch. Es kommt zu wahren Straßenschlachten, bei denen Barrikaden gebaut und angezündet werden. Oft nur unter Polizeischutz kann die alarmierte Feuerwehr solche Barrikadenbrände löschen. In der Nacht vom 22. auf den 23. 9. 1981 muß sie den Ausnahmezustand für das gesamte Stadtgebiet ausrufen.

Nach Ablauf eines von Innensenator Lummer gestellten Ultimatums räumt die Polizei am Vormittag des 22.9.81 acht besetzte Häuser. Es kommt zu keinen nennenswerten Zwischenfällen: Fast 700 Personen lassen sich von der Polizei aus den Häusern tragen, beobachtet von Presse- und Fernsehkameras. Am Nachmittag gibt der Innensenator eine spontane Pressekonferenz in einem gerade von der Polizei geräumten Haus in der Bülowstraße. Etwa 300 Menschen versammeln sich vor dem Haus; obwohl die Menge sich auf Sprechchöre gegen den Innensenator beschränkt, beschließt eine gerade zur Verstärkung eintreffende Polizeieinheit, die Straße zu räumen. Sie treiben die Demonstranten in den fließenden Verkehr einer großen Kreuzung.[185] Der 18-jährige Klaus Jürgen Rattay wird von einem Bus überfahren und tödlich verletzt.

Nach einem Schweigemarsch, an dem 10.000 Personen teilnehmen, entlädt sich in dieser Nacht alle angestaute Wut. Polizeieinheiten werden mit Steinen beworfen, Autos und Bauwagen zu Barrikaden zusammengeschoben und in Brand gesetzt. Die Polizei setzt 1.800 Beamte, unterstützt von Wasserwerfern, ein und bekommt dennoch die Lage lange nicht unter Kontrolle. Immer wieder vertreibt die Polizei »Störer« genannte Personen unter Einsatz von Tränengas und Knüppeln von einer Straße, wenige hundert Meter weiter werden neue Barrikaden gebaut. Es gibt Dutzende von Verletzten auf beiden Seiten. Hunderte von Schaufensterscheiben werden zerstört, Fackeln oder Molotowcoctails in Geschäfte geschleudert, einige werden geplündert. Die Feuerwehr kann nur zu einem Teil der Brände vordringen. Es entsteht ein Schaden in Millionenhöhe.

Immerhin bewirken die Ereignisse dieses Tages ein Umdenken der politisch Verantwortlichen. Durch Verhandlungen wird es möglich, daß die Besetzer von etwa der Hälfte der damals 167 besetzten Häuser langfristige Miet- und Nutzungsverträge mit den Eigentümern der Häuser abschließen können.

Ähnlich hilflos ist die Feuerwehr, als es Jahre später in Kreuzberg wieder zu Straßenkämpfen kommt. 1987 wird in Westberlin wie auch im Bundesgebiet die Volkszählung durchgeführt, um eine Reihe von Daten sowohl zu den persönlichen Lebensverhältnissen der Bevölkerung als auch zu Anzahl und Struktur von Betrieben zu erhalten. Teile der Bevölkerung lehnen diese Volkszählung ab und fordern zum Boykott auf. Am Morgen des 1. Mai 1987 durchsucht die Polizei mehrere Räume im alternativen »Mehringhof« und beschlagnahmt dabei Akten und Boykottaufrufe. Diese Aktion ist längst bekannt, als am Nachmittag auf dem Lausitzer Platz in Kreuzberg ein Fest zum 1. Mai stattfindet. Ein abgestellter Streifenwagen der Polizei wird umgekippt, die Polizei marschiert auf, das Fest wird vorzeitig abgebrochen. Am Abend kommt es zu schweren Ausschreitungen. In der Nähe des Lausitzer Platzes brennen mehrere schnell errichtete Barrikaden. Die Feuerwehr stellt sich aufgrund ihrer Erfahrungen auf schwierigste Einsatzbedingungen ein und beordert vorsorglich zwei weitere Löschzüge zur Feuerwache Kreuzberg in die Wiener Straße. Die Ereignisse dieser Nacht

22.9.1981: Ein Feuerwehrmann versucht, eine brennende Barrikade zu löschen und wird von Polizisten gegen Steinwürfe geschützt

dürften aber die schlimmsten Erwartungen der Einsatzleitung übertroffen haben. Ein Bericht der Feuerwehr:

»Um 21 Uhr 31 wurde in der Muskauer Straße ein Feuer gemeldet, zu dem aus dem Bereitstellungsraum der Löschzug Schillerpark ausrückte. Es handelte sich um einen böswilligen Alarm, bei dem der Löschzug zwischen zwei schnell errichteten Straßensperren blockiert wurde. Vor Antritt der Rückfahrt wurden alle Feuerwehrfahrzeuge durch Steinwürfe derart beschädigt, daß sie nicht mehr einsatzfähig waren. Zwei Feuerwehrbeamte wurden dabei verletzt.

Um 21 Uhr 37 rückte das in Dienst genommene Reserve-Löschgruppenfahrzeug (LF) Kreuzberg zu einem brennenden Bagger in der Mariannenstraße aus. Erst gegen 22 Uhr 30 gelang es im vierten Anlauf, unter Polizeischutz die Einsatzstelle zu erreichen. Kurz nachdem der Schnellangriff zur Brandbekämpfung vorgenommen war, bewarfen mehrere gewalttätige Störer die Polizei derart mit Steinen, Wurfgeschossen und Molotowcoctails, daß die Polizeibeamten fluchtartig die Einsatzstelle verließen. Die LF-Besatzung suchte zunächst hinter ihrem Fahrzeug und einem Glascontainer Deckung. Da die Randalierer jedoch auch gezielt gegen die Feuerwehrbeamten vorgingen, flüchteten diese unter Zurücklassung ihres kompletten LF in ein Mannschaftstransportfahrzeug der Polizei und wurden damit um 23 Uhr 04 zur Feuerwache Kreuzberg zurückgebracht. Augenzeugen schilderten spä-

Ausgebrannter Supermarkt in Kreuzberg nach den Ausschreitungen vom 1. Mai 1987

ter, daß das LF nach Teilzerstörung und Plünderung mit Molotowcoctails in Brand gesetzt wurde. Es brannte völlig aus und konnte erst am nächsten Morgen vom Feuerwehrkran auf einen Tieflader verladen und abtransportiert werden.
Um 22 Uhr 42 wurde nach Plünderung ein Lebensmittel-Supermarkt in Brand gesetzt. Obwohl die Einsatzstelle schräg gegenüber der Feuerwache Kreuzberg lag, konnte sie der ausgerückte Löschzug Tempelhof nicht erreichen, da zahlreiche gewalttätige Störer die anrückenden Fahrzeuge sofort mit Steinen bewarfen. Der Supermarkt befand sich in einem eingeschossigen Gebäude, einem ehemaligen Kino. Ein Fußtrupp erkundete, daß aufgrund der intakten Brandwände eine Gefahr der Brandausbreitung auf Nachbargebäude auszuschließen war. Vorsichtshalber wurden die beiden angrenzenden Gebäude evakuiert und kontrolliert. Inzwischen hatten sich zahlreiche Anwohner der Wiener Straße vor der Feuerwache Kreuzberg versammelt und forderten die Feuerwehr auf, den Brand zu löschen. Da zu diesem Zeitpunkt noch keine Unterstützung durch die Polizei möglich war, forderte der Einsatzleiter über Megaphon die Menschenmenge, unter ihnen viele gewalttätige, vermummte Störer, auf, die Feuerwehr nicht zu behindern. Trotzdem blieb auch dieser Versuch eines Löscheinsatzes erfolglos. Ein Feuerwehreinsatz war erst ab 4 Uhr 05 möglich, nachdem starke Polizeikräfte die Einsatzstelle abgeschirmt hatten. Zu diesem Zeitpunkt war der Höhepunkt des Brandes längst überschritten... Um 1 Uhr 40 wurden brennende Kioske unter dem Hochbahnhof 'Görlitzer Straße' gemeldet, doch erst um 3 Uhr 05 konnte die Brandbekämpfung unter Schutz eines starken Polizeiaufgebotes erfolgen. Eine Gefahr für die ungeschützte Stahlkonstruktion konnte noch abgewendet werden. Eine weitere größere Brandstiftung wurde von einem Getränkemarkt in der Manteuffelstraße um 2 Uhr 41 gemeldet, die Einsatzstelle konnte erst um 3 Uhr 13 erreicht werden.

In der Zeit vom 1. Mai, 19 Uhr 12, bis zum 2. Mai, 7 Uhr wickelte die Feuerwehr im Gebiet der Straßenkrawalle insgesamt 43 Einsätze ab. Es wurden 42 verletzte Personen in Krankenhäuser transportiert. 55 Einsatzstellen konnten nicht erreicht werden. Ein Löschgruppenfahrzeug wurde durch Brandstiftung vernichtet, während 16 andere Fahrzeuge, darunter auch zwei Rettungswagen der Hilfsorganisationen, meistens wegen beschädigter Windschutz- oder Seitenscheiben nicht mehr einsatzfähig waren.«[186]

Die Ereignisse lösen in der Bevölkerung, bei den beteiligten Verwaltungsstellen und besonders in der Feuerwehr Empörung aus. Für ähnliche Fälle wird eine noch intensivere Zusammenarbeit mit der Polizei angestrebt.

Ausgebranntes Löschgruppenfahrzeug nach den Straßenkämpfen vom 1. Mai 1987

Nicht weniger schwierig gestaltete sich der Einsatz der Westberliner Feuerwehr nach dem Bombenanschlag gegen die Diskothek »La Belle« in Friedenau ein Jahr zuvor. Der Hintergrund: »Der Staatsschutz der Polizei, der eine mit rund hundert Beamten besetzte Sonderkommission einrichtete, vermutet die Täter in Kreisen arabischer Terroristen, da die Diskothek besonders von amerikanischen Soldaten besucht wird.«[187] Etwa 500 Personen halten sich in der überfüllten Diskothek auf, als gegen 2 Uhr nachts am Rand der Tanzfläche eine Bombe mit mehreren Kilo Sprengstoff explodiert. Die Explosion hat eine solche Kraft, daß Trennwände im Inneren förmlich weggefegt werden, die Vorderseite der Diskothek wird weggerissen, ein Teil der Fassade stürzt auf den Bürgersteig. Eine 28-jährige Türkin ist sofort tot, ein amerikanischer Soldat stirbt auf dem Weg ins Krankenhaus. Etwa 200 Gäste sind zum Teil schwer verletzt. In Panik stürzen die Menschen durch die Trümmer nach draußen. Die Feuerwehr ruft für mehrere Stunden den Ausnahmezustand aus. 6 Löschzüge, 20 Rettungswagen und 5 Notarztwagen mit etwa 200 Männern sind im Einsatz. Auf den nicht mehr besetzten Wachen übernehmen Freiwillige Feuerwehren den Dienst.

Für die Rettungskräfte ist dieser Einsatz mit hoher psychischer Belastung verbunden: Schwerverletzte Personen müssen aus der zerstörten Diskothek geborgen werden, auf den Gehwegen liegen Verletzte, die auf den Transport ins Krankenhaus warten, Menschen stehen unter Schock, schreien und suchen vermißte Bekannte. Manche Beamte brauchen Tage, bis sie die Schreckensbilder verarbeitet haben und wieder unbelastet zum Dienst antreten können. Vor Ort aber leisten alle eingesetzten Helfer und auch viele der leichter Verletzten das nur irgend mögliche, um die Opfer des Anschlags schnell zu versorgen. »Auf die hervorragende Unterstützung der Rettungsmaßnahmen in der Anlaufphase durch andere Besucher, durch Passanten und durch Taxifahrer ist besonders hinzuweisen. Sie zeigt, daß auch in einer Großstadt die Bevölkerung in schwierigen Situationen bereit ist, uneigennützig Hilfe zu leisten.«[188]

Die Grenzen der mobilen Löschtechnik

Als Landesbranddirektor Seidel Ende 1988 aus Gesundheitsgründen vorzeitig in den Ruhestand tritt, hat er sein Ziel, die Feuerwehrleitstelle mit dem neuen »Feuerwehr-Einsatzleitsystem« (FELSY) auszustatten, nicht erreichen können. 1985 war mit der Modernisierung des Alarmierungssystems durch Einsatz einer Datenverarbeitungsanlage begonnen worden. Das »Feuerwehr-Informationssystem« (FIS) sammelt Angaben über etwa 6.500 Straßen, 10.000 Kreuzungen und nochmals rund 10.000 besondere Objekte wie Fabriken, öffentliche Gebäude, Brücken usw.

Damit stehen der Leitstelle bei Alarmen wichtige technische Daten schnell zur Verfügung und ermöglichen eine Verbesserung der Einsatzplanung. In den achtzehn Jahren seines Wirkens ist es Seidel außerdem gelungen, den Notfallrettungsdienst zu modernisieren und durch die Einrichtung des Notarztwagen-Systems wirkungsvoll zu erweitern. Der Ausbau der Freiwilligen Feuerwehren und die Zusammenarbeit mit den Hilfsorganisationen für den Katastrophen-Hilfsdienst sind wichtige Faktoren für den Schutz der Bevölkerung.

Neuer Landesbranddirektor wird Anfang 1989 der bisherige Leitende Branddirektor Dipl.-Ing. Wolfgang Scholz von der Abteilung I. Scholz war schon 1948 als Jugendlicher Mitglied einer Freiwilligen Feuerwehr, schloß ein Studium an der Technischen Universität als Wirtschaftsingenieur ab und ging dann zur Berliner Feuerwehr. Scholz benennt die Notwendigkeit, neue Feuerwachen zu bauen: »Die im vergangenen Jahrzehnt verfolgte Zielplanung der Standortreduzierung muß aufgegeben werden. In Abhängigkeit von zunehmender Bebauung in den Randgebieten und der wachsenden Bevöllkerung muß die künftige Planung in Richtung einer Standorterweiterung laufen. Auch die zunehmende Verkehrsdichte und die umfangreichen Verkehrsberuhigungsmaßnahmen zwingen uns, in der Standortfrage nicht mehr zentral, sondern dezentral orientiert zu denken.«[189]

Notarztwagen

In Scholz' erstes Jahr als Landesbranddirektor fällt ein Großbrand, der sich zum größten Hotelbrand in der deutschen Nachkriegsgeschichte ausweiten sollte. Am 16.12.1989 gegen zwei Uhr morgens, so rekonstruiert es später die Polizei, fällt einem Angestellten einer Hotel-Pension am Kurfürstendamm/Ecke Wielandstraße die brennende Zigarette auf eine Tischdecke. Der angetrunkene Mann verläßt das Gebäude, ohne jemanden zu benachrichtigen.[190] Gegen 2 Uhr 15 sehen Passanten Feuer in einem Zimmer im ersten Stock und alarmieren die Feuerwehr. Die Hotel-Pension ist in einem fünfstöckigen Altbau aus der Jahrhundertwende untergebracht; in dem Haus befinden sich insgesamt drei Hotel-Pensionen mit zusammen 200 Betten sowie Geschäfte im Erdgeschoß.

»Als die Feuerwehr wenig später eintraf, loderten die Flammen bereits aus der in der Wielandstraße befindlichen Fensterflucht und schlugen vom ersten Stock in den zweiten über. Aber auch der Hauptaufgang am Kurfürstendamm 185 stand fast vollständig in Flammen. Rund 40 Minuten verbrachten die Feuerwehrbeamten nur damit, die Menschen aus dem Gebäude zu retten... Als der erste Löschzug von der Wache Rankestraße eintraf, seien Hilferufe aus allen Stockwerken zu hören gewesen, berichtete der Zugführer. Man spannte anschließend mit Hilfe von Passanten ein Sprungtuch, um die in Panik aus den Fenstern springenden Menschen aufzufangen. Viele Menschen hatten versucht, sich mit einem Sprung aus dem ersten und zweiten Stockwerk zu retten. Um den Aufprall zu mildern, seien Matratzen auf den Fußweg geworfen worden. Andere Hotelgäste seilten sich an zusammengeknoteten Bettlaken ab. Durch die Sprünge in die Tiefe erlitt eine nicht bekannte Zahl von Personen Knochenbrüche, teilte die Feuerwehr mit.«[191]

Feuerwehrleute, die sich auf der Suche nach zu rettenden Personen unter Lebensgefahr durch die Räume kämpfen, finden verriegelte Fluchtwege zur Treppe im Hinterhof, im dritten Stock ist der Zugang zum Treppenhaus sogar zugemauert. Flure sind mit alten Möbeln zugestellt. Es werden vier Tote geborgen. Landesbrandirektor Scholz, der die Einsatzleitung übernommen hat, läßt insgesamt 11 Löschzüge und Spezialfahrzeuge anrücken. Immer noch erhält er Meldungen, nach denen man Hilferufe aus dem brennenden Gebäude gehört habe. Während Geschoßdecken der verschiedenen Etagen durchbrennen und teilweise bereits einstürzen, hat Scholz zu entscheiden, welches Risiko er seinen Männern zumuten darf. Über das Treppenhaus kann niemand mehr ins Gebäude gelangen, so bleibt nur, von Drehleitern aus in die Räume einzusteigen, die von den Flammen noch nicht erfaßt sind. Die Männer versuchen, sich dorthin durchzukämpfen, von wo angeblich Hilferufe gehört worden sind. Als das Feuer am Nachmittag gelöscht ist, findet man drei weitere Tote. Der achte Tote wird am Tag darauf aus den Trümmern geborgen. Acht Feuerwehrleute wurden zum Teil schwer verletzt.

Da keine der Pensionen in dem Gebäude mehr als 100 Betten hatte, unterlagen alle drei nicht der »Brandsicherheitsschau-Verordnung«. »Zur regelmäßigen Überprüfung auf Brandschutzbestimmungen dieser Hotelkategorie fehle außerdem sowohl der Feuerwehr als auch der Bauaufsicht das nötige Personal, klagte die Feuerwehr.«[192]

Scholz sagt später, er habe bei diesem Einsatz eine »große Hilflosigkeit« empfunden: »Man kann noch so viele Löschzüge ranholen – wenn die baulichen Gegebenheiten so sind wie hier, wird man der Lage nicht Herr.«[193] Die Mannschaften hätten alles getan, um die vom Feuer bedrohten Menschen zu retten. »Dieses Feuer zeigte uns die Grenzen der mobilen Löschtechnik auf, die auch im Zeitalter der alles beherrschenden Technik vorhanden sind. Die Folgen dieses Brandes lassen uns erkennen, welcher bedeutende Stellenwert dem vorbeugenden Brandschutz zukommt.«[194] Als Konsequenz aus diesem Brand werden Brandschutzbestimmungen geändert. Bei mehreren Pensionen in einem Gebäude zählt man nun die insgesamt vorhandenen Betten und bemißt danach, ob die Einrichtungen in die entsprechende Kategorie der Vorschriften des vorbeugenden Brandschutzes fallen.

Brand eines Gebäudes mit drei Hotel-Pensionen am Kurfürstendamm am 16. Dezember 1989

Die Überwindung der Teilung

Im November 1989 erlebt Berlin die Öffnung der Grenze zu Ostberlin – eine politische Entwicklung, mit der kaum jemand gerechnet hat. Am 9.11.1989 gibt der Berliner SED-Chef Günter Schabowski in einer öffentlichen Pressekonferenz bekannt, daß »Privatreisen nach dem Ausland... ohne Vorliegen von Voraussetzungen, Reiseanlässen oder Verwandtschaftsverhältnissen beantragt werden« könnten, und zwar »sofort, unverzüglich«.[195] Zehntausende von Ostberlinern begeben sich daraufhin zu den Grenzübergängen und erreichen so, daß die Grenztruppen die Tore öffnen. Westberlin erlebt in dieser Nacht ein Freudenfest, einander völlig fremde Menschen fallen sich in die Arme, binnen kurzem ist der Verkehr auf dem Kurfürstendamm lahmlegt. Der »Fall der Mauer« markiert den Beginn eines Vereinigungsprozesses, der nicht einmal ein Jahr später, am 3. Oktober 1990, zum Beitritt des Gebiets der ehemaligen DDR zur Bundesrepublik Deutschland führt.

Die Feuerwehr reagiert auf den Ansturm der Menschen aus Ostberlin mit der Bildung einer Arbeitsgruppe »Besondere Lage«. Zahlreiche Hilfseinsätze müssen gefahren werden. Es gibt eine Reihe von Unfällen aufgrund der Verkehrsbelastung durch zahlreiche Kraftfahrzeuge aus Ostberlin, außerdem müssen etliche Menschen mit Kreislaufzusammenbrüchen und ähnlichen Beschwerden in Krankenhäuser transportiert werden. Dazu kommen technische Hilfeleistungen. »Am 11.11.1989 sollte ein weiterer Grenzübergang an der Bernauer Straße geschaffen werden. In Amtshilfe für die Polizei mußte deshalb am Tag zuvor ein 8 Meter hoher aus Rohrrüstung errichteter Aussichtsturm abgebaut, und die Fundamente mußten entfernt werden... 3.000 bis 4.000 Schaulustige behinderten die Arbeiten der Feuerwehr erheblich. Sie bestiegen die Einsatzfahrzeuge, um einen besseren Überblick zu haben.«[196]

Erstes Treffen der Chefs der Ostberliner und der Westberliner Feuerwehr am 13. Dezember 1989: Rechts Oberst Meier, Leiter der Abteilung Feuerwehr im Präsidium der Volkspolizei Berlin, neben ihm Landesbranddirektor Wolfgang Scholz

Mannschaften der Freiwilligen Feuerwehren verstärken in dieser Zeit die Kräfte der Berufsfeuerwehren.

Der Zusammenschluß der Feuerwehren

Rasch nehmen die Spitzen der Ost- und der Westberliner Feuerwehr Kontakt miteinander auf. Man informiert sich gegenseitig über Struktur und Arbeitsweise, vereinbart engere Zusammenarbeit und richtet im Frühjahr 1990 gemeinsam tagende Arbeitsgruppen ein. In dieser Zeit der gesellschaftlichen Umwälzung in der DDR sehen einige Ostberliner Feuerwehrführer, darunter der Chef der Feuerwehr Marzahn, Manfred Schäfer, die Chance, die Ostberliner Feuerwehr aus der Organisation der Volkspolizei herauszulösen. Der damalige Ostberliner Branddirektor Meier kann überzeugt werden, entsprechende Pläne ausarbeiten zu lassen. Leitlinie ist der Grundsatz: »Die Feuerwehr ist eine kommunale Einrichtung, sie hat keine polizeilichen Aufgaben, sondern soll retten und schützen.«[197]

Manfred Schäfer und seinen Kollegen gelingt es tatsächlich, die Ostberliner Feuerwehr aus der Volkspolizei auszugliedern. Im Mai 1990 bezieht die neu geschaffene Brandschutzdirektion Räume in der Ostberliner Feuerwache Mitte in der Voltairestraße. Manfred Schäfer löst Meier ab, der vorzeitig im Juli in den Ruhestand tritt. Nun ist der Weg frei, die Ostberliner Feuerwehr mit der Westberliner »paßfähig« zu machen, um so die Vereinigung beider Wehren vorzubereiten. Die Brandschutzdirektion baut eine eigene Personal- und Materialverwaltung auf, die sich um die Übernahme der Liegenschaften der Berufsfeuerwehr kümmert und einen Stellenplan aufstellt. Wie die Westberliner Feuerwehr ist nun auch die Ostberliner in Abteilungen und Abschnitte gegliedert. Schäfers Ziel ist es, daß alle Ostberliner Beschäftigten von der Westberliner Feuerwehr übernommen werden. Um die Ostberliner Feuerwehr bei der Bewältigung der zu erwartenden wesentlich höheren Zahl von Einsätzen zu unterstützen, übergibt ihr die Westberliner Feuerwehr im August 1990 vier Lösch-Hilfeleistungs-Fahrzeuge und einen Rettungswagen. Die Einsätze beider Feuerwehren werden schon bald über eine Funkverbindung zwischen den Leitstellen der Feuerwehren und den Leitstellen des Ostberliner Rettungsamts und der »Schnellen Medizinischen Hilfe« (SMH) Potsdam koordiniert.

Zur Angleichung des Ausbildungsstandes kann das Personal der Brandschutzdirektion (Ost) an Fortbildungs- und Einweisungslehrgängen an der Berliner Feuerwehrschule teilnehmen. Auch im Osten wird nun die Stationierung des Vier-Fahrzeug-Zuges geplant, was allerdings aufgrund der veralteten und nicht sehr leistungsfähigen Fahrzeuge nicht ohne erhebliche Investitionen zu bewerkstelligen ist.

Am 3.10.1990, am Tag der Vereinigung der beiden deutschen Staaten, kann Manfred Schäfer dem Westberliner Landesbranddirektor Scholz im Rahmen einer Feierstunde die Ostberliner Feuerwehr übergeben. Von diesem Zeitpunkt an ist der Landesbranddirektor für alle Berufsfeuerwehren auf dem Berliner Stadtgebiet zuständig. Die Westberliner Feuerwehr beschäftigt zu diesem Zeitpunkt 3.788, die Ostberliner 1.112 Personen. Die Übernahme

Drehleiter auf Typ W 50 der Ostberliner Feuerwehr

der Freiwilligen Feuerwehren mit ca. 1.200 Personen, die bis dahin dem Ostberliner Magistrat unterstellt waren, erfolgt offiziell zum Jahresende. Auch die in den »Kommandos« beschäftigten Frauen werden übernommen. Sie bleiben in der Regel in ihren Positionen bei der Fernmeldetechnik und in der Verwaltung. Die erste Frau, die die generelle feuerdiensttechnische Ausbildung absolviert hat, wird am 1.4. 1993 eingestellt.

Durch die Übernahme der Ostberliner Feuerwehr sind eine Fülle von zusätzlichen Aufgaben zu bewältigen, ohne daß die Einsatzfähigkeit der Feuerwehr davon beeinträchtigt werden darf. Ein wichtiger Auseinandersetzungspunkt ist die tarifliche Eingruppierung des übernommenen Personals. Zunächst werden mittels eines Personalfragebogens der berufliche Werdegang und die Qualifikation der Ostberliner Feuerwehrangehörigen ermittelt. Anzugeben ist außerdem, ob besondere Funktionen in der SED, den Massenorganisationen und Parteien der ehemaligen DDR wahrgenommen wurden. Weiterhin müssen Fragen nach einer Zusammenarbeit mit dem ehemaligen Ministerium für Staatssicherheit (MfS) und dem Amt für Nationale Sicherheit (AfNS) beantwortet werden. Auch Fragen nach einer früheren Zusammenarbeit mit dem Amt für Staatssicherheit der DDR werden gestellt.

Es gilt der Grundsatz gemäß Einigungsvertrag, »daß in der Regel ehemalige Mitarbeiter des MfS/AfNS im öffentlichen Dienst nicht tragbar sind«.[198] In diesen Fällen werden Kündigungen ausgesprochen. Die über die Angaben zur beruflichen Tätigkeit ermittelten Qualifikationen werden mit den laufbahnrechtlichen Ämtern der Westberliner Feuerwehrbeamten verglichen und ihnen annähernd zugeordnet. So kann man über die Verwendbarkeit der neuen Mitarbeiter und ihre tarifrechtliche Eingruppierung nach den Vergütungsregeln des Bundesangestelltentarifvertrages-Ost (BAT-O) entscheiden.[199] Schon bald nach der Zusammenführung beider Feuerwehren kann die durchschnittliche Arbeitszeit des Personals aus dem früheren Ostteil der Stadt von 70 auf 55 Stunden pro Woche gesenkt werden.

Tanklöschfahrzeug auf Typ W 50 der Ostberliner Feuerwehr

Als problematisch stellt sich heraus, daß ein Teil der früheren Ostberliner Einsatzkräfte nicht den bei der Westberliner Feuerwehr geltenden gesundheitlichen Anforderungen genügt. Die Westberliner Feuerwehr war bisher von einer umfassenden Verwendbarkeit der Beschäftigten im feuerwehrtechnischen Einsatzdienst ausgegangen. Von diesem Grundsatz muß die Leitung nun Abschied nehmen. Diejenigen, die für Einsätze gesundheitlich nur eingeschränkt tauglich sind, sollen Tätigkeiten in der Verwaltung übernehmen, bei entsprechender Eignung werden sie auch im Fernmeldedienst der Feuerwachen, als Fahrer von Einsatzleitwagen, Sonderfahrzeugen des technischen Dienstes oder in anderen Sonderfunktionen des Einsatzdienstes eingesetzt. Durch eine Ausschreibung von zu besetzenden Positionen erreicht die Feuerwehr, daß etwa ein Drittel des ehemaligen Ostberliner Personals im Westteil der Stadt und entsprechend viele Beamte im Ostteil arbeiten. Seit 1992 werden Ostberliner Beschäftigte im Angestelltenverhältnis auch beamtet.

Zur Vereinheitlichung der Feuerwehr gehört auch die Übernahme des Ostberliner Rettungsamts. Das bedeutet die Integration von 472 festen Mitarbeitern und 27 Zivildienstleistenden, die in Ostberlin außer dem Rettungsdienst auch den Krankentransport durchgeführt haben. 337 Kraftfahrzeuge bringt das Rettungsamt in die neue Gesamtberliner Feuerwehr ein. Zur effektiveren Verwaltung gibt es nun ein eigenes Referat »Rettungsdienst« in der Abteilung »Einsatzdienst«. Die Bestandsüberprüfung ergibt, daß ein erheblicher Teil der Fahrzeuge und der vorhandenen Technik erneuert bzw. ersetzt werden muß, um den bundesrepublikanischen Normen und Vorschriften zu genügen. Dies trifft auch auf Fahrzeuge und Technik der ehemaligen Ostberliner Feuerwehr zu. Von den rund 400 übernommenen Fahrzeugen müssen 273 ausgesondert werden. Im wesentlichen handelt es sich um Anhänger, Eigenbauten, Motorräder und Mopeds, die technisch veraltet oder übermäßig abgenutzt sind, sowie um Fahrzeuge der ehemaligen Volksarmee.

Auch die noch gebrauchsfähigen Fahrzeuge sind lediglich begrenzt einsatzfähig. Nur teilweise lassen sie sich mit moderner Technik nachrüsten, weil die Fahrzeugkonstruktionen nur auf ein geringeres zulässiges Gesamtgewicht ausgelegt sind. Größere Investitionen in diese Fahrzeuge lohnen auch deshalb nicht, weil sie nicht mehr produziert werden und Ersatzteile deshalb nur in begrenztem Ausmaß vorhanden sind. Für den Krankentransport im Osten kann man aus Kostengründen nur wenige Ersatzfahrzeuge aus dem Westberliner Bestand stellen, also werden die alten Fahrzeuge vom Typ Barkas vorerst weiter eingesetzt. Aufgrund der hohen Ausfallrate dieses Typs hält die Feuerwehr allerdings eine gleich große Anzahl von Barkas-Fahrzeugen wie die für den Einsatz vorgesehenen in Reserve. Um die Ostberliner Feuerwachen möglichst schnell mit den im Westen üblichen Fahrzeugen ausrüsten zu können, übergibt man Fahrzeuge, die im Westen in Reserve gehalten wurden. Außerdem wird angeordnet, daß die vorhandenen Fahrzeuge länger gefahren werden, bevor man sie aus Abnutzungsgründen aussondert.

Abzusehen ist schon 1991, daß die umfangreicher werdenden Aufgaben nicht mehr mit der vorhandenen Leitstelle zu bewältigen sind. Landesbranddirektor Scholz fordert von der Stadt die Bereitstellung von Mitteln für eine leistungsfähigere Feuerwehrleitstelle. Daß die Forderung berechtigt ist, beweisen allein die Einsatzzahlen. »Die Einsatzzahlen der Berliner Feuerwehr erhöhten sich von 145.804 im Jahr 1989 auf 163.956 im Jahr 1990. Das entspricht einem Zuwachs von 17,44 %. In den Zahlen des Jahres 1990 sind die Einsätze für den ehemaligen Ostteil der Stadt erst ab Oktober berücksichtigt. Vergleicht man für den Bereich der ehemaligen Brandschutzdirektion die Einsatzzahlen mit denen des Vorjahres, so ist ein Anstieg von 10.555 Einsätzen im Jahr 1989 auf 18.310 Einsätze im Jahr 1990 zu verzeichnen. Das entspricht einem Zuwachs von 73,46 %. Die steigende Tendenz der Einsätze steht im Zusammenhang mit der veränderten Situation in Berlin nach dem Fall der Grenzen. Zunehmende Verkehrsdichte bei unterschiedlichen Verkehrsgewohnheiten und häufig fehlende Ortskenntnisse bei den Verkehrsteilnehmern führten vermehrt zu Verkehrsunfällen. Steigende Einsatzzahlen im Bereich der Notfallrettung und der technischen Hilfeleistung waren die Folge. Mehraufkommen an brennbarem Hausmüll und dessen Entsorgungsprobleme führten zu einem Ansteigen der Kleinbrände im ehemaligen Ostteil der Stadt. Auch sorgte die Erweiterung der Zuständigkeit der Feuerwehr für die Beseitigung akuter Umweltgefahren auf das gesamte Stadtgebiet für ein Ansteigen der Tätigkeiten.«[200]

Im Jahr 1991 steigt die Einsatzzahl der Berliner Feuerwehr auf 268.711. In dieser Zahl sind auch die Einsätze enthalten, die die Feuerwehr seit dem 1.7.1991 für das zu diesem Zeitpunkt aufgelöste Ostberliner Rettungsamt übernommen hat. Die Zahl der Brandeinsätze ist mit 14.709 enorm gestiegen – ein Zuwachs von 42% gegenüber dem Vorjahr.[201] Die Belastung der Mannschaften nimmt zu, Feuerwehrmänner, die bei Schichtbeginn als Besatzung eines Löschzugs eingeteilt wurden, müssen oft mit einem zweiten Rettungswagen ausrücken, wenn die Besatzung des ersten Wagens zu einem anderen Einsatz unterwegs ist. Feuerwehrintern spricht man dabei von »Springen«: Beispielsweise »springt« die Besatzung eines Löschfahrzeugs auf den zweiten Rettungswagen, was dazu führt, daß die Besatzung des Löschzugs bei Feueralarm nicht vollständig ist. Die Feuerwehrleitstelle alarmiert in solchen Fällen noch einzelne Fahrzeuge von benachbarten Wachen, um den üblichen Vier-Fahrzeug-Zug vor Ort zu haben. Über Computer ist jederzeit abzurufen, welche Fahrzeuge auf welchen Wachen mit ihren Mannschaften einsatzbereit sind, welche sich im Einsatz befinden und welche beispielsweise aus Reparaturgründen nicht zur Verfügung stehen. Immer häufiger können aus Personalmangel keine kompletten Löschzüge mehr ausrücken, statt dessen wendet man das sogenannte »Rendezvous-System« an, bei dem sich Fahrzeuge aus verschiedenen Wachen erst auf der Brandstelle treffen.

Gerade bei Personalmangel ist es wichtig, die wenigen neuen oder freiwerdenden Stellen mit qualifizierten Bewerbern zu besetzen. Für den mittleren feuerwehrtechnischen Dienst gibt es 1991 zwar genügend qualifizierten Nachwuchs, für den gehobenen und höheren feuerwehrtechnischen Dienst aber kaum nennenswerte Bewerbungen.

»Dies lag u.a. an der mangelnden finanziellen Attraktivität des Berufes, und auch in den Rahmenbedingungen, denen Berufsanfänger in Berlin allgemein unterworfen sind. Die angespannten Lebens- und Wohnverhältnisse in Berlin sind Anlaß, daß von außerhalb kaum noch qualifizierte Bewerber um Einstellung in die Berliner Feuerwehr nachsuchen. Die Behörde sucht deswegen nach Möglichkeit, ihre Attraktivität für ortsfremde Nachwuchsbewerber für den gehobenen und besonders den höheren feuerwehrtechnischen Dienst zu erhöhen.«[202] Die finanzielle Attraktivität ist für einen Bewerber aus dem ehemaligen Ostteil bei einem Gehalt von 60% des westlichen Lohns nur gering. Erst am 1.10.92 wird das Gehalt auf 80% BAT angehoben, später auf 84% und 94% BAT, ab 1.10.1996 sind die vollen hundert Prozent erreicht.

Mängel im vorbeugenden Brandschutz

In der Fülle von Gesetzen und Vorschriften der Bundesrepublik ist auch der vorbeugende Brandschutz geregelt. Daß die Feuerwehr Grund hat, die ständige Überprüfung und Verbesserung der bestehenden Regeln zu fordern, zeigt 1991 ein Großbrand in einem modernen Hochregallager in Britz. Das Gebäude war gerade ein Jahr zuvor in modernster Bauweise errichtet worden. Auch eine Sprinkleranlage – eine Vorrichtung, die Feuer meldet und automatisch eine Berieselungsanlage in Betrieb setzt – war installiert worden.

Diese Sprinkleranlage reagiert sofort auf das Entstehen eines Brandes am 18.3.1991 gegen 1 Uhr nachts. In der Halle lagern große Mengen an kakaohaltigen Lebensmitteln und Plastikverpackungen im Werte von rund 80 Millionen Mark. Der Brand weitet sich schnell aus. Die Feuerwehr rückt mit etwa 200 Männern und zahlreichen Löschzügen an.

»Um das Feuer in den Griff zu bekommen, entschloß sich die Wehr kurz vor zwei Uhr früh zu einem abenteuerlichen Manöver: Ein Freiwilliger mit Schutzanzug wurde vom Dach aus in die brennende Halle abgeseilt und nahm den Brand dort gezielt mit einem Wasserrohr 'unter Beschuß'. Kurze Zeit später meldete er 'Feuer aus'. Gegen drei Uhr früh flackerte aber ein neuer Brandherd auf, erneut wurden mehrere Löschzüge alarmiert, bis um fünf Uhr dann 'alles unter Kontrolle' schien.«[203] Die Feuerwehrmänner beginnen, noch glimmende oder qualmende Materialien aus der Halle zu räumen. Die Sprinkleranlage ist abgeschaltet.

In den Dachverschalungen der Halle ist ein schwer entflammbares Dämmaterial, ein Polystyrolhartschaum, eingebaut. Dieses Material erreicht plötzlich eine hohe Temperatur, verflüssigt und entzündet sich. »Schlagartig wie ein Feuerregen«[204] fällt es auf die Mannschaften herab. In Panik laufen die Männer ins Freie. »Wir rannten um unser Leben«, sagt spä-

Brand des Hochregallagers in Britz am 18. März 1991. Eine einstürzende Wand wirft eine Drehleiter um, zwei Feuerwehrmänner kommen dabei ums Leben

ter Einsatzleiter Albrecht Broemme. Das Hochregallager ist kein massiv konstruiertes Gebäude, sondern in sich nur stabil durch die miteinander verbundenen Teile. Das brennende Dach stürzt ein. Eine Wand bricht nach außen, gegen eine ausgefahrene Drehleiter, auf der zwei Feuerwehrmänner postiert sind. Die Leiter wird umgeworfen, die beiden Männer stürzen zu Boden und sind sofort tot.

»Es war wie bei einem Erdbeben. Durch die große Hitze verbogen sich selbst Metallteile an unseren Autos, Fenster schmolzen. Dann stürzte der Stahl auf die Drehleiter. Erst im Zeitlupentempo, dann immer schneller. Aus zehn Metern Höhe wurden uns die Kollegen vor die Füße geschleudert.«[205]

Zur Verantwortung gezogen wird für diesen tragisch verlaufenen Unfall niemand. Der Feuerwehr war bei ihrem Einsatz nicht bekannt, welches Material im Dach des Hochregallagers verbaut war. Die Bauherren waren nicht verpflichtet, feuerbeständiges Material zu verwenden. Zwar gibt es Richtlinien des »Verbandes Deutscher Ingenieure« (VDI), aber ein Verstoß gegen diese Richtlinien ist nicht per Gesetz mit Strafe bedroht. Überdies war die Halle von der Neuköllner Bauaufsicht feuerpolizeilich abgenommen. Dazu die Bauaufsicht des Bausenators: »Im Regelfall werden Brandschutzmaßgaben der Feuerwehr in den Bauunterlagen berücksichtigt. Die bezirkliche Bauaufsicht oder bei öffentlichen Großbauten die Senatsbauaufsicht bittet die Feuerwehr jeweils um entsprechende Stellungnahmen.«[206] Mit Sicherheit wird es sich nicht feststellen lassen, aber es ist möglich, daß die Nichtbeachtung der Richtlinien des VDI die Ursache für den Tod der zwei Feuerwehrmänner war. Beide waren verheiratet und hatten Kinder. Ihre Kollegen wurden nach dem Unfall sofort abgelöst, weil sie »moralisch nicht mehr einsatzfähig waren.«

Psychische Belastungen im Einsatz

Feuerwehrleute werden in ihren Einsätzen immer wieder mit getöteten oder schwer verletzten Personen konfrontiert. Diese Erfahrungen wirken unterschiedlich intensiv und werden unterschiedlich verarbeitet. Außergewöhnlich psychisch belastende Einsätze können zu schweren gesundheitlichen Störungen führen. Ärzte haben dafür den Begriff des »post-traumatischen Streß-Syndroms« geprägt. Die Gewerkschaft ÖTV fordert eine breite Auseinandersetzung mit dem Problembereich »Streß im Feuerwehr- und Rettungsdienst« und beruft sich dabei auf eine Studie des Leiters der Feuerwehr von Bochum, D. Hagebölling: »Nach dem Erleben stark psychisch belastender Einsätze zeigten sich bei Einsatzkräften heftigste Angstreaktionen, Gefühle der Taubheit und Lethargie. Diese Empfindungen waren gekoppelt mit somatischen Erkrankungen, für die die eingeschalteten Ärzte zunächst keine plausiblen Erklärungen hatten. Waren diese Phänomene zunächst bei Soldaten nach dem Fronteinsatz als relevant und therapiebedürftig festgestellt worden, entwickelte sich als Folge die Erkenntnis, daß gleichartige Auswirkungen auch auf Helfer übertragen werden, die mit extremen Einsatzlagen konfrontiert wurden. Dieses führte dazu, daß dieses Thema, bisher in Feuerwehrkreisen weitestgehend tabuisiert, auch Medien aufgriffen ('Wer hilft den Helfern?'), nachdem einige spektakuläre Ereignisse in der Bundesrepublik diesbezüglich analysiert wurden... Das post-traumatische Streß-Syndrom befällt alle Einsatzbeteiligten, wirkt jedoch unterschiedlich stark nach... Die Phasen der Beeinträchtigung werden geprägt durch ein ständiges Wiedererleben des traumatischen Ereignisses. Dieses wird begleitet durch die Angst, erneut mit einer solchen Situation konfrontiert zu werden.«[207]

Gesundheitliche Beschwerden wie Herz-Rhythmus-Störungen oder Magengeschwüre können die Folge solcher außergewöhnlichen psychischen Belastungen sein. Psychische Folgeerscheinungen wie Reizbarkeit, Wutausbrüche, Überdrehtheit, Schlaf- und Konzentrationsschwierigkeiten kommen hinzu. Wer unter diesen oder ähnlichen Beschwerden leidet, kann nicht sofort wieder den Dienst aufnehmen, er benötigt therapeutische Hilfe. Die Teilnahme an einer Therapie, von Betriebspsychologen, Notfallseelsorgern und psychologisch vorgebildeten Ärzten in Gruppen durchgeführt, ist freiwillig. Erfahrungen zeigen, daß ein Großteil der betroffenen Einsatzkräfte schon nach wenigen Gesprächsterminen den Dienst wieder aufnehmen kann.

Bei der Berliner Feuerwehr gibt es derartige Therapien nicht. Wenn bei Einsätzen der Feuerwehr Personen seelsorgerische Hilfe brauchen, sind Notfallseelsorger der evangelischen und der katholischen Kirche bereit, sofort an die Einsatzstelle zu kommen.

Der feuerwehrtechnische Einsatzdienst ist gekennzeichnet durch meist nicht vorhersehbare Situationen von hoher Komplexität: Unterschiedlichste Anforderungen müssen unter Zeitdruck, zu unterschiedlichen Tageszeiten, oft unter großer körperlicher Belastung im Team und unter Einsatz von zum Teil kompliziertem technischen Gerät bewältigt werden. Die Verantwortung, die dabei jeder einzelne zu tragen hat, ist groß. »Die Ereignisse und Empfindungen eines Tages füllen nach und nach und nach das individuelle Streßvolumen auf, und mit zunehmender Belastung droht ein Überfluß (emotionaler Ausbruch), wenn nicht Maßnahmen zur Entspannung der Situation eingeleitet werden (Abreagieren) oder im anzustrebenden Idealfall die täglich übliche Streßmenge zuzüglich der Einsatzbelastungen erst gar nicht ausreichend ist, ein durch Vorbeugung erweitertes Streßaufnahmevolumen (erhöhte Streßdosis) aufzufüllen.«[208] Insofern geht es um eine Analyse des Feuerwehralltags insgesamt, um Streßfaktoren erkennen und gegebenenfalls minimieren zu können. Die ÖTV tritt für eine psychosoziale Betreuung der Einsatzkräfte und die Verbesserung der streßbehafteten Arbeitsbedingungen ein. Die Reduzierung der Arbeitszeit sowie eine bedarfsgerechte Personalausstattung sind weitere Forderungen der Gewerkschaft.

Im Sommer 1992 können in Berlin zwei neue Berufsfeuerwachen eingeweiht werden. Der seit langem geforderte Neubau der Wache Zehlendorf wird am 26.6.1992 in Dienst gestellt, die Berufsfeuerwache Buch am 1.7.1992. Am selben Tag werden die bisher noch für den Ost- und Westteil der Stadt getrennt betriebenen Feuerwehrleitstellen zu einer Leitstelle im Nikolaus-Groß-Weg zusammengeführt.

Diese Inbetriebnahmen sind die letzten größeren Amtshandlungen von Landesbranddirektor Scholz, der im Juli 1992 in den Ruhestand verabschiedet wird. Sein Nachfolger wird Dipl.-Ing. Albrecht Broemme. Broemme, Jahrgang 1953, hatte Elektrotechnik studiert und seinen Dienst bei der Berliner Feuerwehr 1977 begonnen.

»Hauptstadt der Brandstifter«

Nach dem Herbst 1989 ist ein erheblicher Anstieg von Bränden in der Stadt zu verzeichnen. Die Polizei hat die Aufgabe, die Brandursache festzustellen und bei Verdacht auf vorsätzliche oder fahrlässige Brandstiftung zu ermitteln. Bei etwa der Hälfte der über 14.000 Brände pro Jahr wird kein strafbarer Tatbestand festgestellt. Rund 5.000 Fälle pro Jahr führen allerdings zu Ermittlungsverfahren bei den Brandkommissariaten, »weil vorsätzliches Handeln vorliegt oder zu vermuten ist, ohne Rücksicht auf Objekt, Schadenshöhe und Anzahl der Toten und Verletzten. 1991 bestand noch Bevölkerungsproporz, der Westen war mit 64%, der Osten mit 36% brandmäßig belastet. Daß kriminelles Verhalten auch erlerntes Verhalten ist, wird jetzt deutlich, denn nun wird im Osten zu 47% und im Westen zu 53% gezündelt.«[209] Im Ostteil Berlins besteht aufgrund von hoher Arbeitslosigkeit und radikal veränderter Lebensverhältnisse derart großer sozialer Konfliktstoff, daß Straftaten allgemein und auch die Brandkriminalität zunehmen. Allerdings wurde Westberlin schon vor dem Fall der Mauer in Polizeikreisen als »Hauptstadt der Brandstifter« bezeichnet.

Vergleiche mit der Brandkriminalität in Ostberlin zu Zeiten der DDR sind kaum möglich, weil Brandstiftungen damals nicht statistisch erfaßt wurden, zumindest sind keine entsprechenden Zahlen bekannt geworden. Die Berliner Brandstatistik seit Anfang 1991 weist eine Steigerungsrate von 8-10% jährlich aus. Die Aufklärungsquote bei vorsätzlichen Brandstiftungen liegt dagegen nur bei 20%. Tatsächlich werden wohl noch weniger Fälle aufgeklärt, weil schätzungsweise 20-30% der Vorsatztaten nicht als solche erkannt, sondern als fahrlässige Brandverursachung oder als Brände mit technischen/natürlichen Ursachen eingestuft werden.

Da etwa 50-60% aller vorsätzlich gelegten Brände von sogenannten »Serienstraftätern« verursacht werden, führt die Berliner Polizei eine »Brandtatverdächtigenkartei«. Sie umfaßte 1994 etwa 3.000 Personen. Jeden Tag werden in Berlin durchschnittlich 14 vorsätzliche Inbrandsetzungen ausgeführt. Das noch heute geltende Strafrecht aus dem Jahre 1871 scheint diesem Problem nicht mehr angemessen.

Das Brandstraftrecht unterscheidet folgende Straftatbestände: Sachbeschädigung, fahrlässige Brandstiftung, Brandstiftung, schwere Brandstiftung und besonders schwere Brandstiftung. Ein Gebäude ist nach dem Gesetz in Brand gesetzt, wenn es vom Feuer in einer Weise erfaßt ist, die ein Fortbrennen aus eigener Kraft ermöglicht. Für die Einstufung der Tat als Brandstiftung reicht allerdings nicht aus, daß es im Haus brennt – das Gesetz verlangt hier, »daß der Brand sich auf Teile des Gebäudes ausbreiten kann, die für dessen bestimmungsmäßigen Gebrauch von wesentlicher Bedeutung sind... In diesem Sinne hat der Bundesgerichtshof in jahrelanger Rechtsprechung – und oft von Nord nach Süd unterschiedlich – festgestellt, daß Wohnungs- und Haustüren, Wände, Decken, Fensterrahmen, Fußböden, das Treppenhaus, die Dachkonstruktion und in einigen Fällen sogar Scheuerleisten, nicht aber Versorgungsleitungen, Kellerverschläge, Wand- und Deckenputz und Fahrstühle zu diesen wesentlichen Bestandteilen gehören.«[210] Es ergibt sich die absurde Situation, daß Menschen durch eine Inbrandsetzung zu Schaden kommen oder sogar getötet werden, die Tat selbst aber nur als Sachbeschädigung, nicht als Brandstiftung verfolgt wird – weil für keinen wesentlichen Teil des Gebäudes Gefahr bestanden hat. Beispiele aus der Praxis: »So wurde die 70jährige Rentnerin aus Marzahn, die nach einem Fahrstuhlbrand in einem Neubau mit Plattenbauweise an Rauchgasvergiftung starb, nur Opfer einer Sachbeschädigung mit Todesfolge. Auch die Mutter zweier Kinder, die nach einer Kellerbrandstiftung im Neubau im Märkischen Viertel verstarb, wurde nur Opfer der obigen Straftat... Der Serienbrandstifter aus dem Bezirk Reinickendorf, der 1992 mehrere Kellerbrandstiftungen aus den Jahren 1980-83 zugab, konnte nicht mehr bestraft werden, da diese Sachbeschädigungen inzwischen verjährt sind.«[211]

Keiner dieser Täter wird als Brandstifter in Statistiken erfaßt. »Und wer 3,0 Promille Alkohol bei Tatbegehung im Blut hat, kann ohnehin nur wegen Vollrausches gem. § 323a StGB und nicht mehr wegen Brandstiftung bestraft werden, wie bei dem Verursacher des Hotelbrandes am Kurfürstendamm vom 16.12.1989, bei dem acht Menschen getötet und über 70 Personen verletzt wurden.«[212] Das Fazit der Berliner Polizei: »Ein Gesetz, das rund die Hälfte der Brandstiftungen in von Menschen bewohnten Gebäuden nicht mehr erfaßt, ist wirkungslos, hilft mehr dem Täter als dem Opfer.«[213]

Tatsächlich ist kaum damit zu rechnen, daß vorsätzliche Brandlegungen durch die Verschärfung von Gesetzen drastisch zurückgehen würden. Personen, die mehrmals Brände legen, haben in der Regel große persönliche Schwierigkeiten. In einer Langzeituntersuchung wurden die Erkenntnisse über 300 Serienbrandstifter (davon 30 Frauen) unter soziologischen und psychologischen Gesichtspunkten ausgewertet. Sie ergaben u.a. folgende, meist mehrfach vorkommende Merkmale[214]: 55% der Täter waren von einem alleinerziehenden Elternteil oder im Heim erzogen worden, 64% waren schwach in der Schule und haben keinen Schulabschluß, 74%sind ohne Berufsausbildung, 68% sind Gelegenheitsarbeiter, Schwarzarbeiter oder zur Tatzeit arbeitslos, 25% sind amtlich als vermißt gemeldet, 23% haben bereits einmal oder mehrmals Selbstmordversuche unternommen, die amtlich bekannt sind. 87% sind zur Tatzeit alkoholisiert oder bereits alkoholkrank, 24% sind psychisch krank bzw. seelisch gestört und in ärztlicher Behandlung, 78% sind alleinstehend (Ledige, Geschiedene, getrennt Lebende) und wohnen allein. 88% legen Brände nur in der engeren Umgebung (im Wohnhaus, auf der Arbeitsstelle, in der unmittelbaren Umgebung). 98% sind Alleintäter, 71% haben mindestens einmal einen von ihnen selbst gelegten Brand offiziell als erste entdeckt, gemeldet bzw. mit gelöscht. Menschen mit dieser Problemkonstellation kann kaum durch ein höheres Strafmaß »geholfen« werden – sie benötigen psychologische Betreuung und Unterstützung Die Aufmerksamkeit der Bevölkerung kann dazu beitragen, vorsätzliche Brandlegungen schnell aufzuklären. Ein Ansatzpunkt ist dabei das Mitteilungsbedürfnis, das bei einem großen Teil der Brandstifter festzustellen ist. Beispielsweise konnte der Verursacher eines Brandes in der Kreuzberger Urbanstaße festgenommen werden, weil er der »Abendschau« des Senders Freies Berlin ein Interview gegeben hatte. Der selbst in dem Haus in der Urbanstraße lebende Brandstifter schilderte detailliert seine Vermutungen über die Verwendung bestimmter Brandbeschleuniger. Dem Reporter kamen die Aussagen merkwürdig vor – er informierte die Polizei. Albert B. wurde daraufhin vernommen und gestand nicht nur diese Brandstiftung, sondern auch mehrere andere.[215] Den Brand in der Urbanstraße hatte Albert B. im Treppenhaus gelegt. Er forderte zwei Todesopfer: Eine Mutter und eines ihrer Kinder starben infolge der Raucheinwirkungen.

Konsequenzen für die Zukunft

Einen effektiven Brandschutz wird die Feuerwehr nur dann auch für die Zukunft gewährleisten können, wenn sie technisch auf der Höhe der Zeit ist, und wenn sie den Einsatz ihrer Mittel beständig überprüft. In ihrer Geschichte hat die Feuerwehr ihre Organisation, ihre Technik und Einsatztaktik immer wieder an neue Entwicklungen angepaßt. Will sie nicht Gefahr laufen, bürokratisch zu verkrusten, muß sie auch kritische Impulse von außen aufnehmen und konstruktiv umsetzen.

Ideen zu einer Reform der Feuerwehr können nur auf einer Bestandsaufnahme aufbauen. Daten aus den letzten Jahren – beginnend mit dem letzten Jahr der rein »Westberliner« Feuerwehr – können dazu herangezogen werden (s. Tabelle auf Seite 166)).

Die Gesamteinsatzzahlen der Feuerwehr sind in den letzten Jahren leicht zurückgegangen. Die meisten Einsätze sind im Rettungsdienst zu verzeichnen: Hier mußte 1993 183.330 mal ausgerückt werden, 1994 166.799 mal und 1995 166.940 mal. Fehleinsätze machen 1995 immer noch 55.331 Einsätze aus (1993 51.594 Fehleinsätze, 1994 55.354 Fehleinsätze). Bemerkenswert ist, daß der weitaus größte Teil der Fehleinsätze aufgrund von Alarmen erfolgt, die in »gutem Glauben« ausgelöst werden: Die meldende Person war subjektiv davon überzeugt, daß ein Einsatz der Feuerwehr sinnvoll sei. 1994 erfolgten 43.618 Alarme in »gutem Glauben«, böswillige Fehlalarme machten 1994 knapp 10.000 Einsätze erforderlich.

Die Berliner Feuerwehr verfügt 1996 über weniger Beschäftigte, als die beiden Berliner Feuerwehren und das Ostberliner Rettungsamt im Jahre 1990 zusammen aufwiesen. Die Reduzierung der Stellenzahl hat mehrere Ursachen: Zum einen benötigt eine einheitlich geführte Organisation weniger Personal als drei Institu-

Das Lösch-Hilfeleistungsfahrzeug LHF 16/12 (»City-LHF«)

tionen. Zum anderen zwingt die angespannte Haushaltslage der Stadt Berlin zu Einsparungen. Bis 1999 hat die Feuerwehr 10% des Etats von 1996 einzusparen. Im Jahre 1999 soll die Feuerwehr über 507 Stellen weniger als 1995 verfügen. Ob es gelingt, die Qualität des Brandschutzes mit der wesentlich geringeren Stellenzahl zu halten, ist fraglich. Gerade in den Randgebieten des früheren Ostberlin ist starke Neubautätigkeit festzustellen. Der Brandschutz dort wird künftig nicht mehr von den Freiwilligen Feuerwehren gewährleistet werden können. Die Besetzung von neu zu bauenden Berufsfeuerwachen wird allerdings kaum möglich sein, wenn gleichzeitig hunderte von Stellen der Berliner Feuerwehr eingespart werden.

Um die zur Verfügung stehenden finanziellen und personellen Mittel so effektiv wie möglich einsetzen zu können, müssen alle Bereiche der Feuerwehr einer kritischen Überprüfung unterzogen werden. Seit 1994 erarbeitet die Abteilung I (Einsatzdienst) unter Berücksichtigung von Ergebnissen der ehemaligen Projektgruppe »Feuerwehrentwicklungsplanung« (FEP) Vorschläge für die Neukonzeption des Einsatzdienstes. Obwohl noch keine Beschüsse gefaßt sind, lassen sich Tendenzen für die Neukonzeption absehen.

1. Qualifikationsgerechter Einsatz des Personals: Bisher wird davon ausgegangen, daß alle Einsatzkräfte in allen für die Einsätze notwendigen Funktionen eingesetzt werden können. Der Feuerwehrmann muß in der Lage sein, je nach Einteilung bei Schichtbeginn folgende Tätigkeiten auszuüben:

- Maschinist (Fahrer eines Einsatzfahrzeugs, zuständig auch für die Bedienung der in den Löschfahrzeugen installierten Pumpen und Geräte)
- Melder (hält über Funk Kontakt mit der Einsatzleitstelle und gibt Anordnungen an den Zugführer bzw. an die Einsatzmannschaft weiter)
- Funktion in einem Angriffstrupp, einem Wassertrupp, oder einem Schlauchtrupp
- Mitglied der Besatzung eines Rettungswagens
- Fernmelder im Fernmelderaum einer Feuerwache

Diese Multifunktionalität beruht auf der Vorgabe, daß es möglich sein muß, die Funktionen auch während eines Einsatzes – je nach Entwicklung der Lage – zu wechseln. Auf Ausnahmesituationen (z.B. die Häufung von Einsätzen zur Hilfeleistung bei Sturmschäden oder Unfällen mit Feuerwerkskörpern zur Jahreswende) kann die Feuerwehr nur dann angemessen reagieren, wenn die Mannschaften umfassend qualifiziert sind.

Von dem Prinzip der Beschäftigung umfassend einsetzbarer Mannschaften ist die Feuerwehr durch die Beschäftigung von nur eingeschränkt feuerdiensttauglichen Kräften in einigen Bereichen (beispielsweise im Fernmeldedienst) bereits abgegangen. Derzeit wird diskutiert, ob nicht zumindest für mehrere aufeinanderfolgende Tage die Funktionen gleich bleiben sollten. Hätten beispielsweise die Fahrer der

	Einsatzzahl	Einsätze wg. Feuer	Einsätze techn. Hilfel.	Anzahl der Berufsfeuerw.	Anzahl der Freiw. Feuerw.	Angehörige d. Berufsfeuerw.	Angehörige der Freiw. Feuerw.
1988	143.964	6.620	22.310	24	23	2.979	426
1993	278.039	14.311	28.804			4.909	1.219
1994	267.525	12.276	33.095	36	61	4.787	1.297
1995	266.131	11.752	32.208	37	62	4.660	1.338

Einsatzfahrzeuge länger Zeit, sich an die Eigenheiten der Fahrzeuge zu gewöhnen und sich auf die Verkehrsverhältnisse einzustellen, könnten die Einsatzstellen voraussichtlich schneller und unter geringerer Belastung für die Fahrer erreicht werden.

2. Entwicklung bedarfsgerechter Fahrzeuge: Die ständig steigende Verkehrsdichte in der Stadt sowie die in vielen Bezirken durchgeführten Verkehrsberuhigungsmaßnahmen erschweren es den herkömmlichen großen Fahrzeugen der Feuerwehr, die Einsatzorte in kurzer Zeit zu erreichen. In den Jahren 1993/94 wurden deshalb zwei Prototypen eines kleineren Lösch-Hilfeleistungsfahrzeugs mit der Bezeichnung LHF 16/12 erprobt. Das LHF 16/12, auch »City-LHF« genannt, ist 2,2 Meter kürzer als das bisherige LHF 16, etwa 20 cm schmaler und flacher. Zunächst ging die Feuerwehr davon aus, daß dieses kleinere LHF nicht mit allen nötigen Geräten ausgestattet werden könnte. Durch geschickte Raumausnutzung ist es allerdings gelungen, alle wesentlichen Geräte des LHF auch im City-LHF unterzubringen. Lediglich das Fassungsvermögen des Wassertanks ist von 1600 Litern auf 1200 Liter verringert worden, das des Schaummittelbehälters wurde von 400 auf 100 Liter reduziert. Nach erfolgreich abgeschlossener Erprobung wurden von 1994 bis 1997 41 Exemplare des City-LHF geliefert. In Dienst genommen wurden auch neue Drehleitern mit einer Hinterradachse, die sich bei geringer Geschwindigkeit nachlenken läßt. Auf diese Weise wurde der Wendekreis der Drehleiter wesentlich verringert.

Ein noch kleineres Lösch-Hilfeleistungsfahrzeug mit der Bezeichnung »LHF-K« stellt die Feuerwehr im August 1995 der Presse vor. Die Fahrzeughallen einiger Gebäude der Freiwilligen Feuerwehren, insbesondere im ehemaligen Ostteil der Stadt, sind nicht groß genug für das LHF 16 oder das City-LHF. Das LHF-K ist 81 cm kürzer als das City-LHF und 40 cm niedriger. Während das City-LHF wie das LHF 16 für eine Besatzung von neun Mann konzipiert ist, sind für das LHF-K 6 Mann Besatzung vorgesehen. Der Wassertank hat ein Fassungsvermögen von 500 Litern. Das zulässige Gesamtgewicht des LHF-K ist nur etwa halb so groß wie das des City-LHF. Auf einen Teil der Ausrüstung des City-LHF mußte man beim LHF-K verzichten, trotzdem ist es in der Lage, alle Aufgabenbereiche der Feuerwehr wie Löschen, technische Hilfeleistung und Erster Hilfe abzudecken. Bis 1997 werden insgesamt 7 Fahrzeuge des Typs LHF-K beschafft.

Die Drehleiter DLK 23 mit nachlenkbarer Hinterachse

Die Beschaffungskosten des LHF 16/12 sind um etwa 100.000 DM geringer als die des LHF 16. In Erprobung ist seit Sommer 1996 auch ein neues »Klein-Einsatz-Fahrzeug« (KLEF). Seine Aufgabe ist die Abwicklung kleinerer technischer Hilfeleistungen, die unter geringerem Zeitdruck geleistet werden können. Von der Größe und der Karosserie her entspricht das KLEF einem Rettungswagen. Die Ausstattung besteht aus einem umfangreichen Satz von Werkzeugen und technischen Geräten wie einem Stromerzeugungsaggregat, Trennschleifer, Pumpen u.ä. Zwei Mann Besatzung sind für das KLEF vorgesehen. Sollte sich das KLEF in seiner sechsmonatigen Erprobungsphase bewähren, werden weitere Fahrzeuge dieser Art in Dienst gestellt. Nach Möglichkeit werden für das KLEF nur eingeschränkt feuerdiensttaugliche Mitarbeiter eingesetzt. Sie entlasten die voll tauglichen Einsatzkräfte.

3. Schneller vor Ort über eine größere Anzahl von Standorten: In den Randbezirken des Stadt-

gebiets werden Neubaugebiete erschlossen und bebaut. Auch in bereits bestehenden Wohngebieten in Randlagen herrscht lebhafte Neubautätigkeit, außerdem führt der Ausbau von Dachgeschossen zu einer baulichen Verdichtung. Um den Brandschutz für diese Bezirke zu gewährleisten, sollen neue Feuerwachen eingerichtet werden. Die hier zu erwartenden Einsatzzahlen lassen es allerdings nicht sinnvoll erscheinen, Feuerwachen für komplette Löschzüge zu bauen. Dies wäre derzeit auch nicht finanzierbar. Die Neukonzeption der Feuerwehr sieht daher vor, bestehende Einrichtungen und Liegenschaften der Feuerwehr zum Aufbau neuer Standorte zu nutzen und zusätzlich kleinere Feuerwehrstützpunkte zu bauen. Stichwort für diese Erweiterung des bestehenden Netzes von Feuerwachen (auch im Stadtkern, in dem das wachsende Verkehrsaufkommen zu immer längeren Anfahrtszeiten führt): »Dezentralisierung von Personal und Fahrzeugen«.

Den Prototyp eines solchen Feuerwehrstützpunktes konnte die Berliner Feuerwehr im Frühsommer 1996 in Haselhorst einweihen. In nur sechsmonatiger Bauzeit wurde das teilweise zweigeschossige Gebäude, konzipiert für eine »Halbzug«-Wachmannschaft (1 Lösch-Hilfeleistungsfahrzeug, 1 Rettungstransportwagen sowie 1 Tanklöschfahrzeug), errichtet. In dieser kleinen Feuerwache sind bereits einige Vorstellungen verwirklicht, die künftig auch in anderen Wachen realisiert werden könnten. Der Fernmelderaum dieses Feuerwehrstützpunktes kommt ohne Personal aus. »Von der Feuerwehr-Leitstelle einlaufende Alarme werden automatisch jedem Feuerwehrmann visuell und akustisch per Meldeempfänger mitgeteilt. Der Einsatzzettel mit näheren Angaben wird synchron zur Alarmierung der Kräfte ausgedruckt und auf dem Weg zu den Fahrzeugen von der Besatzung mitgenommen. Weiterhin ist das Konzept der konsequenten Trennung des gesamten Wachgebäudes in einen 'sauberen' und einen 'schmutzigen' Bereich erstmalig baulich realisiert worden. Die insbesondere bei der Brandbekämpfung durch mögliche Schadstoffe belastete Einsatzkleidung der Mitarbeiter verbleibt in den dafür vorgesehenen Räumlichkeiten, an die sich die Waschräume anschließen. Im Wachbereich sowie für RTW-Einsätze ist eine andere, leichtere Kleidung vorgesehen, die vollkommen getrennt aufbewahrt wird.«[216] Die Firma Siemens, die inzwischen keine eigene Werksfeuerwehr mehr unterhält, hat die Projektkosten in Höhe von 5,9 Millionen DM übernommen und so den Neubau ermöglicht. Seine Kosten liegen weit unter denen eines Neubaus einer üblichen Feuerwache.

4. Einsatz von kleineren Einheiten: Durch Personalmangel und die hohe Zahl von Einsätzen kann heutzutage der für ein »klassisches« Feuer vorgesehene Löschzug von vier Fahrzeugen nur noch in seltenen Fällen geschlossen von einem Stützpunkt ausrücken. Die Regel ist, daß sich Einheiten von verschiedenen Wachen nach dem »Rendez-vous-Verfahren« auf der Einsatzstelle treffen. Allerdings geht die bisherige Einsatztaktik vom gleichzeitigen Eintreffen der Fahrzeuge aus. Das neue Feuerwehrkonzept sieht vor, den Vier-Fahrzeug-Löschzug seltener einzusetzen : »Die generelle vorsorgliche Alarmierung einer Vielzahl von Einheiten ist drastisch zu reduzieren. Für das Zusammenwirken dieser Einheiten werden neue Einsatztaktiken entwickelt.«[217] Kleinere, schlagkräftigere Einheiten sollen die Basis des neuen Feuerwehrkonzeptes sein. Schon das erste an der Einsatzstelle eintreffende LHF soll technisch, personell und taktisch in der Lage sein, selbständig zu handeln. Seine Besatzung wird künftig aus sechs statt bisher sieben Mann bestehen, die Besatzung des Rettungstransportwagens aus zwei Personen, zu denen auf ausgewählten Stützpunkten noch ein Zivildienstleistender oder ein Praktikant kommt.

Die Entsendung kleinerer Einheiten würde den Abschied von einem Prinzip bedeuten, das in der Feuerwehr eine lange Tradition hat. Schon oft wurde kritisiert, daß die Feuerwehr zu einem harmlosen Brand mit vier Fahrzeugen ausrückt. Dem halten die Verantwortlichen entgegen, daß zum Zeitpunkt der Alarmierung nicht abzusehen ist, wie sich der Brand bis zum Eintreffen der Feuerwehr am Brandort entwickelt. Bei der Vielzahl von heute im Bau genutzten Materialien, deren Beschaffenheit die Feuerwehr im Einzelfall nicht kennt, ist das Ausmaß, das ein Brand in kurzer Zeit annehmen kann, tatsächlich kaum zu kalkulieren.

Die Neuorganisierung und Umstrukturierung der Berliner Feuerwehr ist noch längst nicht abgeschlossen. Bekannt sind eine Reihe von Maßnahmen mit dem Ziel, die Feuerwehr zu entlasten. So sollen der Brandsicherheitswachdienst abgegeben, die Hydrantenprüfung eingestellt, die Freiwilligen Feuerwehren stärker in die Arbeit eingebunden werden. Die Feuerwehr dringt auf die Ausdehnung des Busspurnetzes sowie auf eine umfangreichere Ampelbeeinflussung durch Einsatzfahrzeuge. Trotz Sirene und Blaulicht verursachen Ampeln, die auf Rot stehen, eine Fahrtverlangsamung.

Mit dem Neubau einer Feuerwehrleitstelle ist bereits begonnen worden. Direkt neben der heutigen Leitstelle am Nikolaus-Groß-Weg entsteht ein modernes Gebäude, das bessere Möglichkeiten der Alarmierung und Einsatzkoordinierung schaffen soll. Nach wie vor fordert die Feuerwehr die Entwicklung eines Computersystems, das die Einsatzplanung schneller und effektiver macht. Das schon angekündigte Computerprogramm FELSY konnte nicht realisiert werden, es blieb bei dem computergestützten Feuerwehr-Informations-System (FIS) und dem Feuerwehr-Abrechnungs-System (FAS).

In einer sehr praktischen Frage dagegen ist es zu einer positiven Lösung gekommen. Nachdem er zunächst die Bereitstellung entsprechender Mittel verweigerte, hat sich der Senat im Februar 1996 doch dazu entschlossen, die Feuerwehrmänner mit speziell für ihre Einsätze entwickelten Schutzanzügen auszurüsten. Ohne eine Demonstration der Feuerwehrmänner und umfangreiche Öffentlichkeitsarbeit wäre diese Mittelzusage kaum erreicht worden.

Am 21.1.1996, früh am Morgen war in dem Lokal »Club Grace« ein Feuer ausgebrochen. Die Feuerwehr rückte an, und innerhalb von ein paar Minuten war der Brand gelöscht. »Doch dann passierte es: Feuerwehrmann Jürgen S. (32) schlägt im Barraum ein Fenster zum Hof ein – Frischluft entzündet heiße Brandgase – und explosionsartig schießen Flammen von der Decke. Innerhalb von Sekunden stehen Jürgen S. und seine Kollegen Norbert D. (42), Manfred B. (53), Horst B. (36) mitten im Feuer! Sie können sich zwar noch ins Freie retten, sind aber alle vier schwer verletzt.«[218]

Der Vorfall löst innerhalb der Berliner Feuerwehr große Empörung aus. Ein nach umfangreichen Tests entwickelter Schutzanzug, der seinen Träger gegen große Hitze- und Flammenwirkungen sowie andere im Einsatz anfallende Schadstoffe wenigstens kurzzeitig schützt, wird zwar schon von anderen Berufsfeuerwehren im Bundesgebiet verwendet, in Berlin aber nur von vier Feuerwachen probehalber eingesetzt. Der Senat hat die schon zugesagten Mittel für den Kauf weiterer Schutzanzüge ausgesetzt. Die verletzten Kollegen hatten den bisher üblichen Einsatzanzug getragen, der aus Schurwolle besteht, darüber Lederjacken.

So gingen im Januar 1996 rund 1.000 Feuerwehrmänner und Familienangehörige auf die Straße. Begleitet von mehreren Löschzügen zog die Demonstration von der Feuerwache in der Rankestraße bis zum Joachimstaler Platz. »Mit einer völlig verbrannten Jacke aus Leder demonstrierten die Beamten den mangelnden Schutz der bisherigen Kleidung. Auch andere Ausrüstungsteile entsprächen nicht mehr den Sicherheitsstandards anderer Länder: 'Der typische Berliner Helm ist praktisch direkter Nachfolger der Pickelhaube', sagte ein Oberbrandmeister.«[219]

Diese öffentlichkeitswirksame Aktion hatte Erfolg: Vierzehn Tage später bewilligte der Berliner Senat 6,1 Millionen Mark für die Beschaffung von insgesamt 7.200 Schutzanzügen.

Vielleicht wird es auch bald etwas mit den neuen Helmen für die Feuerwehr. Schon Landesbranddirektor Scholz hatte sich vorgenommen, einen neuen Helm durchzusetzen. Die Vereinigung der beiden deutschen Staaten kam ihm dazwischen – andere Dinge hatten nun Priorität. Scholz nahm es mit Humor.

B-Zug
Mariendorf

Quellennachweise

Literaturnachweis

[1] Eugen Sierke: »Die Berliner Feuerwehr«, in: Zeitschrift über Land und Meer, 1887
[2] Wolfgang Zur: »Kurzgefaßte Geschichte der Berliner Feuerwehr«, Berlin o. D., S. 1
[3] Paul Clauswitz: »Berlin im Jahre 1806«, in: R. Borrmann: »Die Bau- und Kunstdenkmäler von Berlin«, Berlin 1893
[4] Zitiert in: W. Doehring: »Handbuch des Feuerlösch- und Rettungswesens«, Berlin 1881, S. 118
[5] Vossische Zeitung vom 31.7.1817, S. 1
[6] F. Rüthling, zitiert bei W. Doehring, a.a.O., S.120
[7] Zitiert in: W. Doehring, a.a.O., S. 132
[8] Dr. Moritz Meyer, zitiert bei W. Doehring, a.a.O., S. 132 f
[9] Ludwig Scabell, zitiert bei W. Doehring, a.a.O., S. 131
[10] Dr. Moritz Meyer, a.a. O., S. 133 f
[11] Protokolle von Heinrich Grunholzer, zitiert in: Jochen Boberg, Tilman Fichter, Eckhart Gillen (Hrsg.): »Exerzierfeld der Moderne«, München 1984, S. 245
[12] Fabrikordnung der Maschinenbau-Anstalt und Eisengießerei der Seehandlung, zitiert bei Jochen Boberg et.al. , a.a.O., S. 248
[13] W. Doehring, a.a.O., S. 128
[14] Zeitschrift »Daheim«: »Bilder aus der Berliner Feuerwehr«, 1866
[15] Protokoll des Berliner Magistrats vom 30.1.1846, zitiert bei W. Doehring, a.a.O., S. 139
[16] Zitiert bei W. Doehring, a.a.O, S. 145
[17] Die polizeiliche Straßenreinigung hat die Aufgabe, Reinigungsarbeiten auszuführen, zu denen die Hausbesitzer nicht herangezogen werden können, also beispielsweise die Reinigung von Brücken, öffentlichen Plätzen und Promenadenteilen.
[18] W. Doehring, a.a.O., S. 152
[19] Günter Strumpf: »Die Berliner Feuerwehr von den Anfängen bis zur Gegenwart«, Hanau 1987, S. 15
[20] W. Doehring, a.a.O., S. 149
[21] G. Strumpf, a.a.O., S. 17
[22] W. Doehring, a.a.O., S. 155
[23] Günter Strumpf, a.a.O., S. 21
[24] Robert Springer: »Feuer! – Feuer in der Stadt!!«, in: Volkskalender für 1856, Berlin
[25] Ludwig Scabell: »Das Feuerlöschwesen Berlins«, S. 62, zitiert bei: W. Doehring, a.a.O., S. 200
[26] »Das neue Buch der Erfindungen, Gewerbe und Industrien«, 2. Band, Leipzig/Berlin 1872, S. 172
[27] Jochen Boberg et.al. (Hrsg.), a.a.O., S. 173
[28] Jochen Boberg et.al., a.a.O., S. 174
[29] Robert Springer: »Feuer! – Feuer in der Stadt!!«, in: Volkskalender für 1856, Berlin
[30] Ludwig Scabell: »Das Feuerlöschwesen Berlins«, Berlin 1853
[31] Stahl: »Die Taktik der großen und kleinen Feuerwehren«, in: Zeitschrift Feuerpolizei, 1921
[32] W. Doehring, a.a.O., S. 149
[33] G. Strumpf, a.a.O., S. 24
[34] Johann Friedrich Geist, Klaus Kürvers: »Das Berliner Mietshaus 1862-1945«, München 1984, S. 102
[35] Zitiert bei Johann Friedrich Geist, Klaus Kürvers, a.a.O., S. 112
[36] Zitiert bei Johann Friedrich Geist, Klaus Kürvers, a.a.O., S. 113
[37] Bericht des Polizei-Lieutenants Rath vom 22. Polizeirevier, zitiert bei Johann Friedrich Geist, Klaus Kürvers, a.a.O., S. 115
[38] Zeitung »Der neue Social-Demokrat«, zitiert bei J.F. Geist, K. Kürvers, a.a.O., S. 117
[39] W. Doehring, a.a.O., S. 207
[40] W. Doehring, a.a.O., S. 200
[41] Alfred Zöllner: »Chronik der Stadt Havelberg«, Rathenow 1893
[42] W. Doehring, a.a.O., S. 210
[43] Zum Eisenbahnregiment gehörten Truppen, »die eine besondere Ausbildung im Bau und Betrieb von Eisenbahnen sowie in Zerstörungs- und Wiederherstellungsarbeiten an Eisenbahnlinien erhalten. In Preußen wurde am 1. 10. 1871 ein Eisenbahnbataillon gebildet.«
[44] Vossische Zeitung, 12.10.1875
[45] Vossische Zeitung, 12.10.1875
[46] Vossische Zeitung, 12.10.1875
[47] Vossische Zeitung, 12.10.1875
[48] Bericht der Zeitung »Germania«, zitiert bei G. Strumpf, a.a.O., S. 30
[49] Verwaltungsbericht der Berliner Feuerwehr
[50] Bericht des Berliner Magistrats von 1871, zitiert bei Hermann Glaser, a.a.O., S. 101
[51] Die Angaben zum Bau der Ringbahn und der Stadtbahn folgen der Darstellung von Hermann Glaser, a.a.O., insbesondere S. 103-105 und S. 115
[52] Hermann Glaser, a.a.O., S. 133
[53] Berliner Tageblatt, zitiert in der Deutschen Feuerwehr-Zeitung 1888
[54] Vossische Zeitung, zitiert in der Deutschen Feuerwehr-Zeitung 1887
[55] Jahresbericht der Feuerwehr 1888
[56] Vossische Zeitung, 16.2.1893
[57] Vossische Zeitung, 21.6.1893
[58] Vossische Zeitung, zitiert bei G. Strumpf, a.a.O., S. 49
[59] Friedrich Lenz: »Zum XV. Deutschen Feuerwehrtag«, in: »Der norddeutsche Feuerwehrmann«,1898
[60] Friedrich Lenz: »Zum XV. Deutschen Feuerwehrtag«, in: »Der norddeutsche Feuerwehrmann«,1898, zitiert bei G. Strumpf, a.a.O., S. 51
[61] G. Strumpf, a.a.O., S. 52
[62] Hermann Glaser, a.a.O., S. 170
[63] Bericht der Berliner Feuerwehr: »Die Berliner Feuerwehr 1901 – 1911«, S. 6 ff
[64] Bericht der Berliner Feuerwehr: »Die Berliner Feuerwehr 1901 – 1911«, S.10
[65] »Die Berliner Feuerwehr von 1901 bis 1911«, S. 17
[66] »Die Berliner Feuerwehr von 1901 bis 1911«, S. 20
[67] »Die Berliner Feuerwehr von 1901 bis 1911«, S. 34
[68] »Die Berliner Feuerwehr von 1901bis 1911«, S. 23
[69] »Die Berliner Feuerwehr von 1901 bis 1911«, S. 23
[70] »Die Berliner Feuerwehr von 1901 bis 1911«, S. 33
[71] Schlagzeile des »Berliner Lokalanzeiger« vom 29.9.1910
[72] Erklärung der Kupfer & Co. in »Berliner Lokalanzeiger« vom 28.9.1910
[73] »Berliner Lokalanzeiger« vom 28.9.1910
[74] »Die Berliner Feuerwehr von 1901 bis 1911«, S. 62
[75] »Berliner Lokalanzeiger« vom 27.6.1907
[76] »Berliner Lokalanzeiger«, 28.6.1907
[77] Taschenkalender des Verbandes Deutscher Berufsfeuerwehrmänner 1913, S. 76
[78] Stenographischer Bericht über die II. Delegierten-Versammlung des Verbandes Deutscher Berufsfeuerwehrmänner vom 11.-13.7.1910, S. 6
[79] Diskussionsbeitrag von Kondolowicz, Stenographischer Bericht über die II. Delegierten-Versammlung des Verbandes Deutscher Berufsfeuerwehrmänner vom 11.-13.7.1910, S. 58
[80] Taschenbuch des Verbandes Deutscher Berufsfeuerwehrmänner für das Jahr 1922, S. 74
[81] Zitiert bei G. Strumpf, a.a.O., S. 68
[82] Zitiert bei G. Strumpf, a.a.O., S. 68
[83] G. Strumpf, a.a.O., S. 71
[84] »Flammenwerfer – marsch!«, in: Zeitschrift »Die Feuerlöschpolizei«, 1939, S. 636
[85] Dr. Reddemann: »Der Flammenwerfer«, in: Waffenring Deutscher Pioniere (Hrsg.): »Das Ehrenbuch der Deutschen Pioniere«, Berlin 1931, S. 519

[86] Dr. Reddemann, a.a.O., S. 520
[87] Oblt. Theune: »Der Flammenangriff im Caillettewald vor Verdun am 1. Juni 1916«, in: Dr. Reddemann, a.a.O., S. 527
[88] Dr. Reddemann, a.a.O., S.516
[89] Schreiben des Kronprinzen an das G.R.P.-Regiment, zitiert bei Dr. Reddemann, a.a.O., S. 516
[90] Hagen Schulze: »Weimar Deutschland 1917-1933«, Berlin 1982, S.156
[91] Dr. Reddemann, a.a.O., S. 524
[92] Zeitschrift »Feuerpolizei«, zitiert bei G. Strumpf, a.a.O., S. 81
[93] Zeitschrift »Feuerpolizei«, zitiert bei G. Strumpf, a.a.O., S. 81
[94] Zeitschrift »Feuerpolizei«, zitiert bei G. Strumpf, a.a.O., S. 82
[95] Zeitschrift »Feuerpolizei«, zitiert bei G. Strumpf, a.a.O., S. 84
[96] Hauptamt der Feuerwehr Berlin: »Hundert Jahre Berliner Feuerwehr«, Berlin 1951, S. 38
[97] Branddirektor Reichel, zitiert bei G. Strumpf, a.a.O., S. 89
[98] Steiner: »Die Schlauchverwaltung der Berliner Feuerwehr nach der Vereinheitlichung des Groß-Berliner Feuerlöschwesens«, in: Zeitschrift »Feuer und Wasser«, 1924
[99] G. Strumpf, a.a.O., S. 100
[100] Bericht des Einsatzleiters Pozdziech
[101] Siehe Mitteilungsblatt »Der Feuerwehrhistoriker« Nr. 5/94, Einlage in Zeitschrift »UB« (»Unabhängige Brandschutzzeitschrift«)
[102] Fritz Tobias: »Der Reichstagsbrand«, Rastatt/Baden 1962. In diesem Buch kommt Tobias zu dem Schluß, daß van der Lubbe die Brandstiftung allein durchgeführt hat. Im Gegensatz dazu steht die zweibändige Dokumentation, deren erster Band von Walther Hofer, Edouard Calic, Karl Stephan und Friedrich Zipfel herausgegeben wurde: »Der Reichstagsbrand«, Berlin 1972. Band 2 wurde in München1978 von Walther Hofer, Edouard Calic, Christoph Graf und Friedrich Zipfel herausgegeben. Diese Dokumentation führt zahlreiche Belege für die Brand-Urheberschaft der Nationalsozialisten auf. Dieser Darstellung widersprechen wiederum aufs Heftigste Uwe Backes, Karl-Heinz Janßen, Eckhard Jesse, Henning Köhler, Hans Mommsen und Fritz Tobias in ihrem Buch »Reichstagsbrand – Aufklärung einer historischen Legende«, München-Zürich 1986.
[103] Urteilsschrift des Reichstagsbrandprozesses, zitiert bei Karl Stephan: »Brandentstehung und Brandablauf«, in: W. Hofer et al., a.a.O., Band 2, S. 253 f
[104] Urteilsschrift des Reichstagsbrandprozesses, zitiert bei Karl Stephan: »Brandentstehung und Brandablauf«, in: W. Hofer et al., a.a.O., Band 2, S. 254
[105] Abgedruckt in der Bekanntmachung der Berliner Feuerwehr vom 10.3.1933
[106] Angeklagt neben van der Lubbe waren Ernst Adolf Wilhelm Torgeler, Reichstagsabgeordneter und Franktionsvorsitzender der KPD, der Schriftsteller Georgi Dimitroff, der Student Blagoi Siminінow Popoff und der Schuhmacher Wassil Konstantinoff Hadji Taneff.
[107] Ergänzungsgutachten des Sachverständigen Dr. Schatz vom 31.10.1933, zitiert in: W. Hofer, a.a.O., Band 1, Berlin 1972, S. 196 f
[108] Die gutachtlichen Äußerungen des chemischen Sachverständigen Dr. Schatz vom 23.10.1933, zitiert in : W. Hofer, a.a.O., Band 1, S. 166
[109] Gutachten des Branddirektors Dipl. Ing. Wagner vom 22. Mai 1933, zitiert in: W. Hofer, a.a.O., Band 1, S. 138
[110] Schriftlicher Erinnerungsbericht von Fritz Polchow vom 14.7.1960, zitiert in: W. Hofer, a.a.O., Band 1, S. 231 f
[111] Zeitung »Der Westen« vom 25.3.1933
[112] W. Wippermann: »Oberbranddirektor Walter Gempp: Widerstandskämpfer oder Krimineller?«, in: Wolfgang Ribbe (Hrsg.): »Berlinforschung« Band 3, Berlin 1987, S. 214
[113] Leserbrief von Frau Milly Gempp an den »Spiegel« vom 26.12.1959 anläßlich einer Artikelserie des »Spiegel« zum Reichstagsbrand (nicht veröffentlicht)
[114] W. Wippermann, a.a.O., S. 207 ff
[115] W. Wippermann, a.a.O., S. 219
[116] Walther Gempp: »Bekanntmachung I vom 20.3.1933«, enthalten in Akten der Berliner Feuerwehr
[117] Zitiert bei G. Strumpf, a.a.O., S.104
[118] Artikel in »Deutsche Allgemeine Zeitung« vom 29.4.33, zitiert bei W. Wippermann, a.a.O., S. 221
[119] Artikel in »Deutsche Allgemeine Zeitung« vom 29.4.33, zitiert bei W. Wippermann, a.a.O., S. 221
[120] Schreiben des Staatskommissars zur Wahrnehmung der Geschäfte des Bürgermeistes, Hafemann, zitiert bei W. Wippermann, a.a.O., S. 222 f
[121] Ich beziehe mich mit diesen Ausführungen auf W. Wippermanns Studie, a.a.O., die u.a. die umfangreichen Prozeßakten ausgewertet hat.
[122] W. Wippermann, a.a.O., S. 227
[123] Siehe G. Strumpf, a.a.O., S. 106
[124] Der Berliner Oberbürgermeister entläßt von den Anhängern der SPD diejenigen als »staatsfeindlich«, »die für diese Partei noch nach dem Abschluß der nationalen Erhebung Deutschlands am 30.1.1933 führend oder werbend hervorgetreten sind.« (Bekanntmachung vom 4.4.1933)
[125] Bekanntmachung I vom 10.4.1933, in den Akten der Berliner Feuerwehr.
[126] Zitiert bei Hans-Norbert Burkert, Klaus Matußek, W. Wippermann: »'Machtergreifung' Berlin 1933«, Berlin 1982, S. 173
[127] Bericht ohne Verfasserangabe, in den Akten der Berliner Feuerwehr
[128] Aussage des Ofm. Albrecht bei seiner Vernehmung am 10.7.1933, Akten der Berl. Feuerwehr
[129] Wagner, Stadtamt f. Feuerlöschwesen, »Betr. Zwangsbeurlaubung des Ofm. Albrecht«, 14.7.33, Akten der Berliner Feuerwehr
[130] Bekanntmachung vom 1.4.1933, in den Akten der Berliner Feuerwehr
[131] Bekanntmachung I vom 9.5.1933, in den Akten der Berliner Feuerwehr
[132] Bekanntmachung, a.a.O.
[133] G. Wagner, Bekanntmachungen der Berliner Feuerwehr, in den Akten der Berliner Feuerwehr
[134] G. Strumpf, a.a.O., S. 111
[135] Bericht aus dem »Hamburger Abendblatt«
[136] Am 28. und 29. Oktober wurden ca. 18.000 Juden polnischer Staatsangehörigkeit über die polnische Grenze abgeschoben. Siehe Arraham Baskai: »Vom Boykott zur 'Entjudung': Der wirtschaftliche Existenzkampf der Juden im 3. Reich 1933-1943«, Ffm 1988, S. 146
[137] Inge Deutschkron: »Ich trug den gelben Stern«, Köln 1980, S. 36
[138] Fernschreiben des Geheimen Staatspolizeiamts, Amt II, vom 9.11.1938, Nr. 234404. Die Fernschreiben wurden von den Staatspolizeistellen an die jeweiligen Regierungspräsidenten und dann über die Landräte und Bürgermeister bis zu den einzelnen Polizeiwachen heruntergegeben.
[139] Dieter Obst: »'Reichskristallnacht': Ursachen und Verlauf des antisemitischen Pogroms vom Nov. 1938«, Ffm u.a. 1991, S. 315 f
[140] D. Obst, a.a.O., S. 316. Obst stützt sich auf Unterlagen bzw. Prozeßakten entsprechender Staatsanwaltschaften.
[141] Rudolf Harder in einem Gespräch mit dem Autor im Oktober 1995
[142] Siehe Berlin Museum: »Synagogen in Berlin«, Berlin 1983, S. 79 f
[143] Dieter Obst, a.a.O., S. 312 ff
[144] Rita Thalmann, Emmanuel Feinesmann: »Die Kristallnacht«, Ffm 1987, S. 90 f
[145] Arraham Baskai, a.a.O., S. 147
[146] Leserbrief von Milly Gempp, a.a.O.
[147] »Bis Anfang 1943 wurden dabei 102 Jungen verwundet, von denen 32 ihren Verletzungen erlagen.« – »Das junge Deutschland« 1943, Heft 4, zitiert bei Jutta Rüdiger (Hrsg.): »Die Hitler-Jugend und ihr Selbstverständnis im Spiegel ihrer Aufgabengebiete«, Lindhorst 1983
[148] »Vereidigung des Feuerwehr-Regiments 3 Ostpreußen«, in: Zeitschrift »Deutscher Feuerschutz«, 1941, S. 513
[149] Gerhart Schad: »Das Feuerschutzpolizei-Regiment greift ein«, in: »Deutscher Feuerschutz«, 1941, S. 4
[150] Zur Geschichte des F.Sch.p.R. »Ostpreußen« siehe Joachim Haase, Dieter Jarausch: »Die Feuerwehr-Regimenter im zweiten

Weltkrieg«, Stuttgart 1988
[151] »Das Feuer als militärische Waffe«, in: »Deutscher Feuerschutz«, 1944, S. 33
[152] »Flammenwerfer – marsch!«, in: »Deutscher Feuerschutz« 1939, S. 635
[153] Hans Rumpf: »Der rote Hahn«, S. 107
[154] Generalleutnant d. Pol. Dr.-Ing. Meyer: »Zum Jahreswechsel«, in: »Deutscher Feuerschutz« 1944, S.1
[155] Hans Rumpf, a.a.O., S. 139
[156] Hans Rumpf, a.a.O., S. 139
[157] G. Strumpf, a.a.O., S. 136
[158] Rudolf Harder in einem Interview mit dem Verfasser am 20.10.1995
[159] Heinz Gläser: »Zum 105. Geburtstag von Karl Feierabend«, in: »Der Feuerwehrhistoriker« Nr. 5/94
[160] Karl Feierabend, zitiert bei G. Strumpf, a.a.O., S. 139
[161] Karl Feierabend, Bekanntmachung Nr. 2 vom 7.6.1945, in den Akten der Berliner Feuerwehr
[162] Karl Feierabend, zitiert nach: »Wenn es brennt... Der Oberbranddirektor erzählt«, in: Zeitung »Neue Zeit«, 1946
[163] G. Strumpf, a.a.O., S. 146
[164] »Der Abend«, zitiert bei G. Strumpf, a.a.O., S. 146
[165] Schriftliche Schilderung der Ereignisse durch Brandinspektor Ludwig Wissell, nicht datiert, in den Akten der Berliner Feuerwehr
[166] Siehe F. Jol: »Die Feuerwehr in Berlin, Hauptstadt der DDR«, Manuskript in den Akten der Berliner Feuerwehr
[167] C-Rohre liefern pro Minute etwa 100 bis 200 Liter Wasser, B-Rohre 400 bis 800 Liter pro Minute.
[168] Betriebsratsvorsitzender Albin in: »Hundert Jahre Berliner Feuerwehr«, Berlin 1951, S. 29
[169] Heinz Gläser: »Zum 105. Geburtstag von Karl Feierabend«, in: »Der Feuerwehrhistoriker« Nr. 5/94, S. 18
[170] Hans Börner: »Vor 10 Jahren schlug die Geburtsstunde einer neuen Feuerwehr«, in: »Unser Brandschutz«, Nr. 7/1955, S. 1
[171] Hans Börner, a.a.O., S. 1
[172] Hans Börner, a.a.O., S. 3
[173] Hans Börner, a.a.O., S. 3
[174] G. Stumpf: »Berliner Feuerwehr - geteilt, geeint-«, Broschüre, Berlin 1994, S. 9
[175] Günter Schwarzlose: »Kameradinnen aus Bollewick verhinderten Brand in einem Futterspeicher«, in: Zeitschrift »Unser Brandschutz« Nr. 3/1973, S. 6
[176] Heinz Gläser: »Schiffsunglück auf der Spree 1951«, in: »Der Feuerwehrhistoriker« 10/1994, S. 39
[177] Zitiert bei F. Jol, a.a.O., S. 20
[178] Zitiert bei G. Strumpf, a.a.O., S. 167
[179] Zitiert bei G. Strumpf, a.a.O., S. 167
[180] Zitiert nach G. Strumpf, a.a.O., S. 182 f
[181] Tagesspiegel vom 10.8.1975,
[182] Tagesspiegel vom 12.8.1975
[183] Tagesspiegel vom 13.8.1975
[184] Landesbranddirektor Seidel, zitiert bei G. Strumpf, a.a.O., S. 198
[185] Die 1. Kammer des Verwaltungsgerichts Berlin entschied am 25.1.1984, »daß die Räumungsanordnung der Polizei gegenüber den Personen, die sich am 22. September 1981 vor dem Grundstück Bülowstr. 89 versammelt hatten, und deren Vollzug rechtswidrig waren.«
186 Jahresbericht der Berliner Feuerwehr zum Jahr 1987, S. 38 f
[187] »Der Tagesspiegel« vom 6. April 1986
[188] Jahresbericht der Berliner Feuerwehr zum Jahr 1986, S. 4
[189] Branddirektor W. Scholz im »Jahresbericht 1989«, S. 4
[190] »Jahresbericht 1989« der Berliner Feuerwehr, S. 35 ff
[191] »Der Tagesspiegel« vom 17.12.1989
[192] »Der Tagesspiegel« vom 17.12.1989
[193] Wolfgang Scholz in einem Gespräch mit dem Autor im Oktober 1995
[194] Landesbranddirektor Scholz im »Jahresbericht 1989« der Berliner Feuerwehr, S. 4
[195] Zitiert bei W. Ribbe, J. Schmädeke, a.a.O., S. 250
[196] Jahresbericht zum Jahr 1989 der Berliner Feuerwehr, S. 38
[197] Manfred Schäfer in einem Gespräch mit dem Autor
[198] Jahresbericht der Berliner Feuerwehr 1991, S. 59
[199] Vergl. den Jahresbericht der Berliner Feuerwehr zum Jahr 1991
[200] Jahresbericht zum Jahr 1990 der Berliner Feuerwehr, S. 6
[201] Jahresbericht zum Jahr 1991 der Berliner Feuerwehr, S. 5
[202] Jahresbericht 1991 der Berliner Feuerwehr, S. 59
[203] »Der Tagesspiegel« vom 19.3.1991
[204] Aussage eines Feuerwehrmanns, zitiert im »Tagesspiegel« vom 19.3.1991
[205] Albrecht Broemme, zitiert im »Tagesspiegel« vom 19.3.1991
[206] Frieder Büring in einem Interview, zitiert im »Tagesspiegel« vom 19.3.1991
[207] D. Hagebölling: »Streß im Feuerwehr- und Rettungsdienst«, hrsg. von der ÖTV Berlin, Vorabdruck Herbst 1996, S. 27 ff
[208] D. Hagebölling, a.a.O., S. 13
[209] Werner Breitfeld: »Brandkriminalität, Brandstiftung – Reform des Brandstrafrechts überfällig?«, Karlsruhe 1994, S. 14
[210] W. Breitfeld, a.a.O., S. 19
[211] W. Breitfeld, a.a.O., S. 23 f
[212] W. Breitfeld, a.a.O., S. 24
[213] W. Breitfeld:, a.a.O., S. 35
[214] Prozentangaben zitiert nach W. Breitfeld, a.a.O., S. 29 f
[215] Die »Abendschau« sendete einen Bericht über die Aufklärung des Falls am 21.3.1994
[216] Presseinformation der Berliner Feuerwehr vom 3.7.1996
[217] »Neukonzeption des Einsatzdienstes der Berliner Feuerwehr«, Stand: 7.12.1995, S. 4
[218] »B.Z.« vom 22.1.1996
[219] »Der Tagesspiegel« vom 28.1.1996

Bildnachweis

Archiv für Kunst und Geschichte: S. 5

Berliner Feuerwehr Archiv:
S. 10 unten, 20/21, 25, 28, 31, 35, 40, 41, 42, 46, 47, 54, 56, 58 (2), 61, 62, 63, 64, 65, 66, 67, 72, 73, 77, 80/81, 86, 92, 96, 97, 98, 101, 102, 104/105, 107, 109, 111, 112, 113, 117, 118, 122/123, 131, 134

Bildarchiv Preußischer Kulturbesitz:
S. 8/9, 10 oben, 13, 15, 17, 19, 95, 99

Landesbildstelle Berlin:
S. 11, 49, 51, 52/53, 55 76, 78, 79, 125

Detlev Machmüller:
S. 139, 140, 141, 146, 147, 150, 154/155, 156, 157

Siemens AG: S. 27

Ullstein Bildarchiv:
S. 23, 36/37, 82, 83, 85, 90, 115, 126, 130, 137, 138, 160

Archiv des Autors:
S. 68, 75, 98, 102, 144/45

Danksagung

Danken möchte ich Gabriele Dietz für das sorgfältige Lektorat, Günter Strumpf, Wolfgang Wippermann und Heinz Gläser für wertvolle Hinweise, Herrn Zur vom Feuerwehrmuseum für die Bereitstellung umfangreichen Archivmaterials.

Eckart Lottmann

Wir nehmen Sie in Schutz

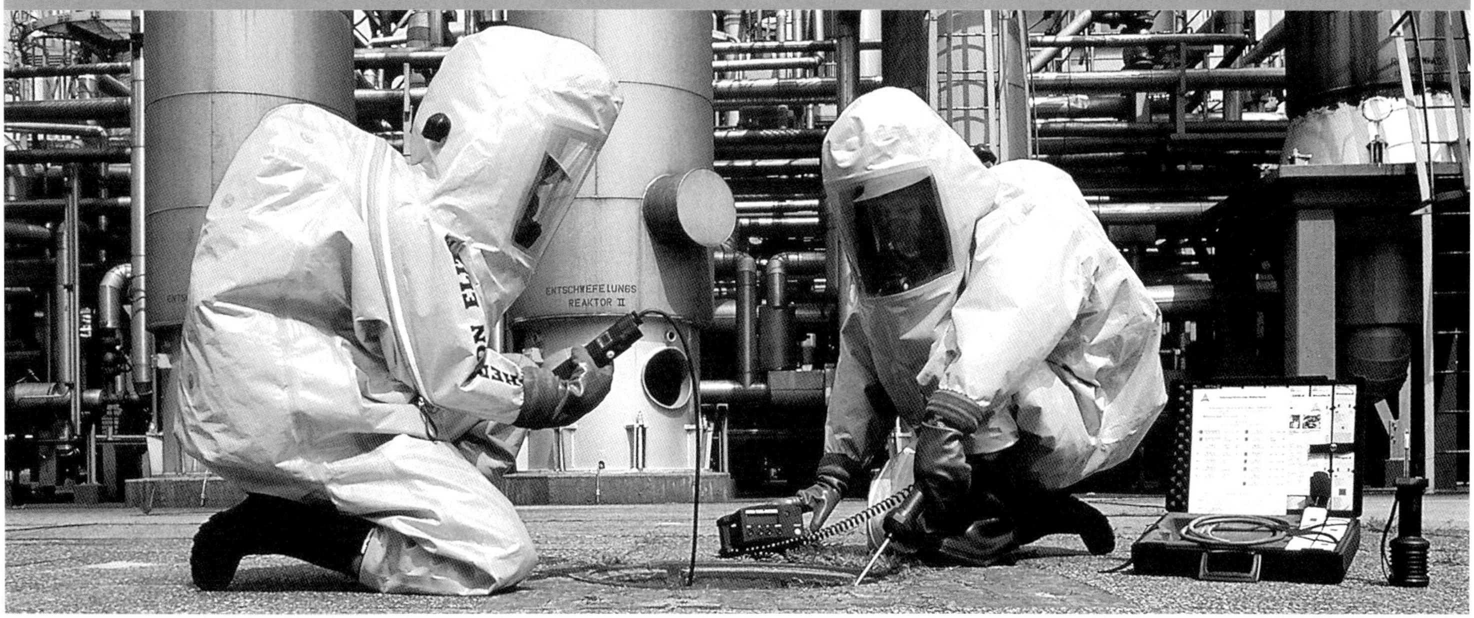

AUERGESELLSCHAFT GMBH
Thiemannstraße 1, D-12059 Berlin
Telefon: 030/68 86-0, Telefax: 030/68 86-15 58

AUER

Feuer unter

Die schnellsten Löschfahrzeuge der Welt von MAN. Bereit für den Einsatz. Gerüstet für alle Aufgaben im Brand- und Katastrophenschutz. Enorm spritzig– brandschnell zur Stelle. Leistungsstark, robust und zuverlässig: ob in Normausführungen oder als Sonder- und Spezialfahrzeuge. An der Spitze ein

Weltmeister: der 38-Tonner 8x8 mit 735 kW (1000 PS). Mit 141 km/h Höchstgeschwindigkeit der Schnellste seiner Art. Für alle Fälle bei MAN im Programm. Ein Service, der nichts anbrennen läßt. **Fragen Sie Ihre MAN-Niederlassung.**

MAN

Wirtschaftlichkeit
ist unser Konzept

Im Brennpunkt der Geschichte

Der Reichstag ist eines der wenigen Gebäude, die im Laufe der Zeit stets im Brennpunkt standen. Von der Planung, über die Bismarck-Ära, Weimarer Republik, Hitlerdiktatur, über das Symbol der offenen deutschen Frage bis zur Verhüllung durch Christo und Jeanne-Claude, erzählt Michael S. Cullen die wechselvolle Geschichte des künftigen Bundestages.

Michael S. Cullen,
1939 in New York City geboren, Studium der Slawistik, Philosophie, Geschichte und Musik. Lebt seit 1962 in Deutschland, seit 1964 in Berlin. Seitdem recherchierte er zum Reichstagsgebäude und hat hierzu zahlreiche Vorträge gehalten und Schriften veröffentlicht. 1993 wurde er in die Expertenkommission zum Umbauwettbewerb des Reichstages berufen. An der Durchsetzung des „Christo-Projektes" war er maßgeblich beteiligt.

Mit Vorworten der Bundestagspräsidentin Prof. Dr. Rita Süssmuth, Christo und Jeanne-Claude

21,5 x 25 cm, 396 Seiten, 150 Abb., geb.,
58,– DM ISBN 3-930863-06-5

be.bra
berlin.brandenburg verlag